普通高等教育"十一五"国家级规划教材

复旦卓越·会计学系列

（第五版）

银行会计

贺瑛　钱红华　主编

复旦大学出版社

内容提要

银行是现代经济的中枢,银行运用货币这一特殊的信用形式,筹集、融通和分配资金,吸收存款,发放贷款,办理国内外结算及票据贴现,经营外汇买卖,经营债券等。《银行会计》(第五版)根据《企业会计准则》《企业会计准则应用指南》及《金融企业财务规则》进行修订。本书修订过程中注意吸收成熟教材的精华,更多地融入了作者在长期教学及银行实践中的心得,注重模拟银行会计真实环境,反映会计的应用特征;在章节安排上,注重循序渐进;在体例设计上,突出教学目标,提供复习思考题。

第五版前言

本书第一版自 2005 年 6 月出版以来，受到国内高校和读者的广泛认可，应用效果良好。

随着改革的全面深化和经济社会的全面发展，会计改革与创新步伐不断加快。《企业会计准则》于 2017 年进行了比较大的修订。新修订的会计准则、会计处理的规定及金融业营改增的税制改革等，对银行会计核算和财务处理提出了新的要求，为适应银行会计教学的需要，对《银行会计》教材进行了再次修订。

本次修订在原教材指导思想、体系架构的基础上修改补充了以下内容：第一章总论中，增加了会计人员应当具备从事会计工作所需要的专业能力内容；第三章存款业务的核算中，增加了个人结算账户的分类及管理；第四章贷款业务的核算中，修改了贷款损失准备的相关内容；第六章金融机构往来的核算中，增加了同业拆借的部分内容；第十一章损益和所有者权益的核算中，修改了税金及附加核算的相关内容；第十三章商业银行财务报表与财务分析中，对资产负债表、利润表和所有者权益表项目内容进行了修改与补充。另外，对原第十章的内容进行了删除，调整为金融工具。本次修订后教材内容更趋完善。

本书特点如下：

在教材的内容处理上，反映会计的应用特征，重视理论和实践的结合，用实例阐释原理；在教材体例设计上，突出教学目标要求；与本版相配套的《银行会计习题与解答》及教学课件同步进行修订推出，以便读者自行测试掌握知识的情况。

《银行会计》第五版由贺瑛与钱红华担任主编。参加修订的人员分工如下：贺瑛负责第九章；钱红华负责第一、二、七章；张慧珏负责第五、六章；贾建军负责第四、十、十一、十三章；任海峙负责第三、八、十二章。

由于作者水平有限，教材中的不足甚至错误在所难免，敬请读者和同行批评指正。

编者
2020 年 5 月

目　　录

第一章　总论 ··· 1
　第一节　我国的银行体系与银行会计 ································ 1
　第二节　银行会计的对象与特点 ·· 8
　第三节　银行会计的工作组织 ·· 12
　复习思考题 ·· 15

第二章　基本核算方法 ··· 16
　第一节　会计科目 ·· 16
　第二节　记账方法 ·· 21
　第三节　会计凭证 ·· 24
　第四节　账务组织 ·· 32
　复习思考题 ·· 44

第三章　存款业务的核算 ··· 45
　第一节　存款业务概述 ··· 45
　第二节　单位存款业务的核算 ·· 52
　第三节　储蓄存款业务的核算 ·· 59
　复习思考题 ·· 72

第四章　贷款业务的核算 ··· 73
　第一节　贷款业务概述 ··· 73
　第二节　信用贷款的核算 ··· 74
　第三节　担保贷款的核算 ··· 78
　第四节　票据贴现 ·· 82
　第五节　贷款利息核算 ··· 85
　第六节　贷款损失准备 ··· 86
　复习思考题 ·· 90

第五章　支付结算业务的核算 ……………………………………………… 91
　　第一节　支付结算业务概述 …………………………………………… 91
　　第二节　票据结算业务的核算 ………………………………………… 93
　　第三节　结算方式业务的核算 ………………………………………… 115
　　第四节　信用卡业务的核算 …………………………………………… 128
　　复习思考题 ……………………………………………………………… 132

第六章　中央银行支付系统与资金汇划清算的核算 …………………… 134
　　第一节　商业银行系统内资金汇划清算的核算 ……………………… 134
　　第二节　中央银行现代化支付系统 …………………………………… 150
　　复习思考题 ……………………………………………………………… 158

第七章　金融机构往来的核算 …………………………………………… 159
　　第一节　金融机构往来概述 …………………………………………… 159
　　第二节　商业银行与中央银行往来的核算 …………………………… 160
　　第三节　商业银行往来的核算 ………………………………………… 171
　　第四节　同城票据交换与清算 ………………………………………… 177
　　复习思考题 ……………………………………………………………… 181

第八章　现金出纳与货币发行业务 ……………………………………… 182
　　第一节　现金出纳业务概述 …………………………………………… 182
　　第二节　货币发行业务概述 …………………………………………… 188
　　第三节　发行基金保管和调拨的核算 ………………………………… 191
　　第四节　货币发行与回笼的核算 ……………………………………… 194
　　第五节　损伤票币销毁的核算 ………………………………………… 199
　　复习思考题 ……………………………………………………………… 200

第九章　外汇业务的核算 ………………………………………………… 201
　　第一节　外汇业务核算概述 …………………………………………… 201
　　第二节　外汇买卖的核算 ……………………………………………… 204
　　第三节　外汇存款业务的核算 ………………………………………… 210
　　第四节　外汇贷款业务的核算 ………………………………………… 214
　　第五节　国际贸易结算业务的核算 …………………………………… 222

第六节　国际非贸易结算业务的核算 …………………………………… 234
　　复习思考题 …………………………………………………………………… 240

第十章　金融工具 ……………………………………………………………… 241
　　第一节　金融工具概述 ……………………………………………………… 241
　　第二节　金融资产和金融负债分类 ………………………………………… 244
　　第三节　交易性金融资产核算 ……………………………………………… 247
　　第四节　公允价值计量变动计入其他综合收益类金融资产核算 ………… 249
　　第五节　摊余成本计量的金融资产核算 …………………………………… 253
　　第六节　金融工具减值 ……………………………………………………… 259
　　复习思考题 …………………………………………………………………… 270

第十一章　损益和所有者权益的核算 ………………………………………… 271
　　第一节　收入核算 …………………………………………………………… 271
　　第二节　成本和费用核算 …………………………………………………… 275
　　第三节　利润的核算 ………………………………………………………… 281
　　第四节　所有者权益核算 …………………………………………………… 288
　　复习思考题 …………………………………………………………………… 293

第十二章　年度决算 …………………………………………………………… 294
　　第一节　年度决算概述 ……………………………………………………… 294
　　第二节　年度决算的准备工作 ……………………………………………… 296
　　第三节　年度决算日的工作 ………………………………………………… 298
　　复习思考题 …………………………………………………………………… 300

第十三章　商业银行财务报表与财务分析 …………………………………… 301
　　第一节　财务会计报告概述 ………………………………………………… 301
　　第二节　资产负债表 ………………………………………………………… 303
　　第三节　利润表和所有者权益变动表 ……………………………………… 311
　　第四节　现金流量表 ………………………………………………………… 319
　　第五节　商业银行财务分析 ………………………………………………… 325
　　复习思考题 …………………………………………………………………… 330

第一章

总　论

学习目标
- 了解我国的银行体系
- 掌握银行会计的概念
- 掌握银行会计的对象
- 熟悉银行会计的特点
- 了解银行会计的机构设置
- 了解银行会计人员的职责、权限和法律责任

第一节　我国的银行体系与银行会计

银行是现代经济的中枢系统,随着市场经济的发展和经济体制改革的深入,我国已初步形成了以中国人民银行(中央银行)为核心,以中国银行保险监督管理委员会(简称银保监会)为监督机构,以国有商业银行和政策性银行为主体,多种产权形式的银行机构同时并存的银行体系。

银行运用货币信用这一特殊形式,筹集、融通和分配资金,通过吸收存款、发放贷款、办理国内外结算及票据贴现、经营外汇买卖、经营债券等基本业务发挥银行的职能作用。银行利用会计这一工具,直接办理和实现银行业务,同时以效益性、安全性和流动性为经营原则,对经营过程进行连续、全面和系统的核算和监督,为银行的经营管理者和有关方面提供可靠的数据资料,同时通过会计核算和会计分析考核其经济效益,进而发挥预测金融发展前景,参与金

融决策的作用。

一、我国的银行体系

我国现行的银行体系,包括中央银行、政策性银行、国有及国有控股的大型商业银行、股份制商业银行和城市商业银行、农村金融机构、中国邮政储蓄银行、外资银行等。

(一)中央银行

中国的中央银行是中国人民银行,成立于1948年。在1984年之前,中国人民银行同时承担着中央银行、金融机构监管及办理工商信贷和储蓄业务的职能。自1984年1月1日起,中国人民银行开始行使中央银行的职能,所承担的工商信贷和储蓄业务职能移交至新设立的中国工商银行。1995年3月18日,第八届全国人民代表大会第三次会议通过了《中国人民银行法》,中国人民银行作为中央银行以法律形式被确定下来。2003年,中国人民银行对银行业金融机构的监管职责由新设立的银监会行使。《中国人民银行法》规定的中国人民银行的职能是:在国务院领导下,制定和实施货币政策,防范和化解金融风险,维护金融稳定。中国人民银行主要职责是:发布、履行与其职责有关的命令和规章;依法制定和执行货币政策;发行人民币,管理人民币流通;监督管理银行间同业拆借市场和银行间债券市场;实施外汇管理,监督管理银行间外汇市场;监督管理黄金市场;持有、管理、经营国家外汇储备、黄金储备;经理国库;维护支付、清算系统的正常运行;指导、部署金融业反洗钱工作,负责反洗钱的资金监测;负责金融业的统计、调查、分析和预测;作为国家的中央银行,从事有关的国际金融活动;国务院规定的其他职责。

(二)政策性银行

1994年,我国成立了三家政策性银行:国家开发银行、中国进出口银行和中国农业发展银行,专门从事中国建设银行、中国银行和中国农业银行的政策性业务。2014年底及2015年初,三家政策性银行陆续实施改革:国家开发银行定位为开发性金融机构,服务国家重大战略,支持重点领域和薄弱环节的融资需求;中国农业发展银行和中国进出口银行则强化政策性职能定位,坚持以政策性业务为主体。政策性业务是经特定程序由国家交办或批准的业务,其目的主要是补充和完善市场机制,促进区域与产业协调发展、服务国家重大战略。

1. 国家开发银行

国家开发银行应根据依法确定的服务领域和经营范围开展业务,以开发性业务为主,辅以商业性业务。国家开发银行应当遵守市场秩序,与商业性金融机构建立互补合作关系,积极践行普惠金融,可通过与其他银行业金融机构合作,开展小微企业等经济社会薄弱环节金融服务。董事会应当每三年或必要时对业务开展情况进行评估,制定业务范围和业务划分调整方案,确保符合开发性金融定位,并按规定履行相关程序。

目前,国家开发银行的经营范围包括:吸收对公存款;发放短期、中期和长期贷款;委托贷款;依托中小金融机构发放转贷款;办理国内外结算;办理票据承兑与贴现;发行金融债券和其他有价证券;代理发行,代理兑付,承销政府债券、金融债券和信用债券;买卖政府债券、金融债券、信用债券;从事同业拆借;买卖、代理买卖外汇;办理结汇、售汇业务;开展自营和代客衍生品业务;提供信用证服务及担保;代理收付款项及代理保险业务;提供保管箱服务;资产管理业务;资产证券化业务;顾问咨询;海外分支机构在开发银行授权范围内经营当地法律许可的银行业务;子行(子公司)依法开展投资和投资管理、证券、金融租赁、银行、资产管理等业务;经国务院银行业监督管理机构批准的其他业务。

2. 中国农业发展银行

中国农业发展银行应坚持政策性金融定位,依托国家信用,服务经济社会发展的重点领域和薄弱环节,主要服务维护国家粮食安全、脱贫攻坚、实施乡村振兴战略、促进农业农村现代化、改善农村基础设施建设等领域,在农村金融体系中发挥主体和骨干作用。

中国农业发展银行应根据依法确定的服务领域和经营范围开展政策性业务和自营性业务。中国农业发展银行应当坚持以政策性业务为主体开展经营活动,遵守市场秩序,与商业性金融机构建立互补合作关系。中国农业发展银行应当创新金融服务模式,发挥政策性金融作用,加强和改进农村地区普惠金融服务,可通过与其他银行业金融机构合作的方式开展小微企业金融服务和扶贫小额信贷业务。中国农业发展银行董事会应当每三年或必要时制订业务范围及业务划分调整方案,按规定履行相关程序。

目前,中国农业发展银行的经营范围包括:办理粮食、棉花、油料、食糖、化肥等重要农产品收购、储备、调控和调销贷款,办理农业农村基础设施和水利建设流通体系建设贷款,办理农业综合开发、生产资料和农业科技贷款,办理棚户区改造和农民集中住房建设贷款,办理易地扶贫搬迁、贫困地区基础设施、特色产业发展及专项扶贫贷款,办理县域城镇建设、土地收储类贷款,办理农业小企业、产业化龙头企业贷款,组织或参加银团贷款,办理票据承兑和贴现等信贷业务;吸收业务范围内开户企事业单位的存款,吸收居民储蓄存款以外的县域公众存款,吸收财政存款,发行金融债券;办理结算、结售汇和代客外汇买卖业务;按规定设立财政支农资金专户并代理拨付有关财政支农资金;买卖、代理买卖和承销债券;从事同业拆借、存放,代理收付款项及代理保险;资产证券化;企业财务顾问服务;经批准后,可通过与租赁公司、涉农担保公司和涉农股权投资公司合作等方式开展涉农业务;经国务院银行业监督管理机构批准的其他业务。

3. 中国进出口银行

中国进出口银行应坚持政策性金融定位,依托国家信用,紧紧围绕国家战略,充分发挥政策性金融机构在支持国民经济发展方面的重要作用,重点支持外经贸发展以及对外开放、国际合作、"走出去"等领域发展。

中国进出口银行应根据依法确定的服务领域和经营范围,开展政策性业务和自营性业务。中国进出口银行应当坚持以政策性业务为主体开展经营性活动,遵守市场秩序,与与商业性金融机构建立互补合作关系。中国进出口银行应当创新金融服务模式,发挥政策性金融作用,加强和改进普惠金融服务,可通过与其他银行业金融机构合作的方式开展小微企业金融服务。中国进出口银行董事会应当每三年或必要时制订业务范围及业务划分调整方案,按规定履行相关程序。

目前中国进出口银行的经营范围包括:经批准办理配合国家对外贸易和"走出去"领域的短期、中期和长期贷款,含出口信贷、进口信贷、对外承包工程贷款、境外投资贷款、中国政府援外优惠贷款和优惠出口买方信贷等,办理国务院指定的特种贷款;办理外国政府和国际金融机构转贷款(转赠款)业务中的三类项目及人民币配套贷款;吸收授信客户项下存款;发行金融债券;办理国内外结算及结售汇业务;办理保函、信用证、福费挺等其他方式的贸易融资业务;办理与对外贸易相关的委托贷款业务;办理与对外贸易相关的担保业务;办理经批准的外汇业务;买卖、代理买卖和承销债券;从事同业拆借、存放业务;办理与金融业务相关的资信调查、咨询、评估、见证业务;办理票据承兑与贴现;代理收付款项及代理保险业务;买卖、代理买卖金融衍生产品;资产证券化业务;企业财务顾问服务;组织或参加银团贷款;海外分支机构在总行授权范围内经营当地法律许可的银行业务;按程序经批准后以子公司形式开展股权投资及租赁业务;经国务院银行业监督批准的其他业务。

(三) 大型商业银行

国有及国有控股的大型商业银行包括中国工商银行、中国农业银行、中国银行、中国建设银行、交通银行。

1. 中国工商银行

1983年9月,国务院决定中国人民银行专门行使中央银行职能,同时建立中国工商银行,承办原有中国人民银行办理的工商信贷和储蓄业务。1984年1月1日,中国工商银行成立。2005年10月28日,中国工商银行整体改制为股份有限公司,并于2006年10月27日在上海证券交易所和香港联合交易所同步上市。

2. 中国农业银行

为了加强国家对支农资金的管理,适应农村经济体制改革的需要,中国农业银行在1979年初得以恢复,成为专门负责农村金融业务的国家专业银行。1994年中国农业发展银行分设,1996年农村信用社与中国农业银行脱离行政隶属关系,中国农业银行开始向国有独资商业银行转变。2009年1月5日,中国农业银行整体改制为股份有限公司,并于2010年7月分别在上海证券交易所和香港联合交易所上市。

3. 中国银行

中国银行自1912年成立至1949年中华人民共和国成立的37年间,曾先后是当时的国家中央银行、国际汇兑银行和外贸专业银行,并将分支机构拓展到海外。1979年中国银行成为国家指定的外汇外贸专业银行。1994年随着金融体制改革的深化,中国银行成为国有独资商业银行。2004年8月26日,中国银行整体改制为股份有限公司,并于2006年6月1日在香港联合交易所上市,于2006年7月5日在上海证券交易所上市。

4. 中国建设银行

中国建设银行,于1954年10月1日正式成立。1979年成为独立的经营长期信用业务的专业银行。2004年9月17日,中国建设银行整体改制为股份有限公司,并于2005年10月27日在香港联合交易所上市,2007年9月25日在上海证券交易所上市。

5. 交通银行

交通银行,1987年4月1日重新组建,是中华人民共和国第一家全国性的股份制商业银行,于2005年6月23日在香港联合交易所上市,于2007年5月15日在上海证券交易所上市。

(四)股份制商业银行和城市商业银行

1. 股份制商业银行

股份制商业银行是大型商业银行以外的全国性股份制商业银行、区域性股份制商业银行的总称,我国现有12家全国性股份制商业银行,即:中信银行、中国光大银行、招商银行、华夏银行、广东发展银行、上海浦东发展银行、平安银行、中国民生银行、兴业银行、恒丰银行、浙商银行、渤海银行。

2. 城市商业银行

城市商业银行是在原城市信用合作社的基础上组建而成。1979年第一家城市信用社在河南省驻马店市成立,1986年城市信用社在大中城市正式推广,数量急剧增长。到1986年初还不到1 000家,至1994年底已上升到5 200家。城市信用社的发展有力地促进了小企业的发展和当地经济的繁荣,成为当地经济发展的重要力量。但是,由于其规模小、资金成本高、股权结构不合理、内控体制不健全等原因,其抗风险能力较弱的问题逐渐显现。

为了化解城市信用社的风险,同时促进地方经济的发展,1994年国务院决定通过合并城市信用社,成立城市合作银行。1998年正式更名为城市商业银行。截至2019年6月,全国城市商业银行已达134家。

(五)农村金融机构

农村金融机构包括农村信用社、农村商业银行、农村合作银行、村镇银行和农村资金互助社。

1. 农村信用社、农村商业银行和农村合作银行

2000年7月,农村信用社改革试点最先在江苏拉开帷幕,提出用三年至五年时间使大部分信用社成为自主经营、自担风险、自我发展的适应农村经济发展需要的金融组织。2001年11月29日,全国第一家农村股份制商业银行张家港市农村商业银行正式成立。2003年4月8日,我国第一家农村合作银行宁波鄞州农村合作银行正式挂牌成立。

目前,农村信用社是我国农村地区机构网点分布最广、支农服务功能发挥最为充分的银行业金融机构,为农村社会经济发展作出了历史性贡献。

截至2019年6月,全国共组建农村商业银行1 423家,农村合作银行30家,组建以县(市)为单位的统一信用社法人机构782家。

2. 村镇银行和农村资金互助社

为了有效解决我国农村地区金融供给不足、竞争不充分等问题,中国银监会于2006年底调整放宽农村地区银行业金融机构准入政策,按照"低门槛、严监管"原则,积极培育发展村镇银行和农村资金互助社等农村金融机构。2007年1月,银监会发布并正式开始施行《村镇银行管理暂行规定》《农村资金互助社管理暂行规定》。截至2019年6月村镇银行已达1 622家。

(六)中国邮政储蓄银行

中国邮政储蓄银行是在邮政储蓄的基础上组建的。2006年12月31日,经国务院同意,银监会正式批准中国邮政储蓄银行成立。2007年3月20日中

国邮政储蓄银行挂牌。2012年1月21日,中国邮政储蓄银行整体改制为股份有限公司。

新成立的中国邮政储蓄银行将按照公司治理架构和商业银行管理的要求,建立内部控制和风险管理体系,实行市场化经营管理。中国邮政储蓄银行的市场定位是:充分依托和发挥网络优势,完善城乡金融服务功能,以零售业务和中间业务为主,为城市社区和广大农村地区居民提供基础金融服务,完善城乡金融服务功能。

（七）外资银行

外资银行是依照中华人民共和国有关法律、法规,经批准在中华人民共和国境内设立的机构。外资银行进入我国始于1979年。当年,日本输出入银行在北京设立代表处,这是我国批准设立的第一家外资银行代表处。1981年,香港南洋商业银行在深圳设立第一家外资银行营业性机构。进入中国的外资银行机构,早期以代表处形式存在,主要从事与代表外国银行业务相关的联络、市场调查、咨询等非营业性活动。90年代中期以外国银行分行形式存在,开始经营外币项下商业银行业务。2006年,我国颁布实施《中华人民共和国外资银行管理条例》,允许外资银行法人化改制,即外资银行可以申请将分行转为在中国注册的法人银行,享受"国民待遇",取消对外资银行的一切非审慎性市场准入限制,可以开展中国公民人民币业务,同时实行与中资银行统一的监管标准。2014年我国对《中华人民共和国外资银行管理条例》,进行了修改,这次修改,是在全面深化改革的新形势下,对外资银行主动实施进一步的开放措施。修改的重点,是根据外资银行在我国设立运营的实际情况,在确保有效监管的前提下,适当放宽外资银行准入和经营人民币业务的条件,为外资银行设立运营提供更加宽松、自主的制度环境。2019年我国再次对《中华人民共和国外资银行管理条例》,进行了修改,进一步放宽对外资银行业务限制。修改内容主要涉及四个方面:其一,放宽对拟设外资银行的股东以及拟设分行的外国银行的条件;其二,放宽对外国银行在中国境内同时设立法人银行和外国银行分行的限制;其三,进一步放宽对外资银行业务的限制;其四,调整对外国银行分行营运资金的监管要求。截至2019年6月现有外资法人银行达41家。经过30多年的发展,外资银行已成为我国银行体系的有益补充。

二、银行会计的概念

银行会计是会计学科的一个重要分支,是将会计的基本原理和基本方法应用于银行的一门经济应用科学。它是以货币为主要计量单位,采用独特的专门方法,对银行的经营活动过程进行连续、全面、系统的核算和监督,为银行的经营管理者及有关方面提供一系列信息的专业会计。

正确理解这一概念,必须了解以下几个方面的内容。

（一）银行会计以货币为主要计量单位

现代会计的一个重要特征,就是借助于计算货币的形态,通过全面、综合的反映来确定和控制会计主体的经济活动。在银行会计工作中,虽然有时也需要利用实物量度来计算某些物资(如黄金)的核算指标,利用劳动量度借以计算劳动消耗量,但是广泛利用的却是货币量度。另外,在多种货币并存的情况下,我国以人民币作为记账本位币。

（二）银行会计有一系列独特的专门方法

银行会计在长期实践中形成的一系列独特的专门方法是:采用单式传票,传票的传递制度,特定凭证的填制,联行往来的章、押、证的三分管制度,账务组织的双线核算和核对,按日提供会计报表制度等。这些独特的专门方法从制度上保证了会计核算的准确性、及时性和安全性。

（三）银行会计业务范围是银行的经济活动

银行会计的业务范围就是银行的各项经济业务。例如,吸收存款、发放贷款、办理结算以及在业务过程中发生的收入、成本和费用的计算等。这些经济业务的发生都必须通过会计进行核算和监督。通过会计核算,既实现了银行的业务活动,同时也记录和反映了银行的业务和财务活动情况。

（四）银行会计应遵循会计核算的一般原则

会计核算的原则是会计核算的行为规范,是会计核算的基本要求,是做好会计工作必须遵循的标准。根据《企业会计准则——基本准则》的规定:银行会计核算必须遵循四项基本假设及会计基础、八项会计信息质量要求及会计计量属性。四项基本假设是:会计主体、持续经营、会计分期、货币计量;会计基础为权责发生制;八项会计信息质量要求是可靠性、相关性、可理解性、可比性、实质重于形式、重要性、谨慎性、及时性;会计计量属性包括历史成本(又称实际成本)、重置成本(又称现行成本)、可变现净值、现值和公允价值。

第二节　银行会计的对象与特点

银行会计的对象,是指银行会计反映和监督的内容,就是银行能以货币计量的各项业务活动和资金运动。但由于各类银行机构其性质、职能、作用和业务范围不同,会计核算对象的具体内容也不完全相同。本章节的内容是以商业银行会计为对象展开阐述的。

一、银行会计的对象

银行会计的对象,是指银行会计反映和监督的内容。这是由银行在国民经济中所处的地位及其活动的特点所决定的。银行是经营信用和货币资金的机构,它的各项经济活动直接表现为资金运动。具体包括以下内容。

(一)银行的资金

银行为了开展其基本业务和实现其经营目标,需要把国民经济活动中暂时闲置不用的资金筹集起来。银行筹集的资金主要来自债权者和投资者两个方面。债权者的权益称为负债,投资者的权益称为所有者权益。

1. 负债

(1)吸取资金:指银行吸收的各项存款,包括企事业单位存款、个人储蓄存款、发行金融债券等。

(2)借入资金:指向中央银行借入、向同业借入以及向国外借入的资金。

(3)结算资金:指结算中暂时占用的款项,包括联行存放款项、同业存放款项等。

(4)其他:包括暂收款项和各种应付款项等。

2. 所有者权益

(1)实收资本:指投资者实际投入银行形成的资本金或股本金。银行设立必须按国家规定筹集资本金,它是银行成立和存在的前提。银行筹集的资本金按其来源不同,分为国家资本金、法人资本金、个人资本金和外商资本金。

(2)资本公积:指资本(或股本)溢价、重估准备、接受非现金资产捐赠准备、股权投资准备、外币资本折算差额、关联交易差价、可供出售类金融资产公允价值变动储备和其他资本公积。

(3)盈余公积:指银行从利润中提取的盈余公积、公益金等。

(4)一般准备:指银行按一定比例从净利润中提取的、用于弥补尚未识别的可能性损失的准备。

(5)未分配利润:指待分配给投资者的利润和未决定用途的利润。

将上述筹集的资金按照信贷原则进行再分配,构成了银行的资产。

3. 资产

(1)贷放资金:指银行按照有关规定发放的短期贷款、中长期贷款、抵押贷款等。

(2) 投资资金：指银行投放在各种有价证券上的资金。

(3) 各项占款：指银行的房屋、器具、设备和运输工具等固定资产、无形资产等占用的资金。

(4) 备付金：指银行的库存现金以及存放在中央银行的准备金。

(5) 其他：包括各种暂付款项、应收款项等。

银行在业务经营过程中实现的各项收入、发生的各项支出和费用，构成了银行的收入和成本。各项收入与各项支出相抵后的差额形成了银行的利润。

4. 收入

银行的收入主要包括：在经营业务活动过程中实现的与业务经营有关的营业收入，通过对外投资实现的投资收益以及取得的与业务经营无直接关系的营业外收入等。

5. 支出

银行的支出主要包括：在业务经营过程中发生的与业务经营有关的营业支出，按规定应缴纳的税金及附加发生的与业务经营无直接关系的营业外支出等。

6. 利润

银行的利润是银行在一定会计期间获得的经营成果，它是各项收入与各项支出相抵后的差额。主要包括营业利润、投资净收益和营业外收支净额三部分。

按照国际惯例和会计准则的规定，以上银行资金的六项内容就构成了会计要素。会计要素是对会计对象的具体内容所进行的分类。

（二）银行的资金运动

银行资金的筹集和分配，随着银行业务的开展和财务活动的进行，不断发生资金的存、取、借、还的更替变化，各种更替变化的主要形式集中表现为各种存款的存入和提取、各种贷款、投资的投放和回收、各种款项的汇出和解付以及财务的收入和支出，而这几种主要形式所发生的资金数量上增减变化的过程及其结果构成了银行会计对象的具体内容。银行会计需要对其进行连续、系统、完整的核算和监督。

综上所述，银行会计的具体对象就是会计要素，也就是银行业务活动和财务活动过程中以货币为计量单位来核算、反映和监督银行资金的筹集与分配的增减变化的过程和结果。

二、银行会计的特点

银行会计作为一门专业会计，具有明显的专业会计特点，具体表现在以下几个方面。

(一) 反映情况具有综合性和全面性

通过会计核算,既实现了银行的业务活动,同时也记载和反映银行的业务和财务活动情况。另外,银行会计核算面向国民经济各部门、各企业,面向广大人民群众,具有很强的社会性。银行的各项业务活动都是随着国民经济各部门活动的发生而发生,国民经济各部门的经济活动,都会在银行会计账表上以货币形式得到反映,因而银行会计不仅能反映银行的业务活动和财务活动情况,而且体现了整个社会资金的流向和国民经济各部门间的经济联系。从社会再生产过程来考察,银行会计反映的内容,实质上是全面反映了全国的商品生产、流通和分配的综合情况,起着社会"总会计"的作用。

(二) 业务处理和会计核算的统一性

银行是经营货币与信用业务的经济机构,其业务活动直接表现为货币资金的运动。银行会计部门处在银行业务活动的第一线,其业务的实现是通过会计核算最终完成的。例如,银行的各项存款业务要通过会计部门办理存取手续才能完成,银行的各项贷款发放与收回手续要通过会计部门来具体实现,银行的各项支付结算业务要通过会计部门办理资金划拨和结算手续来完成。银行会计核算过程就是直接办理和完成银行业务以及实现银行业务的过程。因此,银行的业务处理和会计核算具有统一性。

(三) 监督和服务的双重性

银行是国民经济的综合部门,是社会资金活动的枢纽。银行与国民经济各部门以及社会公众有着广泛的货币信用联系,银行会计为顾客服务的工作质量,直接关系着银行的声誉。因此,银行会计在其业务核算过程中既要为客户提供高质量的金融服务,加速资金周转,也要加强会计监督。一方面,监督资金收付是否合理,保证国家财经法规和各项规章制度得到有效执行;另一方面,监督资金的安全运行,防范各种贪污、盗窃、诈骗案件的发生。同时,必须监督和抵制一切非法的业务活动,为国家守关把口,保证国家财产安全,从而真正发挥银行会计监督作用。

(四) 会计数据资料提供的准确性、及时性

银行与国民经济各部门、各单位的经济活动相联系,涉及面广、影响力大。会计核算资料数据的提供是否准确、及时,对国民经济至关重要,它是国家了解国民经济各部门的情况,制定政策,进行决策的依据。因此,这就使银行会计必须具有独特的核算形式,从制度上保证核算资料的准确和及时提供。它通过独特的核算形式,记载各项业务的增减变化,能够反映银行资产、负债的动态与规模,货币流通状况,银根松紧程度,国家预算执行情况等;能够据此为

决策部门调整货币信贷政策、调节控制宏观经济提供主要的数据和信息。

在账务处理上，要求高度的及时性。它要求当日业务当日核算完毕，在核对当日账务正确无误的基础上，编制当日的会计报表（日计表），以准确、及时地反映当日的业务活动及由此产生的财务收支情况。

第三节 银行会计的工作组织

银行会计的工作组织，就是根据《中华人民共和国会计法》、中国人民银行的《银行会计基本规范指导意见》、财政部《企业会计准则》及《金融企业财务规则》的规定要求，在银行系统内部设置负责会计工作的职能机构，建立和健全会计的规章制度，配备必要的会计人员，按照会计管理的客观规律，将会计工作科学地组织起来，使会计工作有条不紊地运转，从而保证会计工作任务的顺利完成，发挥会计的职能作用。

一、会计机构

银行会计机构是银行内部组织领导和直接从事会计工作的职能部门，是银行职能机构体系中的重要组成部分。

银行会计机构的设置，应与其管理体制、任务要求和业务量繁简相适应。就目前银行业会计机构的情况来说，大体上划分为两种类型：一种是不直接对外办理业务的银行内部会计工作的领导和管理机构，如总行会计司（部）、省（市）分行会计处、地（市）中心支行会计科等会计部门；另一种是直接对外办理业务的基层行处，如县（市）支行、城市各区银行的会计科、股等会计机构。此外县级（市）支行、城市区级以下的银行机构，如分理处、营业所等一般不设置独立的会计机构，但必须配备专职会计人员和会计主管，负责处理会计工作。各级行处的会计工作必须在行长领导下，由会计部门具体负责，同时也要接受上级银行会计部门的指导、检查和监督。银行会计部门办理的财务收支和会计事务，应当依法接受审计机关的审计监督。

银行会计核算单位，分为独立会计核算单位和附属会计核算单位两种。凡单独编制会计报表和办理年度决算的，为独立会计核算单位；凡其业务收支由主管部门采用并账或并表方式汇总反映的，为附属会计核算单位。一般来说，包括县级、城市区级在内以上的银行机构为独立会计核算单位；县级、城市区级以下的银行机构为附属会计核算单位。

二、会计制度

会计制度是组织和开展会计工作必须遵循的规范和准则。它对于保证会计工作有组织、有秩序地进行具有重要意义。因此,科学地制定并认真地贯彻执行银行会计制度,是组织和管理银行会计工作的重要内容之一,也是银行内部控制制度这一系统工程的一项重要环节。会计制度,包括由财政部颁布的《企业会计准则》《企业财务通则》《金融企业财务规则》以及由财政部和中国人民银行联合制定的金融企业会计制度等。这些综合性的财务会计方面的规章制度不仅包含了对会计事务处理的具体方法规定,还体现了国家的财政方针、政策,它们中的许多会计处理方法与国际会计惯例相接近,但也有根据我国具体情况而作出的独特规定。因此,对这些会计制度银行部门必须严格地贯彻执行。

各家银行可以根据自身经营业务的特点,根据国家颁布的以上各项会计制度和财务制度,制定本系统的会计制度和财务制度,报经人民银行总行批准后,在本系统内部使用。除了各家银行的总行制定本系统的会计制度外,其各自所属分行对总行的制度、办法可以做必要的补充规定,但不得与总行的规定相抵触。下级行对上级行制定的各项制度、办法,必须严肃认真地贯彻执行,如有不同意见,应及时反映,由上级行研究修订,在未修改前,仍按原规定执行。

随着我国市场经济管理制度的不断完善和金融管理制度的逐步健全,银行会计制度也会随着经济体制和管理制度的改变而变化,不可能是一成不变的;同时,会计制度是会计工作实际经验的总结,新的会计方法会不断出现,因而,必须在总结经验的基础上,对会计制度进行修改、补充,使之不断提高,不断完善,以适应经济发展的需要。

三、会计人员

银行的各级会计机构,都是由一定的会计人员组成的,各级机构的会计工作,也都必须通过会计人员来实现和完成。因此,配备具有一定政策、业务水平和足够数量的会计人员,是做好银行会计工作、充分发挥会计职能作用的决定性因素。

银行的会计人员包括:会计主管人员、复核人员、记账员、出纳员、稽核、检查、辅导人员和其他从事账务工作的人员。会计人员应当具备从事会计工作所需要的专业能力。会计人员必须具有会计类专业知识,基本掌握会计基础知识和业务技能,能够独立处理基本会计业务。对不适宜从事会计工作的人员应及时作出调整。会计人员是决定会计工作质量的关键,因此,应加强对会计人员思想品德、职业道德教育和专业知识的培训,不断提高政治素质和业务水平,以适应金融形势发展的需要。为了使银行会计人员的工作有明确的法律规范和准则,《全国银行统一会计基本制度》根据《中华人民共和国会计法》规定了会计人员的职责、权限和法律责任。

(一) 银行会计人员的职责

(1) 认真组织、推动会计工作各项规章制度、办法的贯彻执行。

(2) 认真进行会计核算与会计监督,努力完成各项工作任务。

(3) 遵守、宣传《中华人民共和国会计法》,维护国家财经纪律,同违法乱纪行为作斗争。

(4) 讲究职业道德,履行岗位职责,文明服务,优质高效,廉洁奉公。

(二) 银行会计人员的权限

(1) 有权要求开户单位及机构内其他业务部门,认真执行财经纪律和金融法规;对违反者,会计人员有权拒绝办理。对违法乱纪者,会计人员除了拒绝受理外还应向领导或上级机构报告。

(2) 有权越级反映。会计人员在行使职权过程中,对违反国家政策、财经纪律和财务制度的事项,同主管领导意见不一致时,遇主管领导坚持办理的,会计人员可以执行,但必须向上级机构提出书面报告,请求处理。

(3) 有权对本行各职能部门在资金使用、财产管理、财务收支等方面实行会计监督。

(三) 银行会计人员的法律责任

根据《会计法》的规定,会计人员在行使职责和权限的同时,还应承担相应的法律责任。

(1) 会计人员不依法设置会计账簿或私设会计账簿、未按规定填制取得原始凭证、未经审核的会计凭证登记会计账簿、随意变更会计处理方法、向外提供财务会计报告编制依据不一致、未按规定保管会计资料造成损失的,要进行经济处罚,情节严重的吊销会计从业资格证书;构成犯罪的,依法追究刑事责任。

(2) 对提供虚假财务会计报告,做假账,隐匿或者故意销毁会计凭证、会计账簿、财务会计报告,贪污、挪用公款、职务侵占等与会计职务有关的违法行为要依法追究刑事责任,并不得取得或者重新取得会计从业资格证书。

(3) 伪造、变造会计凭证、会计账簿,编制虚假财务会计报告,尚不构成犯罪的,要吊销会计从业资格证书,并给予行政处分;构成犯罪的,依法追究刑事责任。

（4）授意、指使、强令会计机构、会计从业人员及其他人员伪造、故意销毁依法应保存的会计凭证、会计账簿、财务会计报告，构成犯罪的，依法追究刑事责任；尚不构成犯罪的要处以经济处罚、并依法给予行政处分。

四、银行会计工作的劳动组织

劳动组织是指经办业务的基层行处会计部门人员的分工和组织形式。目前，银行的对外业务常采用以下几种形式：

（一）营业专柜制

在这种组织方式下，会计部门根据业务情况和经营管理的需要，设置若干对外营业专柜和内部核算小组，负责办理会计业务和账务核算等工作，会计柜组应设置负责全面工作的柜组长，同时还须设置一定数量的专职复核人员，负责会计业务和账务的复核工作。现金收付业务则由出纳部门统一办理。

这种劳动组织形式主要适用于业务量大，或实行手工操作的会计机构。

（二）综合柜员制

综合柜员制是指柜员在承接业务时，同时兼办出纳、记账、复核等项工作的劳动组织形式。这种劳动组织形式适用于电子化设备齐全的行处。采用柜员制能强化和明确临柜人员的责任意识，节约人力，节省费用。但是，要求临柜人员有较高的素质，银行有完善的复核和监控制度。

（三）接柜员与操作员结合制

在这种组织方式下，银行设置专职接柜员接受和审查凭证，然后交电子计算机操作员录入和数据处理。其实质是手工操作与计算机操作的有机结合。采用这种劳动组织形式要求接柜员有较高的素质和一定的工作经验，操作员必须具备熟练的计算机操作技能。目前，我国商业银行的会计劳动工作组织大都采用这种形式。

复习思考题

1. 什么是银行会计？
2. 简述银行会计核算对象的具体内容。
3. 简述银行会计的特点。
4. 银行会计的工作组织包括哪些内容？

第二章 基本核算方法

学习目标
- 了解会计科目的作用
- 熟悉会计科目的分类
- 掌握借贷记账法的使用
- 熟悉会计凭证的分类
- 掌握账务组织的内容
- 掌握账务处理和账务核对的程序

银行会计核算方法是根据会计的基本方法,结合银行业务活动的特点和经营管理的要求而制定的一套科学方法。银行会计核算方法由基本核算方法和业务处理方法构成。基本核算方法是业务处理方法的一般现象,是各项业务处理方法必须遵守的共同规定和要求;业务处理方法是基本核算方法的具体运用。本章介绍基本核算方法,业务处理方法在以后各章作详细介绍。

银行会计的基本核算方法,是指对会计对象进行连续、系统、完整、准确地反映和监督所运用的方法,也就是记录、处理和汇总银行各项业务时所运用的方法。它主要包括:会计科目的设置、记账方法的运用、会计凭证的填制和审核、账务组织和会计报表的编制等项内容。

第一节 会 计 科 目

会计科目是对会计对象的具体要素按照不同性质和管理要求进行分类的

名称,据以总括反映银行各项业务和财务活动的一种方法,也是设置账户、归集和记录各项经济业务的根据。

银行在其经营活动过程中,每天都会发生各种各样的经济业务,而经济业务的发生又必然会引起各项资产和各项负债以及所有者权益的增减变动,为了把各项经济业务的发生情况和由此而引起的各项增减变动的结果,分门别类地进行核算和监督,就有必要设置相应的会计科目和账户。科学设置会计科目,建立完整的会计科目体系,是正确组织会计核算、提高会计核算质量和效率的前提。

一、会计科目的作用

(一) 会计科目是会计核算的基础和纽带

银行的一切经济业务和财务活动都要通过会计科目来加以反映。经济业务发生后,无论是填制凭证、设置和登记账簿、编制会计报表,都是以会计科目作为分类、核算的依据,它像一条纽带,贯穿核算全过程和联结各个核算环节,以保证核算工作有组织、有秩序地进行。

(二) 会计科目是综合反映国民经济情况,提供会计核算资料的工具

银行是国民经济的综合部门,是国民经济中资金活动的枢纽。银行的一切业务和财务活动都是按照国家的政策、法规和有关要求组织实现的,所有这些经济活动都是利用会计科目进行分类反映的。银行的会计科目,既反映银行本身的资金活动情况,又反映国民经济各部门的资金变化情况。根据会计科目所反映的资料,就可以综合反映国民经济情况,考核有关业务和财务活动的执行情况。

(三) 会计科目是统一核算口径的基础

每一会计科目都具体体现特定的核算内容,规定了一定的科目名称和代号,互不混淆。在全国范围内,各行处都按照各自总行规定的会计科目进行分类核算,按相同的口径进行汇总和分析利用,便于归属到全国统一的会计科目中去,综合反映全国银行业的资金活动全貌,这就保证了会计核算指标在全国范围内口径一致,为宏观经济决策提供正确的数据资料。

二、会计科目的分类

会计科目的分类,就是按会计科目的资金性质和业务特点进行的分类,以适应经营管理和核算的需要。为便于掌握和使用会计科目,了解会计科目的性质和特点,下面以商业银行会计科目的分类为例进行说明。

(一) 会计科目按与资产负债表关系的分类

1. 表内科目

表内科目是指用以反映银行资金实际增减变动,其余额反映在资产负债表内的会计科目,并要求平衡。表内科目分为资产类、负债类、资产负债共同类、所有者权益类和损益类五大类。

2. 表外科目

表外科目是指用以反映某些主要业务事项,因其业务内容并未发生资金的实际收付,其余额不反映在资产负债表内,也不要求平衡。表外科目一般有三类:或有事项类科目、代理事项类科目和备查登记类科目。重要的空白凭证、代保管的有价值品、有价证券等在表外科目的备查类科目核算。

通过表内科目和表外科目的分类,一方面有助于确切反映银行资金变动情况,另一方面又便于对尚未涉及资金实际变动的重要业务事项加强管理和监督。

(二) 会计科目按经济内容的分类

所谓会计科目的经济内容,就是按会计科目反映的资金性质的属性,即以资产还是负债来确定分类标准。根据企业会计准则中对商业银行会计科目的要求,会计科目分为资产类、负债类、资产负债共同类、所有者权益类及损益类。

1. 资产类科目

资产类科目是反映银行的资产和债权的科目,包括各种资产、债权和其他权利。资产类科目按资产流动性和经营管理核算的需要,又可分为流动资产、长期投资、固定资产、无形资产、递延资产和其他资产等类科目。

资产类科目余额反映在借方。

2. 负债类科目

负债类科目是反映银行债权人权益的科目,包括各种债务、应付款项和其他应偿付债务。负债是形成银行资产的主要来源,一般占其资金来源的80%左右。负债类科目按负债的期限可分为流动负债和长期负债两类。

负债类科目余额反映在贷方。

3. 资产负债共同类科目

资产负债共同类科目是反映银行债权和债务的科目。资产负债共同类科目主要适合核算清算资金往来、辖内往来、同城票据清算、内部往来等业务。设置这类科目便于资金往来的核算和债权债务的轧差反映。

资产负债共同类科目余额有两个特点:(1) 余额为借贷双方轧差反映。当余额反映在借方时属资产性质,当余额反映在贷方时属负债性质。(2) 余额为借贷双方同时反映,不得轧差。

4. 所有者权益类科目

所有者权益类科目是反映银行投资人对银行净资产的所有权。在量上,等于银行全部资产减去全部负债后的净额,包括银行所有者投入的资本和留存收益等。所有者权益类科目主要有实收资本、资本公积、盈余公积、一般风险准备、本年利润和利润分配等科目。

所有者权益类科目的余额:资本部分是贷方余额;利润分配科目可能是贷方余额,表示未分配的利润,也可能是借方余额,此时表示尚未弥补的亏损。

5. 损益类科目

损益类科目是反映银行财务收支及经营成果的科目,包括银行的各项收入类科目和各项成本、费用支出类科目。收入类科目贷方反映增加数,借方反映减少数或转销数。费用支出类科目借方反映增加数,贷方反映减少数或转销数。在期末,损益类各科目均转入本年利润科目。结转前,收入类科目为贷方余额,支出类科目则为借方余额。

附:商业银行会计科目一览表(表2-1)

表2-1 商业银行会计科目一览表

序号	编号	会　计　科　目	序号	编号	会　计　科　目
		一、资产类	15		抵押贷款
1	1001	库存现金	16		逾期贷款
2	1002	银行存款	17		进出口押汇
3	1003	存放中央银行款项	18	1304	贷款损失准备
4	1011	存放同业	19	1431	贵金属
5	1101	交易性金融资产	20	1511	长期股权投资
6	1111	买入返售金融资产	21	1512	长期股权投资减值准备
7	1132	应收利息	22	1601	固定资产
8	1221	其他应收款	23	1602	累计折旧
9	1231	坏账准备	24	1603	固定资产减值准备
10	1301	贴现资产	25	1604	在建工程
11	1302	拆出资金(拆放同业)	26	1606	固定资产清理
12	1303	贷款	27	1701	无形资产
13		短期贷款	28	1702	累计摊销
14		中长期贷款	29	1703	无形资产减值准备

(续表)

序号	编号	会 计 科 目	序号	编号	会 计 科 目
30	1801	长期待摊费用	59		同城票据清算
31	1811	递延所得税资产	60	3201	货币兑换(外汇买卖)
32	1901	待处理财产损溢	61	3101	衍生工具
	二、负 债 类		62	3201	套期工具
33	2002	存入保证金	63	3202	被套期项目
34	2003	拆入资金(同业拆入)		四、所有者权益类	
35	2004	向中央银行借款	64	4001	实收资本(股本)
36		应解汇款	65	4002	资本公积
37		汇出汇款	66	4101	盈余公积
38		本票	67	4102	一般风险准备
39	2011	吸收存款	68	4103	本年利润
40		单位活期存款	69	4104	利润分配
41		单位定期存款	70	4202	库存股
42		活期储蓄存款		五、损 益 类	
43		定期储蓄存款	71	6011	利息收入
44	2012	同业存放	72	6012	金融企业往来收入
45	2211	应付职工薪酬	73	6021	手续费及佣金收入
46	2221	应交税费	74	6051	其他业务收入
47	2231	应付利息	75	6061	汇兑收益
48	2232	应付股利	76	6111	投资收益
49	2241	其他应付款	77	6301	营业外收入
50	2311	代理买卖证券款	78	6402	其他业务成本
51	2312	代理承销证券款	79	6403	营业税金及附加
52	2313	代理兑付证券款	80	6411	利息支出
53	2502	应付债券	81		金融企业往来支出
54	2701	长期应付款	82	6421	手续费及佣金支出
55	2702	未确认融资费用	83	6602	业务及管理费
56	2901	递延所得税负债	84	6701	资产减值损失
	三、资产负债共同类		85	6711	营业外支出
57	3001	清算资金往来	86	6801	所得税费用
58		辖内往来	87	6901	以前年度损益调整

第二节 记账方法

记账方法是按一定的记账规则,使用一定的记账符号,对经济业务进行整理、分类和登记会计账簿的一种专门方法。

一、单式记账法与复式记账法

银行的记账方法包括单式记账法和复式记账法。单式记账法运用于表外科目的核算,复式记账法运用于表内科目的核算。

(一)单式记账法

单式记账法,对发生的每一笔经济业务只在一个会计科目中进行登记,各个科目之间记录没有直接联系,也不存在资产负债的平衡关系,不能全面地、系统地反映经济业务,不便于检查账户记录的正确性和完整性。因此,在我国银行系统中,仅对表外科目所涉及的会计事项,采用单式记账法进行登记或核算。

(二)复式记账法

复式记账法,对发生的每项经济业务都要按照相等的金额在两个或两个以上相互关联的会计科目中进行登记。复式记账法使有关科目之间的对应关系清楚、明了,对每一项经济业务的来龙去脉及全部的经济业务都相互联系地登记入账,完整、系统地反映了经济活动的过程和结果。同时,由于对每项经济业务都以相等的金额进行分类登记,因而对记录的结果可以进行试算平衡,以检查会计记录的正确与否,防止会计差错,保证会计工作质量。

二、借贷记账法

借贷记账法是根据复式记账原理,以"资产=负债+所有者权益"的平衡公式为基础,以"借"和"贷"为记账符号,按照"有借必有贷,借贷必相等"的记账规则在账户中进行登记的一种复式记账方法。目前,世界各国普遍采用这种记账法。我国银行系统的会计记账自1994年起统一采用借贷记账法。其主要内容包括:记账主体、记账符号、记账规则和试算平衡四个方面。

(一)记账主体

借贷记账法以会计科目为主体,根据复式记账原理进行记录,借以反映资金运动的性质和数量的变化。对于会计科目,按其经济内容划分为资产类、负债类、资产负债共同类、所有者权益类和损益类,从而确定会计科目的记账方向及其对应关系。

(二)记账符号

借贷记账法是以"借""贷"作为记账符号,将每个会计科目所属账户划分为"借方""贷方"和"余额"三栏,通常是借方在左,贷方在右,余额可以在借方也可以在贷方。"借"和"贷"作为记账的符号,对不同资金性质的账户代表着不同的含义。资产类账户增加记借方,减少记贷方,余额在借方。负债类账户增加记贷方,减少记借方,余额在贷方。资产负债共同类账户余额在借方,属资产类账户,按资产类账户的记账规则登记借方和贷方发生额;如余额在贷方则属负债类账户,按负债类账户的记账规则登记借方和贷方发生额。损益类账户分为损失和收益。费用、支出、损失的发生记借方,减少记贷方;收入、收益的发生记贷方,减少记借方。所有者权益类账户权益增加记贷方,减少记借方,余额在贷方。借贷记账法下各类账户的记账方向如表2-2所示。

表2-2 借贷记账法下各类账户的记账方向

借　　方	贷　　方
资产增加	负债增加
负债减少	资产减少
权益减少	权益增加
损失增加	收益增加
收益减少	损失减少

(三)记账规则

借贷记账法以"有借必有贷,借贷必相等"作为记账规则。当经济业务发生时,同时要引起至少两个账户发生变化,根据所涉资金增减变化的内在联系,在确定应记科目的基础上,以同等的金额记入一个账户的借方,另一个或两个账户的贷方;或者记入一个账户的贷方,另一个或两个账户的借方。有借方必有贷方,借贷双方金额必须相等。

(四)试算平衡

借贷记账法是根据复式记账原理,按照"资产=负债+所有者权益"的平衡理论来检查和平衡账务的。由于每笔业务始终坚持"有借必有贷,借贷必相等"的记账规则,所以,每天或一定时期内的借方发生额和贷方发生额必然是相等的。而每天或一定时期内的上期借方余额和贷方余额是相等的,所以本期借方余额与贷方余额也必然是相等的,其账务平衡公式如下:

各科目借方发生额合计=各科目贷方发生额合计

各科目借方余额合计=各科目贷方余额合计

三、表外科目的记账方法

目前,各银行对表外科目的记录,一般采用单式收付记账方法。即以收入和付出作为记账符号,账簿设"收入""付出""余额"三栏,业务事项发生时记"收入",销账或减少时记"付出","余额"表示结存或剩余。表外科目的记账金额,一般是按业务发生额或凭证票面额记载,有些控制实物数量的表外科目,则按假定价格记载。

四、借贷记账法实例

现以商业银行业务举例说明如下:

[例2-1] 发放给光明啤酒厂流动资金贷款100 000元,转入该企业活期存款账户。

该项经济业务,涉及"短期贷款"和"单位活期存款"两个科目,短期贷款属资产类科目,单位活期存款属负债类科目。资产增加应记入借方,负债增加应记入贷方。会计分录为:

借:短期贷款——光明啤酒厂贷款户　　　　　　　　　　100 000
　　贷:单位活期存款——光明啤酒厂　　　　　　　　　　100 000

[例2-2] 某储户从其活期储蓄存款中支取现金600元。

该项经济业务,涉及"活期储蓄存款"和"现金"两个科目,活期储蓄存款属负债类科目,现金属资产类科目。负债减少应记入借方,资产减少应记入贷方。会计分录为:

借:活期储蓄存款——某户　　　　　　　　　　　　　　600
　　贷:库存现金　　　　　　　　　　　　　　　　　　　600

[例2-3] 某商业银行签发现金支票一张,从中央银行存款账户中支取现金80 000元。

该项经济业务,涉及"存放中央银行款项"和"现金"两个科目,存放中央银行款项和现金均属资产类科目。现金增加应记入借方,存放中央银行款项减少应记入贷方。会计分录为:

借：库存现金　　　　　　　　　　　　　　　　　　　80 000
　　　　贷：存放中央银行款项　　　　　　　　　　　　　　　　80 000

[例 2-4] 银行将 100 000 元盈余公积转增资本金。

该项经济业务涉及"盈余公积"和"实收资本"两个科目，盈余公积和实收资本均属所有者权益类科目。所有者权益类盈余公积减少应记入借方，所有者权益类实收资本增加应记入贷方。会计分录为：

　　借：盈余公积　　　　　　　　　　　　　　　　　　　100 000
　　　　贷：实收资本　　　　　　　　　　　　　　　　　　　100 000

结论：从以上实例可以看出，尽管银行业务千变万化，但按照借贷记账规则可以归纳为以下四种类型的变化：

（1）资产增加，负债或所有者权益增加；
（2）资产减少，负债或所有者权益减少；
（3）资产增加，另一项资产减少；
（4）负债或所有者权益增加，另一项负债或所有者权益减少。

根据以上四项经济业务的会计分录编制试算平衡表。如表 2-3 所示。

表 2-3　试算平衡表

年　　月　　日　　　　　　　　　　　　　　　　　　　　　　单位：元

会计科目	上日余额		本日发生额		本日余额	
	借方	贷方	借方	贷方	借方	贷方
库存现金	100 000		80 000	600	179 400	
存放中央银行款项	120 000			80 000	40 000	
短期贷款	500 000		100 000		600 000	
单位活期存款		300 000		100 000		400 000
活期储蓄存款		120 000	600			119 400
盈余公积		200 000	100 000			100 000
实收资本		100 000		100 000		200 000
合　计	720 000	720 000	280 600	280 600	819 400	819 400

第三节　会　计　凭　证

会计凭证，是记录经济业务、明确经济责任的书面证明，是办理资金收付和登记会计账簿的根据，也是核对账务和事后查考的重要依据。银行的会计凭证作为记账凭证时,需要在银行内部组织传递。因此,记账凭证又称为"传票"。

一、会计凭证的种类

(一)会计凭证按其填制的程序和用途,分为原始凭证和记账凭证

1. 原始凭证

原始凭证是在经济业务发生时取得或填制的,用以记录和证明经济业务的发生或完成情况的原始依据。原始凭证按其来源不同可分为外来原始凭证和自制原始凭证。

2. 记账凭证

记账凭证是根据原始凭证编制或用原始凭证代替的凭证,它是登记账簿的直接依据。

银行在办理各项业务过程中,为了避免重复劳动,提高工作效率,较普遍地采用由单位或客户来行办理业务所提交的原始凭证经审核后,代替银行的记账凭证。

原始凭证和记账凭证的划分不是绝对的,如果原始凭证具备了记账凭证的基本要素,可以直接作记账凭证。例如存单、支票、进账单、存取款凭证,既是原始凭证又是记账凭证。

(二)记账凭证按其形式的不同,分为单式记账凭证和复式记账凭证

1. 单式记账凭证

单式记账凭证是指一笔业务的借方和贷方科目要分别编制两张或两张以上的凭证,在一张凭证上只填一个会计科目或账户,只作一个账户的记账凭证。其优点是在手工记账时,便于分工记账、传递和按科目汇总发生额。其缺点是反映业务不集中,不便于事后查对。

2. 复式记账凭证

复式记账凭证是指一笔业务的借方和贷方科目都填列在一张凭证上,并凭以记入两个或两个以上账户的凭证。其优点是科目对应关系明确,一张凭证内保持借贷双方平衡相等,还便于查对。其缺点是在手工记账时,不便于分工记账、传递和按科目汇总发生额。

银行会计因其账务处理的特殊性一般采用单式与复式记账凭证共用。

(三)记账凭证按其使用范围,分为基本凭证和特定凭证

1. 基本凭证

基本凭证是银行根据有关原始凭证及业务事实自行编制凭以记账的

凭证。按其性质不同,基本凭证可以分为以下六种表内凭证和两种表外凭证。

(1) 现金收入传票,如表 2-4 所示。

表 2-4 现金收入传票

中国××银行现金收入传票

(贷) _____
(借) 现金   年 月 日

总字第 号
字第 号

户名或账号	摘要	金额（位数）
	合计	

会计　　出纳　　复核　　记账　　制票

附件 张

(2) 现金付出传票,如表 2-5 所示。

表 2-5 现金付出传票

铜牌或对号单 第 号

中国××银行现金付出传票

(贷) 现金
(借) _____   年 月 日

总字第 号
字第 号

户名或账号	摘要	金额（位数）
	合计	

会计　　出纳　　复核　　记账　　制票

附件 张

（3）转账借方传票，如表2-6所示。

表 2-6　转账借方传票

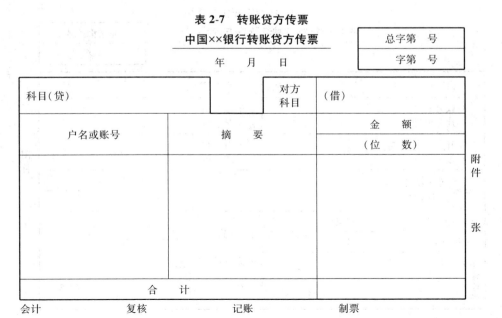

（4）转账贷方传票，如表2-7所示。

（5）特种转账借方传票，如表2-8所示。

表2-8 特种转账借方传票

中国××银行特种转账借方传票　　总字第　号

年　月　日　　字第　号

付款单位	全称		收款单位	全称	
	账号或地址			账号或地址	
	开户银行	行号		开户银行	行号
金额	人民币（大写）			金额（位数）	
原凭证金额		赔偿金	科目（借）............		
原凭证名称		号码	对方科目（贷）............		
转账原因			银行盖章	会计　复核　记账　制票	

附件　　张

（6）特种转账贷方传票，如表2-9所示。

表2-9 特种转账贷方传票

中国××银行特种转账贷方传票　　总字第　号

年　月　日　　字第　号

付款单位	全称		收款单位	全称	
	账号或地址			账号或地址	
	开户银行	行号		开户银行	行号
金额	人民币（大写）			金额（位数）	
原凭证金额		赔偿金	科目（贷）............		
原凭证名称		号码	对方科目（借）............		
转账原因			银行盖章	会计　复核　记账　制票	

附件　　张

（7）表外科目收入传票，如表 2-10 所示。

表 2-10 表外科目收入传票

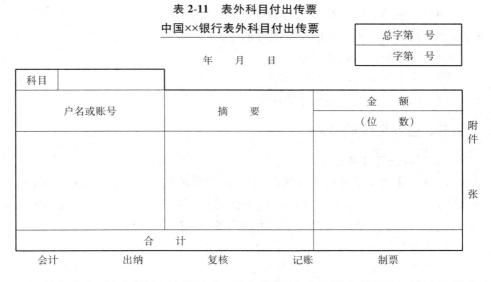

（8）表外科目付出传票，如表 2-11 所示。

表 2-11 表外科目付出传票

现金收入、付出传票，转账借方、贷方传票属于银行内部凭证，只限银行内部使用。

银行发生转账业务，涉及外单位的资金收付，而且又是银行主动代为收款进账或扣款时，使用特种转账借方、贷方传票。

当需要登记表外科目账务时使用表外科目收入、付出传票。

2. 特定凭证

特定凭证是根据各项业务的特殊需要而设置的各种专用凭证。特种凭证一般由银行印制,单位或客户领购和填写后,提交银行凭以办理业务,银行则用以代替传票并凭以记账,如支票、进账单、现金缴款单、托收凭证等。也有某些特定凭证是由银行填制凭以办理业务的,如联行报单、定期储蓄存单等。在银行的会计核算中,特定凭证使用的数量多,格式也不尽相同。各种特定凭证的使用将在以后的有关章节中介绍。

二、会计凭证的基本要素

会计凭证是记载经济业务发生、完成情况及记载账务的依据,必须填记一定的事项,这些事项就称为要素。虽然不同的凭证填记的内容不同,但下列事项是各种凭证必须具备的基本要素:

(1) 年、月、日(特定凭证代替传票时,应注明记账日期);
(2) 收、付款单位的户名和账号;
(3) 收、付款单位开户行的名称和行号;
(4) 人民币或外币符号和大小写金额;
(5) 款项来源用途或摘要及附件的张数;
(6) 会计分录和凭证编号;
(7) 符合有关规定的单位印章;
(8) 银行及有关工作人员的印章。

三、会计凭证的处理

(一) 会计凭证的填制

填制会计凭证是进行会计核算的起点,凭证填制正确与否,直接影响会计核算的质量。因此,必须认真地填制会计凭证,要求做到:要素齐全、内容真实、数字正确、字迹清晰、书写规范、手续完备、不得任意涂改。

1. 现金传票的填制

现金收付业务,在凭证上只填现金的对方科目,其原因在于现金科目已在凭证左上方印明。

2. 转账传票的填制

发生一笔转账业务,要分别填制各科目的转账借方传票和转账贷方传票,至少要填制两张传票,借、贷方科目对应,金额相等。如果一笔转账业务涉及两个以上的会计科目,就要填制两张以上的借贷方传票,且必须是一借多贷或一贷多借,借、贷方金额相等。

(二)会计凭证的审核

会计凭证的审核是银行会计的一项重要基础工作,无论是银行自制的基本凭证,还是单位或客户提交的特定凭证,都必须根据有关业务的具体要求进行审查,以保证会计凭证的真实性、完整性、合法性和正确性。审核会计凭证时应注意以下要点:

(1)是否为本行受理的凭证;

(2)使用的凭证种类是否正确,凭证内容、联数及附件是否齐全,是否超过有效期限;

(3)账号与户名是否相符;

(4)大小写金额是否一致,字迹有无涂改;

(5)密押、印鉴是否真实齐全;

(6)款项来源、用途是否符合国家有关政策和银行有关规定,是否符合信贷结算的管理原则;

(7)支付金额是否超过存款余额或贷款限额;

(8)计息、收费、罚金等的计算是否正确。

经过审核,对不符合要求的凭证,应拒绝受理。对凭证内容记载不准确、不完整的,应予退回,要求更正、补充或重新填制。

经过审核无误并凭以处理业务的凭证,必须加盖有关人员名章或公章以明确责任。

(三)会计凭证的传递

会计凭证的传递是指从会计部门填制或受理会计凭证开始,经审查、签章、记账,直至将凭证整理、装订、保管为止的全过程。

银行会计凭证的传递过程,也就是处理业务和会计核算的过程。因此,只有科学地组织传递,才能迅速、及时、严密无误地处理业务,进行会计核算,同时加速企业资金周转,提高社会经济效益。

凭证的传递,必须做到准确及时、手续严密、先外后内、先急后缓。各类凭证除有关业务核算手续另有规定外,一律由银行内部传递,以免发生流弊,造成资金损失。

具体说来,各类业务凭证的传递程序,应遵守以下规定:

(1)现金收入业务,必须"先收款、后记账",以保证账款一致;

(2)现金付出业务,必须"先记账、后付款",以免发生透支;

（3）转账业务，必须先记付款单位账户，后记收款单位账户，以贯彻银行不垫款原则；

（4）受理他行票据，必须做到收妥抵用，以防止客户套用银行资金或被他行占用结算资金。

（四）会计凭证的整理、装订与保管

会计凭证是会计档案的重要资料，为保证会计凭证完整无缺和便于事后考查，核算完毕的会计凭证应按日进行整理并装订成册，妥善保管。

对已装订成册并已在封面上编写号码的传票，应及时登记会计档案登记簿，入库保管。调阅传票和销毁超过规定保管年限的传票，必须按规定手续经过批准后，方能办理。

第四节 账务组织

银行会计核算的账务组织是指账簿设置、记账程序和账务核对方法等相互配合的账务体系。

银行的账务组织包括明细核算和综合核算两个系统。明细核算是按账户进行的核算，反映各科目的详细情况；综合核算是按科目进行的核算，反映各科目的总括情况。两个核算系统都是根据同一凭证，分别进行核算，并坚持总分核对，以保证数字相符。明细核算是综合核算的具体化，对综合核算起补充作用；综合核算是明细核算的概括，对明细核算起统驭作用。两者相互联系、彼此制约，构成银行会计核算完整的账务组织体系。

一、明细核算

明细核算是各科目的详细记录，它是在每个会计科目下，设立明细账户，以具体反映各账户资金增减变化及其结果的详细情况。明细核算由分户账、登记簿、现金收入和现金付出日记簿以及余额表组成。

（一）分户账

分户账是明细核算的主要形式，是各科目的详细记录，也是银行同开户单位对账的依据。它按单位或资金性质立户，根据传票逐笔连续记载，具体反映各户的资金活动情况。分户账的格式，除根据业务需要规定的专用格式外一般有以下四种。

1. 甲种账

甲种账设有借方、贷方发生额和余额三栏,适用于不计息科目的账户或使用余额表计息的账户,以及银行内部科目的账户(表2-12)。

表2-12 甲种账

中国××银行(　　)
　　　　　　　　　账

本账总页数	
本户页数	

账号_____　领用凭证_____
户名_____　记　录_____　利率:_____

年		摘要	凭证号码	对方科目代号	借方(位数)	贷方(位数)	借或贷	余额(位数)	复核签章
月	日								

会计　　　　　　　　　　记账

2. 乙种账

乙种账设有借方、贷方发生额,余额和积数四栏,适用于在账页上加计积数并计算利息的账户(表2-13)。

表2-13 乙种账

中国××银行(　　)
　　　　　　　　　账

本账总页数	
本户页数	

账号_____　领用凭证_____
户名_____　记　录_____　利率:0.6‰

年		摘要	凭证号码	对方科目代号	借方(位数)	贷方(位数)	借或贷	余额(位数)	日数	积数(位数)	复核签章
月	日										
11	1	承前页					贷	10 000	41 17	160 800 170 000	
11	18	支 取	3 151		2 000		贷	8 000	27	216 000	
12	15	存 入				7 000	贷	15 000	6	90 000	
12	21	结 息				12.74	贷	15 012.74	91	636 800	

3. 丙种账

丙种账设有借方、贷方发生额和借方、贷方余额四栏,适用于借贷双方反映余额的账户(表2-14)。

表 2-14 丙种账

中国××银行（　　　）
_____账

本账总页数	
本户页数	

贷款指标	拨款限额	期　限	
		年　月　日起止	

账号_____　领用凭证_____
户名_____　记　录_____　利率：_____

年		摘要	凭证号码	对方科目代号	发生额		余额		复核签章
月	日				借方（位数）	贷方（位数）	借方（位数）	贷方（位数）	

　　　　　　　会计　　　　　　记账

4. 丁种账

　　丁种账设有借方、贷方发生额，余额和销账四栏，适用于逐笔记账、逐笔销账的一次性业务，并兼有分户核算作用的账户（表2-15）。

表 2-15 丁种账

中国××银行（　　　）
_____账

本户页数	
本账总页数	

年		账号	户名	摘要	凭证号码	对方科目代号	借方（千万元位）	销账		贷（千万元位）	借或贷	余额（亿元位）	记账	复核
月	日							年	月 日					

　　　　　　会计　　　　　　记账

（二）登记簿

登记簿（表2-16）是明细核算中的辅助性账簿，是为了适应某些业务需要而设置的账簿。凡是分户账上未能记载而又需要查考的业务事项，都可以设置登记簿进行登记，也可以用于统驭卡片账或控制重要的空白凭证、有价单证、实物及某些重要的事项等。登记簿的格式根据业务需要而定，一般都采用借方、贷方（或是收入、付出）和余额三栏来反映数量及金额情况。

表2-16　登记簿

中国××银行（　　　）

登记簿（卡）

本账总页数	
本户页数	

户名＿＿＿＿　单位＿＿＿＿＿＿

年		摘要	收入		付出		余额		复核盖章
月	日		数量	金额（位数）	数量	金额（位数）	数量	金额（位数）	
		会计		记账					

（三）现金收入日记簿和现金付出日记簿

现金收入日记簿（表2-17）和现金付出日记簿是记载和控制现金收入、付出笔数和金额的账簿，是现金收入、付出的明细记录。现金收入、付出日记簿是由出纳员根据现金收入、付出传票逐笔记载。营业终了，应分别结出合计数，编制收付结数表，凭以登记现金库存簿，结出库存数，并与实际现金库存数核对相符。

表2-17　现金收入日记簿

柜组名称：　　　　　　　年　月　日　　　　　　共　页第　页

凭证号数	科目代号	户名或账号	计划项目代号	金额（位数）	凭证代号	科目代号	户名或账号	计划项目代号	金额（位数）
复核			出纳						

(四)余额表

余额表是核对总账与分户账余额和计算利息的重要工具。余额表分为计息余额表和一般余额表两种。

1. 计息余额表

计息余额表(表2-18)适用于计息科目。按科目分户设置,每日营业终了,根据各科目分户账的最后余额抄列,当日没有发生额的账户及法定假日,应根据上一日的余额填列。当冲正各计息账户错账时,应计算应加(或应减)积数,并填入表内的相关栏目中。计息余额表上逐日余额的累计数,为各账户在一定时期内的计息积数,是计算利息的依据。每日各户余额的合计数应与当日该科目总账的余额核对一致。

表2-18 计息余额表

中国××银行( )

计息余额表

科目:
货币:　　　　　利率:　　　年　月　日　　　　　共　页第　页

户名及账号 余额 日期	(位数)	(位数)	(位数)	(位数)	(位数)	(位数)	(位数)	复核 盖章
上月底止应计息积数								
1~10 10天小计 11~20 20天小计 21~31								
本月合计(本月计息积数)								
应加应减积数								
本期累计应计息积数								
结息时计算利息数								

会计　　　　　　　复核　　　　　　　记账

2. 一般余额表

该表适用于不计息的各账户。按各账户的当日最后余额编制(表 2-19)。

表 2-19　一般余额表

中国××银行(　　　)
一般余额表
年　月　日　　　　　共　页第　页

科目代号	户 名	摘 要	余额（位数）	科目代号	户 名	摘 要	余额（位数）

会计　　　　　复核　　　　　制表

二、综合核算

综合核算是以会计科目为基础,综合、概括地反映各科目的资金增减变化情况,是明细核算的总括反映。综合核算由科目日结单、总账、日计表组成。

(一) 科目日结单

科目日结单(表 2-20)是每一会计科目当天借、贷方发生额和传票张数的汇总记录,是轧平当日账务和登记总账的依据。

科目日结单根据当日各科目的传票分别编制。每日营业终了,根据同一科目的现金传票和转账传票,分别借方和贷方,各自加计出金额数和传票数,填列在科目日结单的有关栏内。按规定,现金收入传票和现金付出传票应归集在与现金科目相对应的那个科目的科目日结单中。因此,现金科目日结单应根据其他科目日结单中现金部分,分别借方和贷方计算合计数,反方向填列于现金科目日结单中,即其他科目日结单中的现金借方合计数,填入现金科目日结单的贷方;其他科目日结单中的现金贷方合计数,填入现金科目日结单的借方。当天全部科目日结单的借方合计金额应等于贷方合计金额。

表 2-20 科目日结单

中国××银行(　　　)
科目日结单
年　　月　　日

凭证种类	借方		贷方	
	传票张数	金　额 （位　数）	传票张数	金　额 （位　数）
现　金				
转　账				
合　计				

附件　　　　张

事后监督　　　　复核　　　　记账　　　　制单

(二) 总账

总账(表 2-21)是综合核算的主要形式,它是各科目的总括记录,是综合核算和明细核算相互核对和统驭明细账的重要工具,也是编制会计报表的主要依据。总账按科目设有借方、贷方发生额和借方、贷方余额四栏。账页每月更换一次。

每日营业终了,根据各该科目日结单的借方、贷方发生额合计数填记总账,并结出余额。当日未发生账务的计息科目(假日亦同),应将上日余额填入当日余额栏内,以便与余额表核对积数。对于借、贷双方反映余额的科目,其总账上的余额应根据余额表或各分户账的借方、贷方余额分别加总填记,不得轧差记载。总账各科目的核对公式如下:

(1) 单方反映余额的:

上日借(贷)方余额+本日借(贷)方发生额-本日贷(借)方发生额=本日借(贷)方余额

(2) 借、贷双方反映余额的:

如上日余额轧算为借差,其公式为

上日借差+本日借方发生额-本日贷方发生额=本日借、贷方余额轧差数

如上日余额轧算为贷差,其公式为

上日贷差+本日贷方发生额-本日借方发生额=本日贷、借方余额轧差数

表 2-21 总账

中国××银行(　　)

总　　账

科目名称_____
科目代号_____

年　月	借　方	贷　方
	（位　数）	（位　数）
上年底余额		
本年累计发生额		
上月底余额		
上月底累计未计息积数		

日　期	发生额		余　额		复核盖章
	借方	贷方	借方	贷方	复核员
	（位数）	（位数）	（位数）	（位数）	
1～10 天小计					
11～20 天小计					
21～31 天					
月　计					
自年初累计					
本期累计计息积数					
本月累计未计息积数					

会计　　　　　　复核　　　　　　记账

（三）日计表

日计表（表 2-22）是综合反映各科目当日发生额和余额的报表，也是轧平当日全部账务的主要工具。日计表是银行按日编制的一种会计报表。

日计表中的会计科目按其代号顺序排列，日计表设有借方、贷方发生额和借方、贷方余额四栏。每日营业终了，根据各科目总账的当日发生额和余额填记，借方、贷方的发生额合计数和借方、贷方的余额合计数，必须各自平衡。

表 2-22 日计表

中国××银行(　　)

日计表

年　月　日

科目代号	科目名称	发生额		余额		科目代号
		借方（位数）	贷方（位数）	借方（位数）	贷方（位数）	
合计						

行长(主任)　　　　会计　　　　复核　　　　制表

三、核算程序与账务核对

（一）核算程序

（1）明细核算的核算程序。根据业务发生的凭证登记分户账或登记簿；现金业务需根据现金传票记载现金收入、付出日记簿，营业终了，根据分户账余额登记余额表。

（2）综合核算的核算程序。根据业务发生的凭证编制科目日结单，根据科目日结单登记总账，根据总账编制日计表。

明细核算和综合核算都是根据业务发生的同一凭证，分别进行核算，其核算结果必然相等。因此，必须相互核对，保证账务的正确。

（二）账务核对

账务核对是账务处理的重要环节，是防止账务差错、保证核算正确和资金安全的重要措施。银行的账务核对分为每日核对和定期核对两种方式。

1. 每日核对

（1）总分核对。总账各科目的余额应与相应科目的分户账或余额表的余额合计数核对相符。

（2）账款核对。现金收入、付出日记簿的合计数应与现金科目的借方、贷方发生额核对相符；现金库存簿的现金库存数应与实际库存现金和现金科目总账的余额核对相符。

2. 定期核对

对未能纳入每日核对的账务，应建立定期核对制度，定期核对的主要内

容有:

（1）使用丁种账页记载的账户,应按旬加计未销账的各笔金额与该科目总账余额核对相符。

（2）有关科目卡片账,要按月与该科目总账或有关登记簿核对相符。

（3）余额表的计息积数与该科目总账余额累计数核对相符。

（4）各种贷款借据要按月与各该科目分户账逐笔核对相符。

（5）贵金属分户账与出纳部门的有关保管登记簿核对相符。

（6）存折户应坚持在办理业务的当时进行账折核对。

通过每日核对和定期核对,就可以使银行账务达到账账、账款、账证、账实、账表和内外账务完全相符的要求。

银行账务处理程序和账务核对如图 2-1 所示。

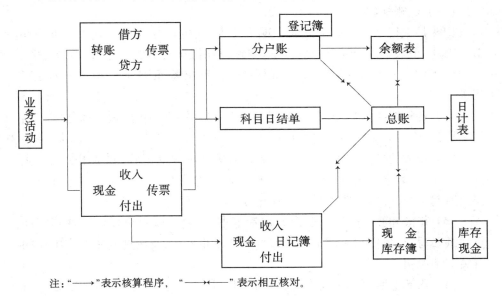

注:"──→"表示核算程序,"──→←──"表示相互核对。

图 2-1　账务处理程序和账务核对示意图

四、账簿的结转

（一）月度结转

总账每月更换新账页一次,将旧账上的"上年底余额""自年初累计发生额""月终余额"分别过入新账的"上年底余额""本年累计发生额""上月底余额"栏。年初建立新账时,只过入上年底余额。分户账复写账页记满后应更换新账,将旧账页最后余额过入新账页,新账页摘要栏加盖"承前页"戳记。

(二) 年度结转

年度终了,各科目分户账除农贷、储蓄账和未销账的卡片账可继续使用外,均应更换新账页。在旧账页的最后一行余额下加盖"结转下年"的戳记,将最后余额过入新账页,新账页的日期应写新年度1月1日,摘要栏加盖"上年结转"戳记。丁种账账页应在旧账页未销各笔的销账日期栏加盖"结转下年"戳记,将未销账各笔逐笔过入新账页,并结出余额,在摘要栏加盖"上年结转"戳记,同时填列旧账页的发生日期及摘要,以备查考。

结转完毕,应将各科目分户账新账页的余额加总合计与相同科目总账新账页余额认真核对,保证结转正确。

五、记账规则与错账冲正方法

(一) 记账规则

记账是银行会计核算工作的一项重要内容,也是办理具体业务的重要环节。因此,记账必须及时、准确、真实、完整,不漏记账、不重复记账、不错记账、不积压账目。为了做好记账工作,保证会计核算质量,记账时应遵守下列记账规则。

(1) 各种账簿在启用时,应填写"账首",即要填写会计科目、账号和户名的全称等,不得只填写会计科目代号。

(2) 账簿的各项内容,必须根据传票有关事项逐笔记载,并结出余额。做到内容完整、数字准确、摘要简明、字迹清晰,严禁弄虚作假。传票内容如有错误或遗漏不全,应由制票人员更正补充,加盖印章后,再行记账。

(3) 账簿和凭证一律用蓝黑墨水钢笔书写,复写账页可用蓝圆珠笔双面复写纸书写,红色墨水只用于画线和当年错账冲正,以及按规定用红字批注的有关文字说明。

(4) 账簿上所写文字及金额,应占全格的二分之一。摘要栏文字如一格写不完,可在下一格继续填写,但其金额应填于末一行文字的金额栏内,账簿金额结清时,应在元位以"—0—"表示结平。

(5) 账簿上的一切记载,不许涂改、挖补、刀刮、橡皮擦和用药水销蚀。

(6) 因漏记使账页发生空格时,应在空格的摘要栏内用红字注明"空格"字样。

(7) 账簿、凭证记载时,使用的各种代用符号如下:

① 人民币符号为"￥",外币记账单位和外币符号按国际惯例;

② 年、月、日的简写顺序是自左至右"年/月/日";

③ 利率符号简写为：年利率"年%"，月利率"月‰"，日利率"日‱"；

④ 人民币大写金额书写为：壹、贰、叁、肆、伍、陆、柒、捌、玖、拾、佰、仟、万、亿。

（二）错账冲正的方法

账簿记录发生错误时，应根据错误的性质和具体情况，按照下列的更正错误方法进行更正。

1. 当日发生的差错，采取画线更正法

（1）日期和金额写错时，应以一道红线把全行数字划销，将正确数字写在划销数字的上边，并由记账员在红线左端盖章证明。如果画错红线，可在红线两端用红墨水画"×"销去，并由记账员在右端盖章证明。文字写错，只要将错字用一道红线划销，将正确的文字写在划销文字的上边。

（2）传票填错科目或账号。如果发现已经记账的传票，其应借、应贷的科目或账号有误，应由制票人改正传票，然后再用画线更正法更正账簿。

2. 隔日或以后（但在本年度内）发现的差错，采用红蓝字冲正法

（1）记账串户，应填制同方向红蓝字冲正传票办理冲正。红字传票记入原错误的账户，在摘要栏注明"冲销×年×月×日错账"字样；蓝字传票记入正确的账户，在摘要栏注明"补记冲正×年×月×日账"字样。

（2）传票金额、科目或账户填错，账簿随之记错。应填制借、贷方红字传票将错账全数冲销，再按正确金额、科目、账户重新填制借、贷方蓝字传票补记入账，并在摘要栏内注明情况，同时在原错误传票上批注"已于×年×月×日冲正"字样。

3. 本年度发现上年度错账，应采用蓝字反方向冲正法，不更改决算报表

最后，必须说明，在使用上述三种更正错误方法冲正错账时，应注意以下两点：

第一，凡冲正错账影响利息计算时，应计算应加、应减积数进行调整。

第二，错账冲正传票，必须经会计主管人员审查盖章后，才能办理冲账，并将有关冲正情况进行登记，以便考核。

六、计算机操作的记账、对账和错账处理

（一）记账

使用计算机记账，必须严格执行以下规定：

（1）数据输入，必须由指定操作员进行。

（2）数据输入，必须根据审查无误的凭证进行，且各项业务应序时输入。

（3）特殊业务，必须经主管柜员授权处理。对发生的错账需要进行账务调整或账务冲正的，必须经主管负责人在记账凭证上签批后，进行业务处理。

（4）计算机自动生成的凭证（如利息凭证），其转账金额必须经有关人员复核无误后记账。

（二）对账

在计算机操作条件下，账务核对有下列变化：

（1）计算机处理结果与手工核对的有：计算机打印的科目日结单与手工加计的各科目借方、贷方发生额核对；计算机打印传票总张数与当天实际传票总张数核对；计算机打印的现金科目发生额、余额与出纳现金收入、付出日记簿和现金库存簿核对。

（2）计算机内部核对的有：分户账与总账的发生额、余额核对；总账与余额表的核对；总账与日计表的发生额、余额核对。

（三）错账处理

计算机记账条件下的错账更正要根据不同情况进行相应处理：

（1）当日发现账务记载有误，可在"当日撤销"交易中将错账撤销，撤销后的交易在计算机系统中状态显示为"无效"，当日撤销交易必须遵循"谁记账谁撤销"的原则。

（2）凭证填制错误而导致记账金额或账户记载有误，必须先将错账撤销，在原撤销凭证中注明撤销原因，而后再填制凭证重新进行账务处理。

（3）撤销交易必须由有权人员授权，操作人员才可对某业务做撤销处理，有权人员在撤销凭证上签字确认，在机打撤销凭证上注明撤销原因。

（4）使用"当日撤销"业务办理撤销，必须重新放置凭证打印，严禁将已打印的凭证再进行撤销打印，已作废的凭证应附于机打撤销凭证之后，当日装订于传票的表外科目之后备查。

复习思考题

1. 什么是会计凭证？如何进行会计凭证的审查？会计凭证如何传递？
2. 什么是账务组织？阐述明细核算与综合核算的区别与联系。
3. 错账冲正有哪些方法？各在什么情况下使用？

第三章 存款业务的核算

学习目标

- 了解银行存款账户的种类与管理
- 了解银行开户的条件及有关办法
- 掌握银行各项存款业务的核算程序及处理手续
- 掌握银行存款利息的计算方法

第一节 存款业务概述

存款是银行以信用方式吸收社会闲置资金的筹资活动。存款是银行负债的重要组成部分,也是银行信贷资金的重要来源。

银行通过吸收存款,可以把国家财政渠道集中不起来的大量的、分散的再生产过程中的闲置资金和城乡居民生活节余用款利用吸收存款方式集中起来,然后有计划地发放出去,发挥银行分配资金、调节社会经济的作用,促进国民经济持续、稳定、协调地发展。同时,各单位的存款又是银行办理支付结算的前提,因此,积极开展存款业务,对于扩大银行信贷资金来源,平衡社会资金需求,满足社会再生产和流通对资金的需要,稳定货币和调节货币流通都具有十分重要的意义。

一、存款账户的种类与管理

（一）存款账户的种类与管理

1. 单位存款账户的种类

根据国家规定,单位除了保留必要的备用金外,其余货币资金必须存入银行。因此,每一个与银行发生资金往来的单位,都必须按规定开立相应的存款账户,以便于办理资金收付和同其他单位进行结算,以及办理贷款。

单位存款账户按用途分为基本存款账户、一般存款账户、专用存款账户和临时存款账户。

基本存款账户是指独立核算的单位在银行开立的、用于办理日常转账结算和现金收付的账户。存款人日常经营活动的资金收付及其工资、奖金和现金的支取,应通过该账户办理。一般来说,存款人可自由选择银行开立基本存款账户,但一个存款人只能在银行开立一个基本存款账户。

一般存款账户是存款人因借款或其他结算需要,在基本存款账户开户银行以外的银行营业机构开立的银行结算账户。一般存款账户用于办理存款人借款转存、借款归还和其他结算的资金收付。该账户可以办理现金缴存,但不得办理现金支取。

专用存款账户是存款人按照法律、行政法规和规章,对其特定用途资金进行专项管理和使用而开立的银行结算账户。专用存款账户用于办理各项专用资金的收付,具有专款专用、专项管理的特点,如基本建设资金专户、更新改造资金专户、保证金专户、社会保障基金专户等。该账户对于资金的合理使用具有较好的监督作用。

临时存款账户是存款人因临时需要并在规定期限内使用而开立的银行结算账户。该账户用于办理临时机构以及存款人临时活动发生的资金收付。临时存款账户支取现金,应按照国家现金管理的规定办理。临时存款账户的有效期最长不得超过2年。

2. 单位存款账户的开立

存款人申请开立账户时,应填制开户申请书,并提供规定的证明文件。

申请开立基本存款账户时,应向开户银行出具:工商行政管理机关核发的营业执照正本;有关部门的开户证明、批文、承包协议、居民身份证和户口簿等证明文件之一。

申请开立一般存款账户,应向开户银行出具:借款合同或借款借据;基本存款账户的存款人同意其附属非独立核算单位开户的证明等证件之一。

申请开立专用存款账户时,存款人应出具有关主管部门的批文或证明。

申请开立临时存款账户,存款人应向银行出具工商行政管理机关核发的临时执照或有关主管部门同意设立外来临时机构的批文。

申请开户的存款人还应送交盖有存款人印章的印鉴卡片。经开户银行审核上述证件后,为其开立相应的存款账户。银行为存款人开立账户,应登记开销户登记簿,编列账号,设立分户账,并向存款人发售有关结算凭证,存款人可根据需要签发各种结算凭证,通过账户办理资金收付。

3. 单位存款账户管理

存款账户一经开立,银行就必须加强对账户的管理,监督开户单位正确使用账户,遵守银行的有关规定:

(1) 一个单位只能选择一家银行的一个营业机构开立一个基本存款账户,不允许在多家银行开立基本存款账户。

(2) 开户实行双向选择。存款人可以自主选择银行,银行也可以自愿选择存款人开立账户。任何单位和个人都不能干预存款人在银行开立或使用账户,银行也不得违反规定强拉客户在本行开户。

(3) 银行应定期与存款人核对账务。银行结算账户的存款人收到对账单或对账信息后,应及时核对账务并在规定期限内向银行发出对账回单或确认信息。

(4) 实行开户申报制度。银行对企业事业单位开立、撤销账户,必须及时向当地人民银行报告,人民银行运用计算机建立账户管理系统,加强对账户的管理。

(5) 存款人的账户只能办理存款人本身的业务活动,不允许出租和转让他人。否则,按规定根据账户出租、转让发生的金额对存款人处以罚款,并没收出租账户的非法所得。

(二) 个人银行账户的种类与管理

1. 个人银行账户的种类

根据中国人民银行的规定,个人银行账户分为Ⅰ类银行账户、Ⅱ类银行账户和Ⅲ类银行账户。

银行可通过Ⅰ类户为存款人提供存款、购买投资理财产品等金融产品、转账、消费和缴费支付、支取现金等服务。

银行可通过Ⅱ类户为存款人提供存款、购买投资理财产品等金融产品、限定金额的消费和缴费支付等服务。

银行可通过Ⅲ类户为存款人提供限定金额的消费和缴费支付服务。

银行不得通过Ⅱ类户和Ⅲ类户为存款人提供存取现金服务。

2. 个人银行账户的管理

(1) 落实个人银行账户实名制。银行为开户申请人开立个人银行账户时,应核验其身份信息,对开户申请人提供身份证件的有效性、开户申请人与身份证件的一致性和开户申请人开户意愿进行核实,不得为身份不明的开户申请人开立银行账户并提供服务,不得开立匿名或假名银行账户。

（2）建立银行账户分类管理机制。银行应建立个人银行账户管理系统，采用科学、合理的方法对存款人进行风险评级，根据存款人身份信息核验方式及风险等级，审慎确定银行账户功能、支付渠道和支付限额，并进行分类管理和动态管理。

二、存款的种类

银行存款按不同的分类标准可分为不同的类别。

（一）按资金来源性质分类

银行存款按资金来源性质可分为对公存款（单位存款）、个人存款（储蓄存款）、财政性存款。单位存款是指存款人以机关、团体、部队、企业、事业单位或其他组织的名义在银行开立存款户而存入的款项。储蓄存款是存款人以自然人名义在银行存入的款项；财政性存款主要是各行经办的各级财政拨入的预算资金或应上交财政的各种款项形成的存款。

（二）按存款期限分类

按存款期限长短可分为活期存款、定期存款、定活两便存款等。活期存款是存入时不确定存期，可以随时存取的存款，如企事业单位活期存款、个人结算存款、财政性存款等；定期存款是存入时规定存期，到期支取的存款，如整存整取、零存整取、整存零取、存本取息等；定活两便存款是存入时不规定存期，存款人可随时支取，支取时按同档次定期存款利率的一定比率确定存款利息的一种存款。

（三）按存款货币的记账单位分类

存款按其记账单位分类可分为本币存款和外币（原币）存款。我国商业银行目前开设了港币、美元、欧元、日元、英镑、加拿大元、瑞士法郎、澳大利亚元等外币存款业务。如以其他可自由兑换的外币存入，应按存入日的牌价套算成上述货币存入。按规定，存入什么货币就支取什么货币，计付原币利息。

表 3-1 简要列示了存款业务的各种分类。

表 3-1 存款业务分类

存款业务	人民币存款	个人存款	活期存款	
			定期存款	整存整取
				零存整取
				整存零取
				存本取息

(续表)

存款业务	人民币存款	个人存款	定活两便存款	
			个人通知存款	
			教育储蓄存款	
			保证金存款	
		对公存款	单位活期存款	基本存款账户
				一般存款账户
				临时存款账户
				专用存款账户
			单位定期存款	
			单位协定存款	
			单位通知存款	
			保证金存款	
	外币存款	外汇储蓄存款	}按存款客户类型分类	
		单位外汇存款		
		活期存款	}按存期分类	
		定期存款		
		经常项目外汇账户	}按账户种类分类	
		资本项目外汇账户		

三、存款业务核算的要求

由于银行吸收的存款涉及各个单位、各部门以及社会各个方面，具有一定的广泛性和社会性，存款工作的好坏影响面相当大。因此，在组织和办理存款业务的核算过程中，银行必须做到以下几点。

（一）切实维护存款单位和个人的合法权益

各单位和个人存入银行的存款，其所有权属于存款人。银行应尊重单位和个人选择存款银行和存款种类的权利，坚持谁的钱进谁的账、由谁支配使用，切实维护存款人对存款的合法支配权。除按照国家法令和有关规定办理扣款外，谁也不得随便停止存款单位和个人使用存款。

（二）正确使用账户，加强柜面监督

存款账户是银行办理存款业务的工具，又是各单位之间进行经济往来的基础，必须加强管理。要经常检查账户使用情况，分析账户资金收付情况，加强柜面监督,严禁将账户出租、出借或转让给其他单位和个人使用。对于储蓄存款账户,也要加强管理,严防冒领、诈骗、盗窃,以确保储蓄存款的安全。

(三)准确及时地进行核算,提高服务质量

银行办理各种存款业务,要做到手续简便、迅速及时、方便群众。同时,要记好账、算好账,防止串户,以免影响单位正常使用资金,防止透支和扩大银行信用。要按照规定正确计算利息,以维护存款单位和存款人的经济利益。认真做好对账工作,保证银行和单位账务一致。

四、会计科目的设置及使用

银行为了核算吸收的各种存款,一般设置和使用以下会计科目。

(一)"单位活期存款"科目

本科目属负债类科目,用来核算各类单位(包括企业、事业单位、机关、社会团体等,下同)存入的活期存款。

银行收到单位存入的活期存款时,贷记本科目;支取款项时,借记本科目;余额反映在贷方。

本科目应按存款种类及存款单位进行明细核算。

(二)"单位定期存款"科目

本科目属负债类科目,用来核算各类单位存入的定期存款,包括单位大额可转让定期存单。

银行收到单位存入的定期存款时,贷记本科目;支取款项时,借记本科目;余额反映在贷方。本科目应按存款种类及存款单位进行明细核算。

本科目应按存款种类及存款单位进行明细核算。

(三)"活期储蓄存款"科目

本科目属负债类科目,用来核算居民个人在银行存入的活期储蓄存款。

储户存入款项时,贷记本科目;储户支取款项时,借记本科目;余额反映在贷方。

本科目按储户进行明细核算。

(四)"定期储蓄存款"科目

本科目属负债类科目,用来核算居民个人在银行存入的定期储蓄存款,包括整存整取、零存整取、整存零取、存本取息、大额可转让个人定期存单等定期储蓄存款。银行吸收的个人通知存款也在本科目核算。

储户存入款项时,贷记本科目;储户支取款项时,借记本科目;余额反映在贷方。

本科目应按存款种类及储户进行明细核算。

（五）"利息支出"科目

本科目属损益类科目，用来核算银行在吸收存款、发行金融债券等业务中按国家规定的适用利率向债权人支付的利息。

银行与金融机构之间发生拆借、存款等业务以及再贴现、转贴现资金的利息支出，在"金融企业往来支出"科目中核算，不在本科目核算。

银行定期计提应付利息时，借记本科目，贷记"应付利息""发行债券（应付利息）""单位活期存款""活期储蓄存款""存放中央银行款项"等科目。期末应将本科目余额结转利润，借记"本年利润"科目，贷记本科目，结转后本科目应无余额。

本科目应按利息支出项目进行明细核算。

（六）"应付利息"科目

本科目属负债类科目，用来核算银行吸收存款或发生借款的当期应付而未付的利息。

银行计算应付利息时，借记"利息支出""金融企业往来支出"等科目，贷记本科目；实际支付利息时，借记本科目，贷记"单位活期存款""单位定期存款"等科目；余额反映在贷方。

本科目应按存款的种类进行明细核算。

五、存款利率

近年来，中国人民银行不断推进利率市场化改革，于 2004 年 10 月 29 日放开商业银行、农村合作金融机构等存款利率浮动的下限；2015 年 10 月 23 日，又宣布对商业银行和农村合作金融机构等不再设置存款利率浮动上限。由此，金融机构可根据中国人民银行规定的存款基准利率，结合自身经营目标，具体制定本机构的存款利率（表 3-2）。

表 3-2　金融机构人民币存款基准利率调整表

单位：年利率%

项　目	利　率	
	2015 年 8 月 26 日	2015 年 10 月 24 日
一、活期存款	0.35	0.35
二、定期存款 （一）整存整取		
三个月	1.35	1.10

（续表）

项　目	利　率	
	2015年8月26日	2015年10月24日
半　年	1.55	1.30
一　年	1.75	1.50
二　年	2.35	2.10
三　年	3.00	2.75
（二）零存整取、整存零取、存本取息		
一　年	1.35	1.10
三　年	1.55	1.30
（三）定活两便	按一年以内定期整存整取同档次利率打六折执行	按一年以内定期整存整取同档次利率打六折执行
三、协定存款	1.15	1.15
四、通知存款		
一　天	0.80	0.80
七　天	1.35	1.35
五、个人住房公积金存款		
当年缴存	0.35	0.35
上年结转	1.35	1.10

资料来源：中国人民银行官网，http://www.pbc.gov.cn/。

第二节　单位存款业务的核算

一、基本概念及分类

单位存款是指存款人以机关、团体、部队、企业、事业单位或其他组织的名义在银行开立存款户而存入的款项。按存款的支取方式不同，单位存款一般分为单位活期存款、单位定期存款、单位通知存款、单位协定存款等。

（一）单位活期存款

单位活期存款是指单位类客户在商业银行开立结算账户，办理不规定存期、可随时转账、存取的存款类型。

（二）单位定期存款

单位定期存款是指单位类客户在商业银行办理的约定期限、整笔存入，到期一次性支取本息的存款类型。单位定期存款金额起点为1万元，多存不限。

（三）单位通知存款

单位通知存款是指单位类客户在存入款项时不约定存期，支取时需提前通知商业银行，并约定支取存款日期和金额方能支取的存款类型。不论实际存期多长，按存款人提前通知的期限长短，可再分为1天通知存款和7天通知存款两个品种。

（四）单位协定存款

单位协定存款是一种单位类客户通过与商业银行签订合同的形式约定合同期限，确定结算账户需要保留的基本存款额度；对超过基本存款额度的存款按中国人民银行规定的上浮利率计付利息，对基本存款额度按活期存款利率付息的存款类型。

二、单位活期存款业务

单位活期存款主要有两种方式，即存取现金和转账存取。其中，转账存取款项主要是通过办理各种结算方式和运用支付工具而实现的，具体方法按本书第五章所述内容办理，本节只叙述存取现金的处理方法。

根据存取方式不同，单位活期存款可分为支票户和存折户两种。

（一）支票户存取款业务的处理

支票户是使用支票办理存取手续的存款账户，适用于经营状况较好、结算业务频繁、重信用、严格执行结算纪律的单位和个体经营户。开立支票户时必须在银行预留印鉴，凭印鉴支取款项。

1. 存入现金

存款单位向开户银行存入现金时，应填制一式两联现金缴款单（表3-3），连同现金一并送交开户银行出纳部门。出纳部门经审查凭证、点收现金，登记现金收入日记簿，并复核签章后，将第一联加盖"现金收讫"章后作为回单退交存款人，第二联送交会计部门，凭以代现金收入传票登记单位存款分户账。会计分录如下：

借：库存现金
　　贷：单位活期存款——××单位存款户

表 3-3 现金缴款单

现金缴款单(收入凭证)

年　月　日

总字第　　　号
现金日记账顺序　　　号

缴款人	全称		款项来源	
	账号		缴款部门	

人民币(大写):　　　　　　　　　千百十万千百十元角分

券别	张数	十万千百十元	券别	张数	十万千百十元	会计分录:
一百元			一元			（贷）_____
五十元			五角			对方科目(借)_____
二十元						
十元			二角			会计 复核 记账 出纳
五元			一角			
二元			分币			

2. 支取现金

支票户向银行支取现金时,应签发现金支票,并在支票上加盖预留印鉴,由收款人背书后送交会计部门。会计部门接到现金支票后,应重点审查:支票大小写金额是否相符,是否超过付款期,印鉴与预留印鉴是否相符,出票人账户是否有足够支付的存款,是否背书等。经审查无误后,将出纳对号单交给收款人,凭此到出纳部门取款。同时,以现金支票代现金付出传票登记分户账。会计分录如下:

借:单位活期存款——××存款户
　　贷:库存现金

然后将支票交出纳部门,由出纳部门叫号付款,并登记现金付出日记簿,将现金支票送回会计部门。

(二)存折户存取款业务的处理

1. 存入现金

存款户在第一次存入现金开立账户时,应填写存款凭条连同现金交银行出纳部门,出纳部门审核无误收妥现金后,凭存款凭条登记现金收入日记账后送会计部门。会计部门对存款凭条审查无误后,根据存款凭条开立存折,编列账号,填入存款金额,并加盖银行业务章交存款单位,以存款凭条作现金收入传票记账。其会计分录与支票户存入现金相同。

续存时,必须带存折来行办理存款,其余手续与初存时相同。

2. 支取现金

存折户向其开户银行支取现金时,应填写取款凭条,并加盖预留银行印鉴后,连同存折一并送交银行会计部门。经会计部门审查凭证、存折无误后,以取款凭条代现金付出传票,登记存款账及存折,将取款凭条与存折送交出纳部门凭以付款,然后将存折退取款人。其会计分录与支票户支取现金相同。

三、单位定期存款业务

(一) 单位存入款项的处理

单位向银行办理定期存款时,应按存款金额签发转账支票,交开户银行。银行接到单位交来的办理定期存款的转账支票,应审核支票正面的印章和各项要素以及支票背面单位、负责人和会计主管人员印章无误后,送会计部门记账,并据以填写三联定期存单。经复核后,以转账支票代活期存款借方传票,存单第一联代定期存款转账贷方传票,办理转账。会计分录如下:

借:单位活期存款——××单位户
　　贷:单位定期存款——××单位户

在登记开户登记簿后,应将存单的第三联作为卡片账留存保管,第二联加盖业务公章作为存单交存款单位收执。如果单位要求凭印鉴支取,应在存单第一联、第三联加盖预留银行印鉴,并在第二联存单上注明"凭印鉴支取"字样。

(二) 单位支取款项的处理

单位持到期或过期的定期存单来行支取存款时,凭印鉴支取的,应在存单上加盖预留银行印鉴后送交银行。银行应抽出该户卡片账与存单核对户名、金额、印鉴等无误后,计算应付利息,填制利息清单,并在定期存单上加盖"结清"戳记,以存单代定期存款转账借方传票,另编制两联特种转账贷方传票,一联作贷方传票,另一联代收账通知,办理转账,并销记开销户登记簿。会计分录如下(利息转账分录见"存款利息的计算"):

借:单位定期存款——××存款户
　　贷:单位活期存款——××存款户

单位存款到期后如要求续存,可办理转期续存手续,同时应结清旧户另开新存单,其处理方法比照前述存、取款手续办理。

四、单位存款利息计算

利息是随信用而产生的经济范畴。对存款支付利息是银行使用存款人资金而支付的代价。会计部门应按结息期和计算方法,准确地计算利息。对于应付而未付的存款利息按权责发生制进行核算。

（一）利息计算的一般规定

（1）利息计算公式：

$$利息 = 本金（存款金额）\times 存期 \times 利率$$

本金、存期、利率称为利息计算的"三要素",它们与利息成正比,当本金越大、存期越长、利率越高时,利息也就越多。

（2）本金元位起息,元位以下不计息。计算的利息保留到分位,分位以下四舍五入。

（3）存期是存款人的存款时间,存期"算头不算尾",也就是存入日计算利息,支取日不计算利息,其计算方法是存入日至支取的前一日为止。在计算存期时,应注意与利率在计算单位上的一致性,即存期以天数计算时,用日利率；存期以月计算时,用月利率；存期以年计算时,用年利率。

（4）利率是指一定存款的利息与存款本金的比率。利率由国务院授权中国人民银行制定与公布,各金融机构执行。利率用年利率、月利率、日利率表示。在运用利率时应注意相互关系：年利率÷12 = 月利率；月利率÷30 = 日利率。

（二）单位活期存款利息计算

单位活期存款一般按季结算利息,每季末20日为结息日,结算出来的利息于次日转账。如在结息期前销户,应于销户时计付利息。

按季结息有余额表计息和账页计息两种方法,存期均按实际天数计算。

1. 余额表计息

采用该方法计息,银行会计部门每日营业终了,将各计息分户账的最后余额按户抄列在计息余额表内（当日余额未变动的,照抄上日余额）。如遇错账冲正,应在余额表的"应加积数""应减积数"栏内调整计息积数。结息日,逐户将全季的累计积数乘以日利率,即得出各户应计利息数。其计算公式为：

$$利息 = 累计应计息日积数 \times （月利率÷30）$$

[例3-1] 某工业企业6月21日至9月20日活期存款账户累计积数为4 296 528元,由于错账冲正应加积数30 000元,累计应计息积数4 326 528元,

月利率 0.6‰。

利息 = 4 326 528×(0.6‰÷30)≈86.53(元)

2. 在账页上计息

采用乙种账结计利息的,存款账户使用带积数的乙种账(表 2-13)。当存款人存款账户发生资金收付后,按前一次最后余额乘以该余额的实存天数计算出积数,记入账页的"日数"和"积数"栏内。如更换账页,应将累计积数过入新账页第一行内,待结息日营业终了,加计本结息期内的累计天数和累计积数,以积数乘以日利率,即可得出应付利息数。如表 2-13 所示业务,其利息计算为：

636 800×(0.6‰÷30)≈12.74（元）

（三）单位定期存款利息计算

单位定期存款的利息计算采取利随本清的办法,即在存款到期日支取本金的同时一并计付利息。定期存款的存期按对年、对月、对日计算,对年一律按 360 天、对月一律按 30 天计算,零头天数按实际天数计算。采用"算头不算尾"的办法,即存入日起息,支取日不计算利息。存期内如遇利率调整,按原定利率计息。逾期支取,逾期部分按支取日活期存款利率计息。利息只能转账,不支付现金。

[例 3-2]　某单位存入银行定期存款 500 000 元,定期一年,年利率为 2.25%,6 月 20 日到期,该单位于 7 月 5 日来行支取,支取日活期存款年利率为 0.72%,其利息计算为:

到期利息 = 500 000×1 年×2.25% = 11 250(元)

逾期利息 = 500 000×15 天×(0.72%÷360) = 150(元)

该笔定期存款应付利息为 11 400 元。

（四）存款利息的转账处理

1. 活期存款利息转账

为了准确地反映各期的成本和利润水平,银行对单位活期存款应按季（月）计算应付利息,编制转账借、贷方传票各一联,办理转账。会计分录如下：

借：利息支出——活期存款利息支出户
　　贷：应付利息——活期存款利息户

银行于结算日计算出应支付各单位的利息数后,应编制三联（两贷一借）利息清单,以一联贷方传票将利息转入存款单位账户内,另一联贷方传票作收账通知交存款单位。营业终了,根据借方传票填制应付利息科目汇总传票（以

借方传票作附件),办理转账,会计分录如下:

  借:利息支出——活期存款利息支出户
   贷:单位活期存款——××活期存款户
  借:应付利息——活期存款利息户
   贷:利息支出——活期存款利息支出户

2. 定期存款利息转账

  为了准确地反映各期的成本和利润水平,银行对单位定期存款应按期(月)计算应付利息,编制转账借、贷方传票各一联,办理转账。会计分录如下:

  借:利息支出——定期存款利息支出户
   贷:应付利息——定期存款利息户

  定期存款到期,单位支取本息时,应先计算出到期利息额,以存单代转账借方传票,另编制特种转账借方传票一联、贷方传票两联办理转账。会计分录如下:

  借:单位定期存款——××定期存款户
   利息支出——定期存款利息支出户
   贷:单位活期存款——××活期存款户
  借:应付利息——定期存款利息户
   贷:利息支出——定期存款利息支出户

五、对账与销户

(一) 对账

  对账是指银行与单位核对存款账户余额。银行与开户单位的经济往来,由于双方记账时间的差异,加之凭证传递环节较多,因而常会出现未达账项或账务差错,以致双方账目不符。为了及时查清未达,保证内外账务相符和保护存款安全,银行必须与开户单位经常进行账务核对。

  银行与单位的对账,是对支票存款户而言的。对存折存款户,因在账务处理时就已做到账折见面,保证账折相符,故不再对账。银行与支票存款户的对账,可分为定期对账和随时对账两种形式。

1. 随时对账

  银行为支票存款户记账,采用套写账页,银行会计每记满一页,就将账页的对账联交单位对账;单位以对账联与其银行往来账逐笔进行核对,发现问题,及时到银行查明更正。这种对账形式,适用于逐笔核对发生额,可防止双方账务记载中的错误。

2. 定期对账

银行与单位除平时对账外,银行还应于每季度末及每年11月末向开户单位填发一式两联余额对账单,交给开户单位对账。开户单位核对后,如发现不符,应在对账单回单联注明未达账项及金额,以便双方查找处理。对于双方账务长期不符的开户单位,要采取必要的措施限期查清。银行将开户单位退回的对账回单按科目、账号顺序排列装订保管。

(二)销户

存款单位因迁移、合并、停产等原因不再使用原来的存款账户时,应及时到银行办理销户手续。银行办理销户时,应首先与销户单位核对存款账户余额,核对相符后,对应计算利息的存款账户,要结清利息。对支票存款户,应收回所有空白支票;对存折存款户,应收回存折注销。然后将原存款账户的余额转入其他存款账户或其他地区金融机构。撤销后的账户应停止使用。

第三节 储蓄存款业务的核算

一、基本概念及分类

储蓄存款是银行通过信用方式动员和吸收社会公民暂时闲置和节余货币资金的一种存款业务,是扩大信贷资金来源的重要手段。为了正确执行国家保护和鼓励人民储蓄的政策,银行对个人储蓄存款实行"存款自愿、取款自由、存款有息、为储户保密"的原则。同时,银行办理储蓄存款业务应实行实名制,即以本人有效身份证件的姓名办理存入手续。

储蓄存款可分为活期储蓄存款、定期储蓄存款、定活两便储蓄存款、个人通知储蓄存款和教育储蓄存款等。

二、活期储蓄存款业务

活期储蓄存款是不固定存期,随时可以存取的一种储蓄存款。活期储蓄存款1元起存,多存不限,开户时由储蓄机构发给存折,预留密码,凭存折和密码存取款项。储户也可预留印鉴,凭印鉴支取。

(一)开户与续存的处理

储户第一次来储蓄所存款称作开户。开户时由储户填写一联活期储蓄存款凭条(表3-4),连同现金一并交经办员。经办员经审查存款凭条和点收现金无误后,登记"开销户登记簿"编列账号,开立活期储蓄存款分户账(表3-5)登记活期储蓄存折,根据存款金额记入存款账户。以存款凭条代现金收入传票,会计分录如下:

借:库存现金
　　贷:活期储蓄存款——××活期储蓄存款户

凭印鉴支取的,应在存款账上预留印鉴,在凭条和账折上加盖"凭印鉴支取"戳记。经复核凭条、存折和存款账的各项记载内容无误,复点现金账款相符后,存款凭条加盖"现金收讫"戳记和名章后留存,存款账加盖复核名章后专夹保管,存折加盖业务公章和名章后交储户。

表 3-4　活期储蓄存款凭条

××银行活期储蓄存款凭条

（贷）　科目　　　　　　　　年　月　日　　　　　账号：

户 名	金　　额							附记：
	千	百	十	元	角	分		

以下由银行填写：								（收讫章）				
存款余额	万	千	百	十	元	角	分	积数	万	千	百	十	元
事后监督				月　日				复核记账				

表 3-5　活期储蓄存款分户账

储户印鉴　　　　　　　　　　　　　　　　　账号_____
　　　　　　　　　　　　　　　　　　　　　　户名_____

××年		摘　要	借　方	贷　方	存款余额	积　数
月	日		（位数）	（位数）	（位数）	（位数）

储户来所续存时,亦应开具存款凭条,并连同现金、存折一并交于经办员,经审核无误后,除不再另开账户及存折外,其余收款、记账、登折等处理方法基本与前述开户手续相同。

对上述账、折的登记,在手工操作情况下,由人工填写,在电子计算机操作情况下,则由电子计算机处理。

(二) 支取与销户的处理

储户来行支取存款时,应填写活期储蓄取款凭条(表 3-6),凭印鉴、密码支取的还要在凭条上加盖印鉴、输入密码,连同存折交经办员。

表 3-6 活期储蓄取款凭条

××银行活期储蓄取款凭条

(借)　科目　　　　　　　　　年　月　日　　　　账号:

户　名	金　额						清户时填写						
	千	百	十	元	角	分	利　息	千	百	十	元	角	分
							本息合计						

以下由银行填写:　　　　　　　　　(付讫章)

存款余额	万	千	百	十	元	角	分	积数	十万	万	千	百	十	元

事后复核	月　　日	复核记账

经办员根据凭条核对账、折及印鉴、密码无误后,按支取金额记账、登折,以取款凭条代现金付出传票。会计分录如下:

借:活期储蓄存款——××活期储蓄存款户
　　贷:库存现金

经复核账、折内容无误,付款,并在取款凭条上加盖"现金付讫"及名章后,将现金及存折交储户。

储户支取全部存款,不再续存时称为销户。储户应根据存折上的最后余额填写取款凭条,经办员除办理一般支取手续外,还应结出积数余额并计算出利息,同时按规定代扣储蓄利息所得税(储蓄利息所得税自 1999 年 11 月 1 日起交纳,凡 1999 年 11 月 1 日以后产生的利息,按利息所得的 20% 交纳所得税,由银行代扣代缴。2007 年 8 月 15 日起税率由 20% 降至 5%,2008 年 10 月 9 日起暂免征收利息税），填制两联利息清单，一联留存，于营业终了后，据以汇总编制利息支出科目传票；另一联连同本、息交给储户。会计分录如下：

　　借：活期储蓄存款——××活期储蓄存款户
　　　　利息支出——活期储蓄存款利息支出户
　　　贷：库存现金
　　借：应付利息——活期储蓄存款利息户
　　　贷：利息支出——活期储蓄存款利息支出户

　　销户时，取款凭条、账、折上要加盖"结清"戳记，注销开销户登记簿，存折作取款凭条附件，账页另行保管。

　　（三）活期储蓄存款的利息计算

　　（1）储蓄存款计息的基本规定。

　　① 本金以"元"为起点计息，元以下角、分不计息。各种储蓄存款利息应计至厘位，支付时计至分位将厘位四舍五入。分段计息时，各段利息应计算至厘位，加总后厘位四舍五入计至分位；

　　② 各种储蓄存款利息（除活期储蓄年度结息、整存整取定期储蓄约定转存外）一律利随本清，不计复息，特殊规定除外；

　　③ 计算存期应采用"算头不算尾"的方法，即存期由存款存入银行的当日算至取款的前一日为止，取款当日不计利息；

　　④ 各种储蓄存款的存期全年按360天计算；不论大月、小月。平月和闰月，每月均按30天计算，30日及31日视为同一天，不足一个月的零头天数，按实际天数计算。如30日到期于31日来取，不作过期一天；31日到期30日来取，也不作提前一天。30日存入，当月31日支取不计息。2月28日存入，第二天3月1日支取，按存期3天计算；

　　⑤ 储蓄存款计算利息一律按"对年、对月、对日"计算。自存入日至次年同月同日为一整年；存入日至次月同日为一整月。如存入日为到期或支取月份所无，则以到期或支取月份的最末一天为到期日。闰年2月29日存入，次年2月28日支取，视同存满一年。2月28日存入，次年（闰年）2月29日支取，存期为一年零一天。2月28日存款到期，3月1日支取，逾期天数为3天。

　　（2）活期储蓄存款，每季结息一次，每季末20日为结息日。如在存款期遇利率调整，按结息日挂牌公告的活期储蓄存款利率计付利息。未到结息日销户的，利息随之结清并按销户日挂牌公告的活期储蓄存款利率计付，利息算至销户前一天止。

活期储蓄在两种情况下需要结息：一是结息日，一是销户日。

（四）活期储蓄存款利息的转账处理

为了准确地反映各期的成本和利润水平，银行对活期储蓄存款应按期（月）计算应付利息，编制转账借、贷方传票各一联，办理转账。会计分录如下：

借：利息支出——活期储蓄存款利息支出户
　　贷：应付利息——活期储蓄存款利息户

银行于结算日计算出应支付各储户的利息数后，办理转账，会计分录如下：

借：利息支出——活期储蓄存款利息支出户
　　贷：活期储蓄存款——××活期储蓄存款户
借：应付利息——活期储蓄存款利息户
　　贷：利息支出——活期储蓄存款利息支出户

三、定期储蓄存款业务

定期储蓄是在存款时约定存款期限，一次或分次存入本金，到期一次或分次支取本金和利息的一种储蓄存款。

定期储蓄包括整存整取、零存整取、存本取息和整存零取等几种形式（表3-7）。

表3-7　定期储蓄存款种类

存款种类	存款方式	取款方式	起存金额	存取期类别	特　点
整存整取	整笔存入	到期一次支取本息	50元	3个月、6个月、1年、2年、3年、5年	长期闲置资金
零存整取	每月存入固定金额	到期一次支取本息	5元	1年、3年、5年	利率低于整存整取定期存款，高于活期存款
整存零取	整笔存入	固定期限分期支取	1 000元	存款期分为1年、3年、5年；支取期为1个月、2个月或半年一次	本金可全部提前支取，不可部分提前支取。利息于期满结清时支付。利率高于活期存款
存本取息	整笔存入	约定取息期到期一次性支取本金、分期支取利息	5 000元	存期分为1年、3年、5年；可以1个月或几个月取息一次	本金可全部提前支取，不可部分提前支取。取息日未到不得提前支取利息，取息日未取息，以后可随时取息，但不计复利

（一）整存整取定期储蓄存款的处理

整存整取储蓄50元起存，多存不限，存期分3个月、半年、1年、2年、3年、5年数个档次，本金一次存入，由储蓄机构发给存单，到期凭存单支取本息。整存整取储蓄未到期，储户可提前支取，但如部分提前支取，以一次为限。

1. 存入整存整取储蓄存款

储户申请办理整存整取定期储蓄时，应填写"整存整取定期储蓄存款开户书"连同现金一起交经办员。经办员点收现金并审核开户书无误后，填写三联整存整取定期储蓄存单（表3-8）。第一联为存款凭条，第二联存单加盖业务公章交与储户凭以取款，第三联卡片账留存。采用计算机操作的，存单用计算机打印。如储户要求凭印鉴或密码支取，应在卡片账上加盖预留印鉴或预留密码。然后，登记"定期储蓄存款开销户登记簿"，以第一联存款凭条代现金收入传票。会计分录如下：

　　借：库存现金
　　　　贷：定期储蓄存款——整存整取××户

表3-8 整存整取定期储蓄存单

凭	支取	年	月	日	存入	账号
户名_____ 存入人民币_____ （大写）		印鉴户支 取时盖章 ¥_____				（银行公章及经办人章）
期限　年　月　日到期　利率年　%						
利息¥_____					（支取时代借方传票）	
年　月　日支取本金						
月　日	事后 监督	复核	记账		（借）	科目

2. 支取整存整取储蓄存款

（1）到期和过期支取。储户持到期或过期的存单来行取款时，经办员应审查存单上的公章，确认是由本行签发时，抽出分户账核对账号、户名、印鉴或密码、金额后，并加盖"结清"戳记。经复核无误后，根据本息金额合计付款。会计分录如下：

借：定期储蓄存款——整存整取××户
   利息支出——定期储蓄存款利息户
 贷：库存现金

付款时，将利息清单一联交储户。结清的卡片账联和销记的开销户登记簿，另行保管，定期装订。

（2）提前支取。储户要求提前支取存款时应交验身份证件，经办员验对后，将证件名称、发证机关及号码记录在存单背面，凭印鉴支取的，还应加盖储户预留印鉴。同时应审查是否挂失存单，印鉴是否真实，无误后在存单及卡片账上加盖"提前支取"戳记，按提前支取的规定计付利息。其余手续与到期支取相同。

若储户要求提前支取一部分存款时，先按原存单本金全部付出，并按规定计付提前支取部分的利息，然后将未取部分的本金，按原存入日期、期限、利率和到期日另开新存单，重编新账号，同时注明"由××号存单部分转存"的字样，并在开销户登记簿上作相应记载。

3. 整存整取储蓄存款利息计算

凡1993年3月1日前存入的定期储蓄，在原定存期内如遇利率调整，当利率调低时按原定利率计息；当利率调高时按新利率计息，即采取分段计息。凡1993年3月1日以后存入的按以下办法执行：

（1）到期支取。整存整取储蓄存款在原定存期内不论利率调高调低，均按存单开户日挂牌公告的相应定期储蓄存款利率计付利息，不分段计算。

（2）过期支取。整存整取定期储蓄存款过期支取，其原定存期部分，按到期支取计息方法计息；其超过原定存期的部分，除约定自动转存外，按支取日挂牌公告的活期储蓄利率计付利息。

（3）提前支取。未到期的整存整取定期储蓄存款，全部提前支取，按支取日挂牌公告的活期储蓄存款利率计付利息；部分提前支取的，部分按支取日挂牌公告的活期储蓄存款利率计付利息，其未提前支取部分，仍按原存单所定利率计付利息。

（二）零存整取定期储蓄存款的处理

零存整取储蓄存款每月固定存额，5元起存，存期分1年、3年、5年，存款金额由储户自定，每月存入一次，中途如有漏存，可以次月补齐，未补存者，到期支取时按实存金额和实际存期计息。

1. 存入零存整取储蓄存款

零存整取储蓄存款开户时，由储户填写零存整取定期储蓄存款凭条，连同现金一并交经办员。经办员审查存款凭条和点收现金无误后，登记开销户登记簿，编列账号，开立零存整取储蓄存款分户账（表3-9）。如凭印鉴或密码支取,应在分户账上预留印鉴和密码,并在存折和分户账上加盖"凭印(密码)支取"戳记。复核无误后,以存款凭条代现金收入传票。会计分录如下:

借:库存现金
　　贷:定期储蓄存款——零存整取××户

表 3-9　零存整取储蓄存款分户账

户名_____ 到期___年___月___日　利率 月___‰　账号_____　　印鉴
住址

日　期			次数	存入金额（金额）	结存金额（金额）	月数	积　数（位数）	记账	复核
年	月	日							

注:假设用月积数计息。

存折加盖业务公章后交储户,分户账按账号顺序保管。

储户按月续存时,经办员收款并核对账折无误后,登记账折,其余处理手续与开户时基本相同。

2. 支取零存整取储蓄存款

(1) 到期和过期支取。储户持到期或过期的存折来行取款时,经办员应审核存折确系本所签发并已到期。经账、折核对后,计算利息,注销存折、登记分户账及销记开销户登记簿,并在存折和分户账上加盖"结清"戳记,以存折代现金付出传票。会计分录如下:

借:定期储蓄存款——零存整取××户
　　利息支出——定期储蓄存款利息户
　　贷:库存现金

(2) 提前支取。储户提前支取零存整取储蓄存款时,应提交身份证件,经办员审查无误后,办理提前支取手续,在存折和分户账上加盖"提前支取"戳记,按提前支取的计算规定计算利息,其余手续与到期支取相同。零存整取储蓄存款只能全部提前支取,不能部分提前支取。

3. 零存整取储蓄存款的利息计算

零存整取定期利息计算通常采用月积数计息法和固定基数计息法。

(1) 月积数计息法。这种方法是根据存款账每月余额计算出月积数,而后将月积数累计乘以月利率,即为应付利息。

（2）固定基数计息法。这种方法是按规定存期和利率先计算出每元本金到期应付利息（存期应根据等差级数求平均值的方法计算，公式为：存期＝$\frac{首月+末月}{2}$。如一年档次的平均存期为 6.5 月），再以此作为基数乘以存入金额的合计数，求出应付利息。其计算公式如下：

固定基数应付利息＝本金×平均存期×月利率

本金应付利息＝固定基数应付利息×存款金额

（三）整存零取定期储蓄存款的处理

整存零取 1 000 元起存，存期为 1 年、3 年、5 年，由银行发给存单，凭存单分次支取本金，支取期为 1 个月、3 个月、半年一次，由储户与银行协商确定，利息于存款到期结算时一并计付。

1. 开户

开户时应由储户提出申请。银行根据储户姓名、存入金额、期限以及支取的次数和时间填写三联"整存零取定期储蓄存单"，第一联代收款凭证，第二联存单交储户收执，第三联卡片账留存。如凭印鉴支取，还须在第一、三联上加盖预留印鉴，并在各联上加盖"凭印鉴支取"戳记。以第一联代现金收入传票。会计分录如下：

借：库存现金
　　贷：定期储蓄存款——整存零取××户

2. 支取

储户按约定时间来行取款，应填交"定期整存零取储蓄取款凭条"，连同存单一同交经办员。经办员抽出卡片账核对无误后，在存单和卡片账上填写支取记录，以取款凭条代现金付出传票。会计分录如下：

借：定期储蓄存款——整存零取××户
　　贷：库存现金

若储户要求部分提前支取，可提前支取 1—2 次，但须在以后月份内停止 1—2 次。其余支取日期按原定不变。如果提前支取全部余额，则根据实存金额及实存日期按规定利率计算。

3. 结清

储户于存款期满最后一次取款时，除按分次取款手续处理外，还应计付利息，并在原存单上加盖"结清"戳记作为取款凭条附件。如过期支取按规定利率加付过期利息。

4. 利息计算

整存零取储蓄存款是一次存入，余额逐渐减少，而不是固定本金。因此，其利息计算可比照零存整取储蓄存款采用月积数计息法。而计息的有关规定与前述整存整取相同。

（四）存本取息定期储蓄存款的处理

存本取息 5 000 元起存，存期分 1 年、3 年、5 年，由储蓄机构发给存款凭证，到期一次支取本金，利息凭存单分期支取，1 个月或几个月取息一次均可，由储户与银行协商确定。

1. 开户

开户时由储户填交开户书，注明姓名、存期及每次取息的日期。银行审核无误后，根据开户书套写一式三联"定期存本取息储蓄存款存单"，计算每次支取的利息，填入凭证有关栏内，其中第二联作为存单交给储户，第三联卡片账留存保管，第一联凭证凭以收款，其余手续同其他定期储蓄存款。会计分录为：

借：库存现金
　　贷：定期储蓄存款——存本取息××户

2. 支取利息

存期内储户按约定时间来银行支取利息时，应持存单并按每次应支取利息数填交一联"定期存本取息储蓄取息凭条"，经审核无误后凭以登记账卡、存单并支付现金。会计分录如下：

借：利息支出——定期储蓄存款利息户
　　贷：库存现金

如到取息日储户未来行支取，以后随时可以支取利息。

3. 到期支取本息

存款到期，储户支取最后一次利息的手续同前，对本金则凭存单支取。同时在存单及账卡上加盖"结清"戳记，并据以登记开销户登记簿。会计分录如下：

借：定期储蓄存款——存本取息××户
　　利息支出——定期储蓄存款利息户
　　贷：库存现金

储户要求提前支取本金时，可凭有关身份证件来行办理。存本取息储蓄存款只允许全部提前支取，不办理部分提前支取。提前支取的利息按规定计算。但对于已支取的利息金额，应用红数冲回，即编制红字现金付出传票记账。

4. 利息计算

存本取息的利息计算应先按规定利率计算出应付利息总数，然后再根据取息次数计算出平均每次支取的利息数。其计算公式如下：

$$每次支取利息数=本金×存期×利率/支取利息的次数$$

储户如提前支取本金时，应按照实际存期及规定的提前支取利率，计算应付利息，并扣除已支付的利息。

四、定活两便储蓄存款业务

定活两便储蓄是存款不定存期，随时可取，按实际存期确定利率的一种储蓄存款，其开户起点金额为50元。

存单为记名式。

储户来行办理存款时开立存单，支取时凭存单办理有关手续。

定活两便储蓄的利息，应根据不同存期来确定利率加以计算。存期不足3个月的，按支取日挂牌的活期储蓄利率计付利息；存期3个月以上（含3个月），不满半年的，整个存期按支取日定期整存整取3个月利率打六折计息；存期半年以上（含半年）不满1年的，按支取日定期整存整取半年期利率打六折计息；存期1年以上（含1年），无论存期多长，整个存期一律按支取日定期整存整取一年期利率打六折计息。但是，如果打折后的计息利率低于活期储蓄存款利率时，则按照活期储蓄存款利率计息，存期内均不分段计息。

五、个人通知储蓄存款业务

个人通知储蓄存款是开户时不约定存期，预先确定品种，支取时只要提前一天时间通知银行，约定支取日期及金额的一种储蓄存款。目前，银行提供1天、7天通知储蓄存款两个品种，一般5万元起存。

六、教育储蓄存款业务

教育储蓄存款是居民个人为其子女接受非义务教育而每月固定存额，到期支取本金和利息的一种储蓄存款。最低起存金额为50元，本金合计最高限额为2万元。存期分为1年、3年和6年。1年、3年期按开户日同档次整存整取储蓄存款计付利息，6年期按开户日5年期整存整取利率计付利息。

特点与功能：储户特定[在校小学四年级（含）以上学生]、存期灵活、总额控制；利率优惠、利息免税。

开户时储户和金融机构约定每月固定存入金额,分月存入,中途如有漏存,须在次月补齐;到期支取时凭存折和学校提供的正在接受非义务教育的学生证明一次支取本息。

目前,大多数商业银行在办理储蓄业务时,一般会根据客户办理的业务种类,填写并打印个人业务凭证(表3-10),然后将凭证交由客户签名确认。柜员审核客户签名无误后,在个人业务凭证及其他相关凭证上加盖印章,再进行相应的账务处理。

表3-10 个人业务凭证

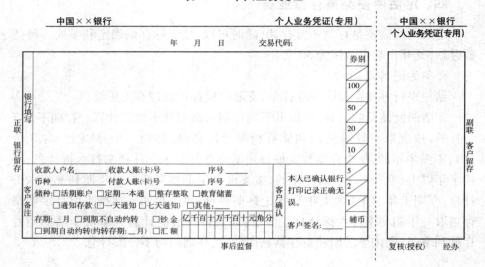

七、储蓄业务的结账与事后监督

(一)基层储蓄机构的结账及账务核对

1. 结账

每日营业终了,基层储蓄机构要对一天的储蓄业务进行结账,根据各种收、付凭证,分别汇总编制各科目日结单,轧平当期收付发生额和余额,最后根据各科目日结单编制储蓄营业日报表,作为办理交账的依据。

2. 账务核对

(1)核对库存现金,做到日报表上"库存现金"科目余额与当日实际现金库存数一致。

(2)核对分户账余额,对变动户轧打上日余额和本日余额,其差额应与本日借、贷方发生额之差数相等,即昨日余额-变动户昨日余额+变动户本日余额＝本日余额,并与日报表科目余额核对相符。

(3) 核对开销户,根据新开户的账卡及收回已结清的存单、存折与日报表上的开销户数核对相符。

(4) 核对重要空白凭证。储蓄日报表中的重要空白凭证的本日结余数,应与本日各种重要凭证的实际结存数相符。

(二) 储蓄管辖行的账务处理和事后监督

1. 账务处理

基层储蓄机构(储蓄所、储蓄柜)的核算,只是管辖行账务的组成部分,每天营业终了,必须通过一定的方式并入管辖行。合并的方式基本上有两种:

(1) 并账的方式。管辖行收到储蓄所(柜)递送的传票及储蓄营业日报表,经审核无误,对各储蓄存款科目按储蓄所分别立账,并根据储蓄传票登记在有关账内,将传票视同本身传票一并处理,轧平当日账务。

(2) 并表的方式。由于储蓄所业务量较大,并账有一定困难,而采用将储蓄营业日报表直接并入管辖行的日计表。管辖行对储蓄所账务不设分户账,将日报表同管辖行同日的日报表合并,编制全辖区汇总日计表。

2. 储蓄业务的事后监督

管辖行设储蓄事后监督部门,对各种储蓄存款进行全面监督,或者只对几种储蓄存款进行监督,多数行处采用后一种做法。

(1) 审核储蓄存款凭证和报表。对凭证进行复审主要是存取款凭证内容是否齐全正确,结清户的存单、存折是否盖有"结清"戳记;审核储蓄营业日报表,各栏金额和借贷方合计数正确平衡,与上日报表余额相衔接。

(2) 对定、活储蓄进行逐笔复核。活期储蓄的监督通常有两种做法:一种是采用设置副本分户账的办法,根据凭证重新核算登账,核打各户余额是否与营业日报表上的科目余额相符。另一种是设置复核卡片箱,把存取款凭证按账号顺序投入卡片箱,以后发生存取款,以新凭证(结出余额)投入、旧凭证取出,定期核打余额与营业日报表相核对。这种形式抽换凭证容易错漏,也不如副本账便于查账。

整存整取储蓄的监督,复核凭证内容是否正确、完整,凭印支取的是否盖有储户印鉴,提前支取的,有否摘录证件名称及号码,存取凭证有否漏盖现金收讫、付讫戳记。

(3) 复核各类存款利息。对活期储蓄存款的利息余额和计给利息要进行复核;对整存整取储蓄存款、定活两便储蓄存款及其他各种存款的利息计算,包括利率档次、实际存期及算出的利息数是否正确进行复核。

储蓄业务的事后监督对提高核算质量、减少差错、增强银行信誉、维护储户存款安全起重要作用。管辖行对事后监督中发现的差错、问题，应认真分析原因，并建立定期通报制度，以吸取教训并采取措施，杜绝隐患。

八、存单（折）及印鉴的挂失

（一）存单（折）挂失

储户将存单、存折遗失，可向其开户行申请挂失。为了保护储户切身利益和国家财产安全，银行应慎重处理。存单、存折的处理方法如下：

（1）储户遗失存单、存折来银行申请挂失时，应填写挂失申请书一式三联，并提供本人身份证明。银行查明确没有支付时，以挂失申请书第一联留存备查；第二联加盖公章后交给储户，作为日后换取新存单（折）的凭证；第三联凭以登记储蓄挂失登记簿。

（2）在挂失卡片账上用红笔注明"×年×月×日挂失"字样，以防冒领。银行在挂失7日后，经过核对查实，没有发现问题和异议，储户可凭申请书第二联于7日后来行办理补发新存单（折）手续。补发时，应注销原户，另开新户。新存单（折）仍按原起息日计息，并在原账页及开销后登记簿上注明"挂失结清"字样，以便日后查考。

（二）印鉴挂失

储户遗失印鉴申请挂失时，应提交本人身份证件，填写挂失申请书一式三联，经银行核实查明存款确未支取，即在原账卡的印鉴栏注明"×年×月×日印鉴挂失"字样，将原印鉴注销。如储户仍要求凭印鉴支取，可重新预留印鉴。

复习思考题

1. 银行存款账户的种类有哪些？
2. 如何开立存款账户？
3. 存款业务核算的基本要求是什么？
4. 单位存款如何进行核算？
5. 储蓄存款如何进行核算？
6. 怎样计算存款利息？

第四章

贷款业务的核算

学习目标

- 了解商业银行贷款业务的种类
- 掌握商业银行贷款业务的会计核算
- 掌握商业银行贷款损失准备的会计处理

第一节 贷款业务概述

贷款是商业银行按照约定的利率和期限还本付息提供给借款申请人的货币资金。商业银行作为经营货币和货币资本的特殊企业,发放贷款是其重要的资金运用形式,也是商业银行取得收入的重要来源。贷款业务的会计核算是商业银行会计核算工作的重要内容。

一、贷款的种类

为了方便对贷款业务进行管理和会计核算,要按照一定的标准对贷款进行划分。

(1)按照贷款期限长短可以分为短期贷款、中期贷款和长期贷款。短期贷款是银行发放的期限在1年以内的各种贷款,中期贷款是银行发放的期限在1年以上5年以下的各种贷款,长期贷款是银行发放的期限在5年以上的贷款。

(2)按照保证的方式不同可以分为信用贷款、担保贷款、票据贴现。信用贷款是无须任何担保完全凭贷款申请人的信用发放的贷款。担保贷款按照担保的不同形式可以分为保证贷款、抵押贷款、质押贷款。票据贴现贷款是商业银行给予未到期商业汇票的持票人的短期资金融通。

(3) 按照贷款质量的不同可以将贷款划分为正常贷款、逾期贷款、呆滞贷款、呆账贷款(或按照五级分类分为正常、关注、次级、可疑和损失贷款,后三类合称为不良贷款)。

(4) 贷款按照发放人所承担的责任大小不同划分为自营贷款、委托贷款。自营贷款是贷款银行以合法方式筹集的资金,自主发放的贷款,风险由贷款银行承担,并由贷款银行收回本金和利息的贷款。委托贷款是指政府部门、企事业单位或个人等委托人提供资金,由贷款银行(即受托人)根据委托人确定的贷款对象、用途、金额、期限、利率等代为发放、监督使用并协助收回的贷款。贷款银行只收取手续费,不承担贷款风险,不得给委托人垫付资金,委托贷款又分为一般委托贷款、银团贷款、联合贷款、转入买方信贷、出口买方信贷。

以上不同的划分方法的结果会存在重叠,从会计核算的角度而言信用贷款和担保贷款的核算存在比较大的差异,因此我们按照这两大类来讲述贷款业务的会计核算。

二、贷款业务核算的基本要求

贷款业务的会计核算必须遵循以下基本要求:

(一)准确及时地办理各项贷款业务的核算手续

商业银行的会计部门根据信贷部门与借款人签订的借款合同,办理贷款的发放手续。定期计算并收取利息,按照权责发生制的原则来核算贷款业务的利息收入,到期收回贷款并对逾期贷款按照规定收取逾期利息。

(二)加强对贷款业务的会计监督

根据国家的法律和法规的规定以及银行监管部门的要求对贷款业务进行全过程的监督,确保贷款符合规定,保证借款人按照合同的约定使用借款资金,确保信贷资金的安全。

(三)提供监管所需要的贷款信息

银行监管部门为了了解金融运行的总体状况,需要商业银行提供有关贷款的信息,通过会计核算工作提供金融监管所需要的信息也是贷款会计核算的重要内容。

第二节 信用贷款的核算

信用贷款是完全凭贷款申请人的信用发放的贷款。借款人需要资金时逐笔向银行提出借款申请,经过银行批准以后逐笔签订借款合同,逐笔立据审查,逐笔发放,约定借款期限到期还款。

贷款业务的基本流程(图4-1)包括借款人申请借款、信贷部门审核贷款申请、批准贷款并签订借款协议、计划部门核准贷款规模、会计部门发放贷款、定期计算并收取利息、信贷部门进行贷后管理并对贷款进行分类、到期通知收回、会计部门收回贷款本金和利息或者根据批准的核销通知核销无法收回的贷款。

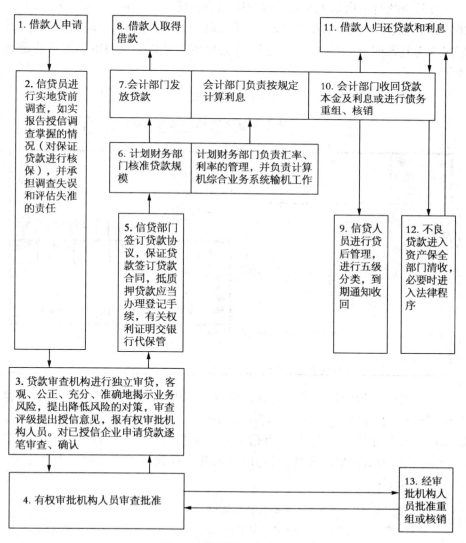

图4-1 贷款业务的基本流程

一、贷款发放的会计处理

借款人需要借款时首先应填写借款申请书向银行提出申请,并向银行信贷部门提供相关资料。商业银行的信贷部门根据审贷分离的原则和特定的授权进行审批,审批以后与借款人签订借款合同,约定借款的金额及用途、利率、还款期限、违约责任等条件。

发放贷款时由借款人填写一式五联的借款凭证(表4-1),第一联(借方传票)应加盖借款单位公章及预留印鉴;第二联为贷方传票;第三联为收账通知;第四联为放款记录;第五联为到期卡,连同申请书经信贷部门审批盖章后送会计部门。

表4-1 借款凭证

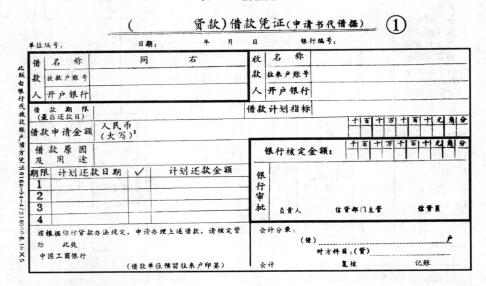

会计部门收到借款凭证后应认真审查以下内容:凭证各栏内容填写是否准确完整;大小写金额是否一致;印章是否齐全,与预留印鉴是否一致;印鉴与借款单位的名称是否一致;是否有信贷部门和相关人员的审批意见。会计部门经审核后,为借款单位开立贷款分户账,并将存款转入借款单位存款账户,会计分录如下:

借:短期(或中长期)贷款——××单位贷款户
　　贷:单位活期存款——××单位存款户

借款凭证第一、二联分别为借、贷方传票,第三联盖章后退回借款单位,第四联由信贷部门留存,第五联为到期卡专夹保管。

办理完毕后,第三联借款凭证盖章后退回借款人,第四联由信贷部门保管备查,第五联按照到期先后顺序保管。

二、贷款到期收回的处理

贷款到期后,借款人应按照合同的约定及时足额归还贷款本息,银行按照回收贷款的不同情况分别处理。

(一)到期借款人主动归还贷款

借款到期时借款人主动归还贷款时,填写一式四联还款凭证(表4-2)或签发转账支票送借款银行,办理还款手续。银行收到还款凭证后与保管的贷款卡片核对,查看借款人账户中是否有足够的金额还款,审核无误后,计算利息,以还款凭证一、二联做转账借贷方传票,办理转账,分录如下:

借:单位活期存款——××单位户
　　贷:短期(或中长期)贷款——××单位户
　　　　利息收入

表4-2 还款凭证

银行(贷款)还款凭证(申请书付出凭证) ①							
			年 月 日		原借款凭证银行编号:		
借款单位	名　称			付款单位	名　称		同　左
	往来户账号				放款户账户		
	开户银行				开户银行		
	计划还款日期	年 月 日		还款次序		第　次还款	
	偿还金额	人民币 (大写)			千百十万千百十元角分		
	还款内容						
	由借款单位存款户内转还上述借款 (盖借款单位预留存款户印章) (银行主动转还时免盖)			会计分录:借_____ 对方科目:贷_____ 会计　　复核　　记账			

(此联由银行代存款账户付出凭证)

转账后,还款凭证第三联交信贷部门,第四联退回借款人,原保管的借款凭证第五联加盖"注销"戳记后交借款人。

(二) 到期银行主动扣收

贷款到期后,借款人未能主动归还借款而账户中又有足够余额还款时,会计部门征得信贷部门同意并出具贷款收回通知单,会计部门根据贷款收回通知单编制一式四联的还款凭证扣收贷款,会计处理同借款人主动归还贷款。

三、贷款逾期的处理

贷款到期前,如果借款人资金周转困难,可以填写贷款展期申请书向银行申请贷款展期,经信贷部门审批同意后送会计部门。会计部门抽出保管的原借款凭证第五联,批注新的到期日。到期后收回的处理同正常到期收回。

逾期贷款是指到期应收回而未能收回的贷款,逾期贷款不含呆滞贷款和呆账贷款。贷款逾期时银行应将原贷款转入逾期贷款科目。会计分录如下:

借:逾期贷款——××单位户
　　贷:××贷款——××单位户

到期贷款转入逾期贷款后,应从逾期日起到还清前一日按照规定比例加收过期利息或罚息。贷款本金逾期90天或者应收利息逾期超过90天不再计入利息收入,而应转做表外核算。对于逾期贷款银行应组织力量查明原因,及时催收。

逾期贷款超过一定期限后转为呆滞贷款,经过批准以后及时核销,会计分录为:

借:呆滞贷款——××单位户
　　贷:逾期贷款——××单位户

呆滞贷款指按有关规定,逾期(含展期后到期)超过规定年限以上仍未归还的贷款,或虽未逾期或逾期不满规定年限,但借款人生产经营已终止、项目已停建,但尚不符合呆账条件的贷款。

第三节　担保贷款的核算

担保贷款按照贷款的不同形式可以分为抵押贷款、保证贷款和质押贷款三种。

一、抵押贷款

抵押贷款是按照《民法典》规定的抵押方式以一定的财产作为抵押物而发放的贷款。借款人到期不能归还贷款时,贷款银行有权依法处置抵押物,从所得款项中优先收回贷款本息,或以抵押物折价充抵借款本息。

（一）抵押物的种类

按照《民法典》第三百九十五条的规定以下财产可以充当抵押物：
（1）建筑物和其他土地附着物；
（2）建筑用地使用权；
（3）海域使用权；
（4）生产设备、原材料、半成品、产品；
（5）正在建造的建筑物、船舶、航空器；
（6）交通运输工具；
（7）法律、行政法规未禁止抵押的其他财产。

借款人可以以其中一种、几种或全部财产作抵押向银行申请贷款,但是土地所有权、集体所有的土地使用权、公益单位的社会公益设施、所有权或者使用权不明或有争议以及被查封、扣押、监管的财产不能作为抵押物。

（二）抵押贷款的申请和审批

抵押贷款由借款人向商业银行提出申请,并向银行提供以下资料：借款人的法人资格证明；抵押物清单及符合法律规定的所有权证明；需要审查的其他资料。收取抵债资产应当按照规定确定接收价格,核实产权。

商业银行收到借款申请后要对贷款人的资格、贷款目的和抵押物进行审查。审批同意后可签订抵押借款合同,按照抵押物价值的 50%—70% 发放贷款。

贷款额度＝抵押物作价金额×抵押率

每笔贷款的抵押率的高低要根据具体的情况确定,要考虑贷款风险、借款人的信用和抵押物的性质而定。

（三）抵押物的保管

保管抵债资产应当按照安全、完整、有效的原则,及时进行账务处理,定期检查、账实核对。抵押借款合同签订、贷款发放后,抵押物依据合同要移交给债权银行。动产抵押中体积小而金额高的抵押物一般由银行保管。对于保管技术性强的抵押物也可以委托第三方保管。办理抵押贷款的各种费用由借款人承担。

(四) 抵押贷款的发放和收回

抵押贷款经信贷部门审批同意后,会计部门审查借款凭证和随附的抵押物清单无误,办理贷款的发放,会计分录如下:

借:抵押贷款——××单位户
　　贷:单位活期存款——××单位户

同时对抵押物进行表外登记。

贷款到期时,借款人主动向银行归还贷款时,银行根据还款凭证收回贷款本息,会计分录如下:

借:单位活期存款——××单位户
　　贷:抵押贷款——××单位户
　　　　利息收入

贷款本息收回后,注销表外科目,同时将抵押物及有关单据退回借款人。

处置抵债资产应当按照公开、透明的原则,聘请资产评估机构评估作价。一般采用公开拍卖的方式进行处置。采用其他方式的,应当引入竞争机制选择抵债资产买受人。如果到期仍不能归还贷款,应转做逾期贷款处理。同时向借款人发送"处理抵押品通知单",逾期超过规定的期限银行有权处置抵押物,处置所得扣除抵押物的保管费用后归还贷款本息。抵押物一般要变卖后抵偿贷款。抵债资产不得转为自用。因客观条件需要转为自用的,应当履行规定的程序后,纳入相应的资产进行管理。

作价入账的会计分录为:

借:××资产
　　贷:逾期贷款——××单位户
　　　　利息收入(或应收利息)

变卖的会计分录为:

借:有关科目
　　贷:逾期贷款——××单位户
　　　　利息收入(或应收利息)

二、保证贷款

保证贷款是按照《民法典》规定的保证方式由第三人承诺在借款人无力还款时，按照约定的承诺承担一般保证责任或连带责任而发放的贷款。

（一）保证和保证人

保证是保证人和债权人的约定，当债务人不能偿还借款时，保证人按照约定履行债务或承担责任的行为。

具有代为清偿能力的法人、其他组织或者公民，可以作为保证人。国家机关不得作为保证人，但经国务院批准为使用外国政府贷款或者国际组织进行转贷的除外。学校、幼儿园、医院等以公益为目的的事业单位、社会团体不得作为保证人。企业的分支机构或部门不得作为保证人，但是分支机构经过授权可以在授权的范围内提供保证。

在保证贷款中保证人处于债务人的地位，如果债务人不能按期还款时，保证人应就保证合同的约定承担一般保证或者连带保证责任，代为清偿债务后向借款人追偿。

（二）保证合同和保证方式

保证人应与债权人签订书面保证合同。保证人可以就单个合同签订保证合同，也可以在协议的限额内就一定期间发生的借款合同签订一个保证合同。

保证的方式有一般保证和连带保证两种：如果合同约定在债务人不能偿还债务时，由保证人承担偿还责任的保证合同为一般保证；如果合同约定保证人与债务人对债务承担连带责任的为连带保证合同。

（三）保证贷款的发放和收回

借款人申请借款时应向银行提供由保证人签署的保证书，经银行审查同意后与保证人签订保证合同，填制借款凭证，由会计部门发放贷款，会计分录如下：

借：××贷款——××单位户
　　贷：单位活期存款——××单位户

贷款到期后，借款人主动归还或由银行主动扣收款项，会计分录如下：

借：单位活期存款——××单位户
　　贷：××贷款——××单位户
　　　　利息收入

如果借款人无力还款，按照保证合同的约定向保证人收取贷款本金和利息。

三、质押贷款

质押贷款是指以借款人或者第三者的动产或权利作为质物而发放的贷款。质押贷款的关系人为借款人、出质人和质权人。出质人可以是借款人、借款人以外的第三人,质权人是发放贷款的商业银行。

质押贷款的发放以质物为基础,质物可以是动产也可以是财产权利;以动产做质押的必须将动产移交发放贷款的银行占有,并订立质押合同。可以做质押的财产权利包括:汇票、支票、本票、债券、存款单、仓单、提单;可以依法转让的股份、股票;依法可以转让的商标专用权、专利权、著作权中的财产权。以汇票、支票、本票、债券、存款单、仓单、提单作为质物的应当在合同约定的期限内将权利凭证交付发放贷款的银行;可以依法转让的股份、股票作为质物的应向证券登记机构办理出质登记;依法可以转让的商标专用权、专利权、著作权中的财产权应向出质人的管理机构办理出质登记。

质押贷款的发放和收回与抵押贷款基本相同,贷款到期不能收回时银行可以以所得质物的价款来偿还贷款本息及其他相关费用。

第四节 票据贴现

票据贴现是商业汇票的持票人为获得资金向银行贴付一定的利息转让未到期的商业汇票的行为。它既是票据转让行为,也是商业银行发放贷款的一种方式,是商业信用与银行信用相结合的融资手段。

商业汇票的贴现必须具备以下条件:在银行开立存款账户的企业法人及其他组织,与出票人或其直接前手有真实的商品贸易关系,提供与其直接前手交易的增值税专用发票和发运单据的复印件。

一、商业汇票贴现的处理

商业汇票的持票人办理贴现时应根据汇票的金额填制一式五联的贴现凭证(表4-3),填妥凭证后贴现申请人应在第一联上加盖预留印鉴连同商业汇票提交银行信贷部门,信贷部门审核同意后在汇票第一联上签注"同意"字样,加盖名章后交会计部门。

表 4-3　贴现凭证

贴现凭证（代申请书）①

| 填写日期　　年　月　日　　第　号 |

（表格内容）
- 贴现汇票：种类、号码、发票日（年月日）、到期日（年月日）
- 申请人：全称、账号、开户银行
- 汇票承兑人（或银行）：名称、账号、开户银行
- 汇票金额（即贴现金额）：人民币（大写）　千百十万千百十元角分
- 贴现率（每月　‰）、贴现利息（十万千百十元角分）、实付贴现金额（千百十万千百十元角分）
- 兹根据"银行结算办法"的规定，附送承兑汇票申请贴现，请审核。此致（贴现银行）　申请人盖章
- 银行审批：负责人　信贷员　复核　记账
- 会计分录：（借）　对方科目（贷）

（此联银行作贴现借方凭证）

3249-94-11(1)10000本15×5

会计部门收到汇票和贴现凭证后要审查汇票是否真实、内容填写是否完整，此外还应审查贴现凭证与汇票是否相符。审核无误后计算贴现利息和实付贴现金额。两者关系如下：

贴现利息＝汇票金额×贴现天数×(月贴现率/30)
实付贴现金额＝汇票金额－贴现利息

（注：贴现天数是从贴现日到票据到期日前一日为止）

计算完毕后将结果填入贴现凭证中的贴现利息和实付贴现金额栏内，以贴现凭证的第一联作为转账借方传票，第二、第三联作为转账贷方传票办理转账，会计分录为：

借：贴现资产——商业承兑汇票或银行承兑汇票
　　贷：单位活期存款——××单位户
　　　　利息收入——贴现利息收入

转账后，第四联加盖银行业务公章后连同有关单证退还贴现申请人，第五联及汇票按照到期日顺序专夹保管。

二、汇票到期收回的处理

贴现的汇票到期后，贴现银行作为汇票新的持票人应及时收回票款，防止资金被占用。银行应根据不同的情况分别处理。

（一）商业承兑汇票贴现到期收回

对于同城的商业汇票在到期日办理收款；对于异地的商业汇票应匡算邮程，提前填制委托收款凭证连同汇票寄交承兑人开户银行向承兑人收取票款。

承兑人开户银行收到委托收款凭证和汇票后，于到期日将票款从承兑人账户划转贴现银行，会计分录为：

借：××科目——承兑人户
　　贷：辖内往来

如果承兑人存款账户资金不足，则退回凭证，按照规定收取罚金。

贴现银行收到划回的款项后，转销贴现科目，会计分录为：

借：辖内往来
　　贷：贴现资产——商业承兑汇票户

如果承兑人的账户资金不足，收到退回的有关凭证后，商业银行对已贴现的汇票款项向贴现申请人收取款项，会计分录为：

借：单位活期存款——贴现申请人户
　　贷：贴现资产——商业承兑汇票户

如果贴现申请人账户无足够资金，则将不足部分转为逾期贷款处理。

借：单位活期存款——贴现申请人户
　　逾期贷款——贴现申请人逾期贷款户
　　贷：贴现资产——商业承兑汇票户

（二）银行承兑汇票贴现到期收回

由于银行承兑汇票的承兑银行于汇票到期日从出票人的账户中扣收汇票款专户储存，即使出票人账户资金不足也由承兑银行承担付款责任，所以银行承兑汇票一般不会发生退票。贴现银行的具体会计处理手续参照商业承兑汇票，分别同城和异地进行处理。

承兑银行收到委托收款凭证和汇票后，经审查无误，从汇票专户将款项转出，划转贴现银行，会计分录为：

借：应解汇款
　　贷：辖内往来

贴现银行收到划回的款项后，按照委托收款的手续办理，会计分录为：

借：辖内往来
　　贷：贴现资产——银行承兑汇票

第五节 贷款利息核算

利息是使用资金所支付的价款,贷款利息是商业银行重要的收入来源。准确地核算贷款利息是商业银行会计核算的重要内容。贷款利息的计算有定期结息和利随本清两种方式。

一、定期结息

定期结息可以按月结息也可以按季度结息,按季度结息的每季末月 20 日为结息日。采用计息余额表或者在贷款分户账上按实际天数,计算累计计息积数,再乘以日利率得到当期的利息,其计算公式和方法同活期存款计息。

二、利随本清

利随本清,又叫逐笔结息法。指银行在贷款单位还款时一次性计算贷款利息,贷款满年的按年利率计算,满月的按月利率计算,有整年(月)又有零头天数的可全部转化成天数计算,整年按 360 天计算,整月按 30 天计算,零头按实际天数计算,算至还款前一天为止。计算公式为:

(1) 全是整年整月的:

$$利息 = 本金 \times 时期(年或月) \times 年或月利率$$

(2) 全部转化成天数的:

$$利息 = 本金 \times 时期(天数) \times 日利率$$

[例 4-1] 某公司于 2018 年 8 月 3 日向银行申请借款 50 万元,批准发放日为 8 月 10 日,期限 1 年,利率为月息 4‰,双方约定采用利随本清的方法计算利息,公司于 2019 年 8 月 10 日签发转账支票归还贷款,利息为:

500 000×4‰/30×360 = 24 000(元)

商业银行按照权责发生制的原则确认利息收入,在会计期的期末确认当期的应收利息,在实际收到时冲减应收利息,期末结算利息时的会计分录为:

借:应收利息——××单位户
　　贷:利息收入

实际收到已经确认的应收利息时,冲减已确认的应收利息,会计分录为:

借：单位活期存款——××单位户
　　　　贷：应收利息——××单位户

目前应收利息计入表内的时间为 90 天，即当贷款的本金或者应收利息逾期超过 90 天尚未收回的应冲减原已应收利息和利息收入，转做表外核算。会计分录为：

　　借：利息收入
　　　　贷：应收利息——××单位户

同时登记表外科目"应收利息——××单位户"。

第六节　贷款损失准备

由于贷款具有一定的风险，为了提高银行抵御风险的能力，根据《企业会计准则》的规定，要求商业银行在期末分析各项贷款的收回可能性，并预计可能产生的贷款损失，计提贷款损失准备，这是稳健性原则在银行会计核算中的具体表现。

一、提取范围

根据《企业会计准则》规定，银行需要对承担风险的贷款提取贷款损失准备。贷款损失准备的计提范围为承担风险和损失的资产，具体包括：贷款（含抵押、质押、保证等贷款）、银行卡透支、贴现、银行承兑汇票垫款、信用证垫款、担保垫款、进出口押汇、拆出资金等。银行不承担风险和还款责任的委托贷款不计提。

二、贷款损失准备提取方法

银行应当按照谨慎会计原则，合理估计贷款可能发生的损失，及时计提贷款减值准备。贷款损失准备应根据借款人的还款能力、贷款本息的偿还情况、抵押品的市价、担保人的支持力度和商业银行内部信贷管理情况，合理提取。

银行应以贷款风险分类为基础，建立审慎的贷款损失准备制度。银行应建立贷款风险识别制度，按贷款风险分类的要求，定期对贷款进行分类，及时识别贷款风险，评估贷款的内在损失。我国商业银行的贷款减值（损失）准备制度经历了不同的阶段。

1998年以前，商业银行贷款分类方法基本上是沿袭财政部1993年《金融保险企业财务制度》中的规定，把贷款划分为正常、逾期、呆滞、呆账，后三类合称不良贷款（简称"一逾两呆"）。但随着改革的深入，"一逾两呆"的局限性开始显现。主要存在以下问题：一是对信贷资产质量的识别滞后，未到期的贷款不一定都正常，尤其是期限长的贷款，虽未到期，但借款人可能已丧失还款能力，但按一逾两呆的标准，只能算正常。不利于及时发现和防范风险；二是标准宽严不一，不利于衡量贷款的真实质量。逾期贷款的标准过严，过期一天即算不良贷款，而国际惯例一般过期90天以上才为不良贷款。而进行贷款风险分类可以客观、适时地反映资产所处状态，是商业银行稳健经营的需要。从1998年开始，我国商业银行开始推行国际通行的贷款五级分类，按照贷款风险的高低将贷款划分为正常、关注、次级、可疑和损失五类，针对五类贷款风险高低提取不同比例的贷款损失准备金。

我国的企业会计准则要求提取一般准备、专项准备和特种准备三种准备金，一般银行只提取一般准备金和专项准备金。专项准备金按照贷款五级分类的结果提取，每类贷款的提取比率由商业银行自主决定，人民银行《贷款损失准备金计提指引》提出了一个参考比例如下：银行应按季计提一般准备，一般准备年末余额应不低于年末贷款余额的1%。对于关注类贷款，计提比例为2%；对于次级类贷款，计提比例为25%；对于可疑类贷款，计提比例为50%；对于损失类贷款，计提比例为100%。其中，次级和可疑类贷款的损失准备，计提比例可以上下浮动20%。特种准备由银行根据不同类别（如国别、行业）贷款的特殊风险情况、风险损失概率及历史经验，自行确定按季计提比例。

银行执行2017年修订的《企业会计准则第22号——金融工具确认和计量》后，应当以预期信用损失为基础，对分类为以摊余成本计量的贷款和以公允价值计量且其变动计入其他综合收益的贷款进行减值会计处理并确认损失准备。预期信用损失，是指以发生违约的风险为权重的金融工具信用损失的加权平均值。

银行需要定期对贷款进行减值测试，需要采用预期减值模型计提减值准备。不再局限于有减值迹象的贷款。

银行执行企业会计准则后，需要根据未来现金流量贴现与账面余额对比提取贷款损失准备计入资产减值损失。提取的一般准备作为利润分配处理。

银行需要定期对贷款进行减值测试，有客观证据表明该贷款发生减值的，计提减值准备。表明贷款发生减值的客观证据，是指贷款初始确认后实际发生的、对该贷款的预计未来现金流量有影响，且企业能够对该影响进行可靠计量的事项。减值证据可以包括债务人发生严重财务困难、未按合同约定或逾期支付利息或本金、存在破产或其他财务重组的可能性以及可观察的数据显示预计未来现金流量发生显著下降等迹象。

商业银行应该对单项金额重大的贷款进行单项评估，以确定其是否存在减值的客观证据；并对其他单项金额不重大的贷款，以单项或组合评估的方式进行检查，以确定是否存在减值的客观证据。对已进行单项评估，但没有客观证据表明已出现减值的单项贷款，无论重大与否，该资产仍会与其他具有类似信用风险特征的金融资产构成一个组合再进行组合减值评估。

如果有客观证据表明贷款及应收款项或持有至到期投资发生减值，则损失的金额以资产的账面金额与预期未来现金流量（不包括尚未发生的未来信用损失）现值的差额确定。在计算预期未来现金流量现值时，应采用该金融资产原实际利率作为折现率，并考虑相关担保物的价值。原实际利率是初始确认该金融资产时计算确定的实际利率。

银行应建立贷款损失核销制度，及时对损失类贷款或贷款的损失部分进行核销。贷款损失的核销要建立严格的审核、审批制度，对于已核销损失类贷款，银行应继续保留对贷款的追索权。

三、贷款减值准备的会计核算

商业银行在会计期期末计算金融工具（或金融工具组合）预期信用损失。如果该预期信用损失大于该工具（或组合）当前减值准备的账面金额，企业应当将其差额确认为减值损失，会计分录为：

借：信用减值损失——贷款损失准备
　　贷：贷款损失准备

如果原有余额高于本期末应有余额，则应按照差额冲减，会计分录与补提时相反。

商业银行在会计期末银行业监管部门规定提取的一般风险准备作为利润分配处理，计入所有者权益一般风险准备科目，会计分录为：

借：利润分配——提取一般风险准备
　　贷：一般风险准备

如果原有余额高于本期末应有余额，则应按照差额冲减，会计分录与补提时相反。

（一）呆账贷款的核销

1. 呆账贷款的认定条件

按照《贷款通则》的规定，呆账贷款系指：

（1）借款人和担保人依法宣告破产，进行清偿后，未能还清的贷款；

（2）借款人死亡或者依照《中华人民共和国民法典》的规定，宣告失踪或宣告死亡，以其财产或者遗产清偿后，未能还清的贷款；

（3）借款人遭受重大自然灾害或意外事故，损失巨大且不能获得保险补偿，确定无力偿还的部分或全部贷款，或者以保险清偿后，未能还清的贷款；

（4）贷款人依法处置贷款抵押物、质物所得价款不足以补偿抵押、质押贷款的部分；

（5）经国务院专案批准核销的贷款。

符合规定条件的呆滞贷款应转入呆账贷款，会计分录为：

借：呆账贷款——××单位
　　贷：呆滞贷款——××单位

2. 呆账贷款的核销

商业银行根据本行制定的呆账贷款的核销规定，经过相应的授权或批准以后，可以进行核销。由于企业会计准则规定不再针对应收利息提取坏账准备，核销时应包括该笔贷款的本金和应收利息。同时报财政部门备案。会计分录为：

借：贷款损失准备
　　贷：呆账贷款——××单位

对于已经核销的呆账贷款，商业银行应贯彻"账销实存"的原则，保留对贷款的追索权。

（二）已核销贷款的收回

对于已经核销的贷款，如果以后又收回的话，为了保持对贷款核销和回收的完整记录，商业银行仍然应通过"贷款损失准备"科目进行核算，会计分录为：

借：呆账贷款——××单位
　　贷：贷款损失准备

然后再转销呆账贷款，根据收回的形式借记相关科目，会计分录为：

借：相关科目
　　贷：呆账贷款——××单位

复习思考题

1. 什么是信用贷款？信用贷款的申请和发放有何特殊要求？
2. 什么是保证贷款？保证贷款有哪些种类？
3. 贷款损失准备可以分为哪几种？如何提取？

第五章 支付结算业务的核算

学习目标
- 了解支付结算的意义、原则、纪律和责任
- 掌握支付结算的种类
- 掌握银行各种票据、结算方式及信用卡的基本规定及业务核算手续

第一节 支付结算业务概述

支付结算是指单位、个人在社会经济活动中使用票据、信用卡和汇兑、托收承付、委托收款等结算方式进行货币给付及资金清算的行为。

一、支付结算的意义

商品交换和劳务供应等经济活动,都需要通过货币作为媒介去实现,货币在交换和流通中发挥中介作用,这就是货币结算。在市场经济条件下,货币结算可分为现金结算和转账结算两种。现金结算是货币作为流通手段的表现;而转账结算则是货币作为支付手段的结果。

随着商品经济和货币信用的不断发展,转账结算已成为我国主要的结算形式,各企业单位之间经济往来的款项,除少数按照国家《现金管理暂行条例》的规定可以使用现金结算以外,其余都必须通过银行办理转账结算,银行成为支付结算和资金清算的中介,也成为连接国民经济各部门、各企业的纽带。近年来的统计资料表明,商品交易、劳务供应、借贷行为等各项经济活动引起的款项结算,有90%以上是通过银行转账这一渠道实现的。这样做,不仅有利于

企业提高资金使用效益,促进各项经济活动的开展,而且便于银行集聚资金,稳定和扩大信贷资金来源,同时也利于银行监督国民经济中资金活动情况。促进企业信守经济合同,发挥银行"社会簿记"的职能。此外,银行有效地组织支付结算,在节约现金的使用、减少货币发行、调节货币流通等方面也都有着重要的意义。

二、支付结算的原则、纪律和责任

(一) 支付结算原则

支付结算原则是银行和客户在办理结算时应共同遵守的基本准则。为促进商品经济的发展,强化各单位的信用观念和承担资金清算责任,单位和个人办理支付结算以及银行会计部门在组织支付结算业务核算时,必须认真贯彻执行以下支付结算原则,以保证资金清算的顺利进行。

1. 恪守信用,履约付款

银行支付结算是建立在信用之上的货币收付活动。因此,参与结算的各方必须遵守信用,按照经济合同或事先的承诺履行各自的义务。银行在办理支付结算业务时,必须严格遵守支付结算制度,恪守信用,依照客户的委托履约付款。收付款单位在经济往来中也应严格按合同发货、付款,任何一方违反合同规定,都要承担经济和法律责任。

2. 谁的钱进谁的账,由谁支配

这是维护存款人权益的原则在支付结算过程中的体现。银行作为办理支付结算的中介,接受客户的委托,把资金划入有关存款账户,银行要把尊重维护客户的利益放在重要位置上,属于谁的钱,就进谁的账户。此外,银行还应按规定充分保障存款人的合法自主支配权,为存户保密,并有权拒绝任何单位或个人查询、冻结、扣划款项(但法律、行政法规另有规定的除外)。

3. 银行不垫款

银行在支付结算活动中处于中介人地位,只负责将结算款项从付款人账户划转到收款人账户,银行不承担垫款的责任。为此,在支付结算过程中,银行必须先借记付款人账户,后贷记收款人账户。付款人只能在其存款余额之内支用款项,收款人也只能在款项收妥进账后才能抵用,银行会计部门必须严格遵守这一规定。

(二) 支付结算纪律

支付结算纪律是国家财经纪律的重要组成部分,对维护社会经济秩序、正确处理各部门、单位经济关系具有重要意义,也是支付结算业务正常进行的保证。它包括客户应遵守的结算纪律和银行应遵守的结算纪律两个方面。

1. 单位和个人办理支付结算,必须遵守以下纪律

单位和个人不准签发没有资金保证的票据或远期支票,套取银行信用;不准签发、取得和转让没有真实交易和债权债务的票据,套取银行和他人资金;不准无理拒绝付款,任意占用他人资金;不准违反规定开立和使用账户;不准出租出借账户或转让他人使用,不准利用多头开户转移资金以逃避支付结算的债务。

2. 银行办理支付结算,应遵守以下纪律

银行不准以任何理由压票、任意退票、截留挪用客户和他行资金;不准无理拒绝支付应由银行支付的票据款项;不准受理无理拒付、不扣少扣滞纳金;不准违章签发、承兑、贴现票据,套取银行资金;不准签发空头银行汇票、银行本票和办理空头汇款;不准在支付结算制度之外规定附加条件,影响汇路畅通;不准违反规定为单位和个人开立账户;不准拒绝受理、代理他行正常结算业务;不准放弃对企事业单位和个人违反结算纪律的制裁;不准逃避向中国人民银行转汇大额汇划款项。

(三) 支付结算责任

在支付结算过程中,凡结算当事人(包括出票人、背书人、承兑人、保证人、持票人、付款人、收款人、银行和邮电部门等)未按票据法规等有关法规、办法的规定处理,而影响他人利益的,均应相应承担票据责任、民事责任、行政责任、刑事责任。

三、支付结算的种类

我国目前实行的是以票据为主体的支付结算制度。支付结算的种类有以下几种:支票、银行本票、银行汇票、商业汇票、信用卡、汇兑、托收承付和委托收款。上述多种结算方式的并存适应了我国市场经济发展多种交易方式的需要。

第二节 票据结算业务的核算

现行的支付结算是以票据为主体,各种结算方式相互配合的结算办法体系。广义的票据包括各种有价证券和商业凭证,我国《票据法》规定的是狭义

票据,主要指支票、银行本票、银行汇票和商业汇票。使用票据办理结算,必须以《票据法》和《支付结算办法》为依据,规范票据行为,使票据业务更好地为经济发展和商品流通服务。

一、支票结算

(一) 支票的概念

支票是出票人签发的、委托办理支票存款业务的银行在见票时无条件支付确定的金额给收款人或者持票人的票据。

(二) 支票的基本规定

(1) 支票适用于单位、个人在全国范围内各种款项的结算。个人支票异地使用单笔上限为50万元。

(2) 支票可分为现金支票、转账支票、普通支票三种。票面上印有"现金"字样的为现金支票,现金支票只能用于支取现金;票面上印有"转账"字样的为转账支票,转账支票只能用于转账;票面上未印有"现金"或"转账"字样的为普通支票,普通支票可以用于支取现金,也可以用于转账。在普通支票左上角画两条平行线的,为画线支票。画线支票只能用于转账,不得支取现金。

(3) 支票的出票人,为在经中国人民银行当地分支行批准办理支票业务的银行机构开立可以使用支票存款账户的单位和个人。

(4) 签发支票必须记载下列事项:表明"支票"字样,无条件支付的委托,确定的金额,付款人名称,出票日期,出票人签章。欠缺记载上列事项之一的,支票无效。支票的付款人为支票上记载的出票人开户银行。

(5) 支票的金额、收款人名称,可以由出票人授权补记。未补记前不得背书转让和提示付款。

(6) 签发支票应使用碳素墨水或墨汁填写,大小写金额、日期和收款人不能更改,否则支票无效,对于票据上记载的其他事项,原记载人可以更改,但必须签章证明。

(7) 支票金额无起点限制,提示付款期为10天,自出票之日算起,到期日遇例假日顺延。

(8) 出票人签发空头支票、签章与预留银行签章不符的支票、使用支付密码地区,支付密码错误的支票,银行应予以退票,并按票面金额处以5%但不低于1 000元的罚款;持票人有权要求出票人赔偿支票金额2%的赔偿金。对屡次签发的,银行应停止其签发支票。

(9)持票人可以委托开户银行收款或直接向付款人提示付款。用于支取现金的支票仅限于收款人向付款人提示付款。持票人委托开户银行收款时,应作委托收款背书,银行应通过票据交换系统收妥后入账。

(10)转账支票可背书转让。

(11)支票可以挂失止付,但失票人到付款行请求挂失时,应当提交挂失止付通知书。

(12)存款人领购支票,必须填写"票据和结算凭证领用单"并签章,签章应与预留银行的签章相符。存款账户结清时,必须将全部剩余空白支票交回银行注销。

有关现金支票的核算手续,已在本书第三章作了叙述,这里只对转账支票的核算手续予以阐明。

(三)转账支票的核算

1. 持票人、出票人在同一银行机构开户的处理

(1)银行受理持票人送交支票的处理。银行接到持票人送来支票(表5-1)和三联进账单(表5-2)时,应认真审查:支票是否是统一印制的凭证,支票是否真实,提示付款期限是否超过;支票填明的持票人是否在本行开户,持票人的名称是否为该持票人,与进账单上的名称是否一致;出票人账户是否有足够支付的款项;出票人的签章是否符合规定,与预留银行的签章是否相符,使用支付密码的,其密码是否正确;支票

表5-1 支票

××银行 上海分行	××银行 支票	支票号码
支票号码	出票日期(大写) 年 月 日	付款行名称:
附加信息	收款人:	出票人账号:
	人民币(大写)	千百十万千百十元角分
出票日期 年 月 日	用途_____	
收款人:	上列款项请从	
金 额:	我账户内支付	
用 途:		
单位主管 会计	出票人签章 复核 记账	

本支票付款期限十天

表 5-2　进账单

××银行　进账单(贷方凭证)　　　　　　　　　　　第　号
年　月　日

出票人	全　称		持票人	全　称	
	账　号			账　号	
	开户银行			开户银行	

| 人民币(大写) | | 千 | 百 | 十 | 万 | 千 | 百 | 十 | 元 | 角 | 分 |

票据种类		票据张数	
票据号码			
备注：			

复核　　　　　记账

此联由持票人开户银行作贷方凭证

的大小写金额是否一致，与进账单的金额是否相符；支票必须记载的事项是否齐全，出票金额、出票日期、收款人名称是否更改，其他记载事项的更改是否由原记载人签章证明；背书转让的支票是否按规定的范围转让，其背书是否连续，签章是否符合规定，背书使用粘单的是否按规定在粘接处签章；持票人是否在支票的背面作委托收款背书。经审核无误后，支票作借方凭证，第二联进账单作贷方凭证记账。其分录如下：

　　借：单位活期存款——出票人户
　　　　贷：单位活期存款——持票人户

第一、三联进账单加盖转讫章作收账通知交给持票人。

（2）银行受理出票人送交支票的处理。银行接到出票人递交的支票及三联进账单，应进行审查，审查内容同前持票人送交支票内容基本一致。经审查无误后，支票作借方凭证，第二联进账单作贷方凭证入账，其分录如下：

　　借：单位活期存款——出票人户
　　　　贷：单位活期存款——收款人户

第一联进账单加盖转讫章作回单交给出票人，第三联进账单加盖转讫章作收账通知交给收款人。

2. 持票人、出票人不在同一银行机构开户的处理

（1）持票人开户行受理持票人送交支票的处理。持票人开户银行接到持票人送交的支票和三联进账单时，应按有关规定认真审查，无误后，在三联进账单上按票据交换场次加盖"收妥后入账"的戳记，将第一、三联加盖转讫章交给持票人。支票按照票据交换的规定及时提出交换。待退票时间过后，第二联进账单作贷方凭证入账。其分录如下：

借：存放中央银行款项（同城票据清算等有关科目）
　　贷：单位活期存款——持票人户

出票人开户行收到交换提入的支票，按有关规定认真审查，无误后不予退票的，支票作借方凭证，其分录如下：

借：单位活期存款——出票人户
　　贷：存放中央银行款项（同城票据清算等有关科目）

支票发生退票时，出票人开户行应在1小时内用电话通知持票人开户行，同时编制特种转账借方、贷方传票各一张，以其中第一联作为转账借方传票记入其他应收款账户，会计分录为：

借：其他应收款——托收票据退票户
　　贷：存放中央银行款项（同城票据清算等有关科目）

待下场交换出票人开户行，将支票提出交换退还给持票人开户行，再以另一联特种转账传票作为记账凭证，冲销其他应收款账户，会计分录为：

借：存放中央银行款项（同城票据清算等有关科目）
　　贷：其他应收款——托收票据退票户

出票人开户行对于因出票人签发空头支票或签章与预留银行印章不符的支票，除办理退票外，同时还应按票面金额的5%但每笔不低于1 000元向出票人扣收罚金并如数上缴中国人民银行。

持票人开户行在规定的退票时间内，若收到出票人开户行电话退票通知，则应编制特种转账贷方传票，将款项记入其他应付款账户，进账单第二联暂时保存。会计分录为：

借：存放中央银行款项（同城票据清算等有关科目）
　　贷：其他应付款——托收票据户

待下次交换，收到出票人开户行退回的支票时，再编制特种转账借方传票

冲销其他应付款账户,其会计分录为:

借:其他应付款——托收票据户
　　贷:存放中央银行款项(同城票据清算等有关科目)

持票人开户行转账后,在进账单第二联上注明退票原因并盖章后连同支票一起退还收款人。交易纠纷由双方单位自行解决。

(2)出票人开户行受理出票人送交支票的处理。出票人开户行接到出票人交来的支票和三联进账单时,按有关规定认真审查,无误后,支票作借方凭证入账,分录如下:

借:单位活期存款——出票人户
　　贷:存放中央银行款项(同城票据清算等有关科目)

第一联进账单加盖转讫章作回单交给出票人,第二联进账单加盖业务公章连同第三联进账单按票据交换的规定及时提出交换。

收款人开户行收到交换提入的第二、三联进账单,经审查无误,第二联进账单作贷方凭证,其分录如下:

借:存放中央银行款项(同城票据清算等有关科目)
　　贷:单位活期存款——收款人户

第三联进账单加盖转讫章作收账通知交给收款人。

如收款人不在本行开户或进账单上的账号、户名不符,应通过其他应付款科目核算,然后将第二、三联进账单通过票据交换退回出票人开户行。

(四) 全国支票影像交换系统

全国支票影像交换系统是运用影像技术将实物支票转换为支票影像信息,通过计算机和网络将支票信息传递至出票人开户银行提示付款,实现支票全国通用的业务处理系统。它是中国人民银行继大、小额支付系统建成后的又一重要金融基础设施。支票影像交换系统定位于处理异地银行机构跨行和行内的支票影像信息交换,其资金清算通过中国人民银行覆盖全国的小额支付系统处理,除此以外,目前影像交换系统还可支持其他类型的借记业务,包括银行汇票、商业汇票等的影像传递处理。

2006年12月18日,支票影像交换系统在北京、天津、上海、河北、广东和深圳六省(市)成功试点运行。在此基础上,2007年6月25日,中国人民银行完成支票影像交换系统在全国的推广建设。

1. 全国支票影像交换系统的业务流程

支票影像交换系统的使用,改变了传统的实物票据交换模式,拓展了支票使用范围,其业务处理流程是:持票人开户行(即提出行)收到持票人提交的异地支票后,自行或委托同城票据交换所采集支票影像并制作支票影像信息,通过本行或票据交换所的前置机将影像信息传送至出票人开户行(即提入行)。提入行对收到的影像信息审核后,将审核结果通过人民银行小额支付系统告知提出行,人民银行小额支付系统负责对其中同意付款的支票影像业务完成资金轧差清算。

与传统支票业务处理流程相比,通过影像交换系统处理,支票在交易主体间的流通转让环节并未发生变化,主要是银行间的支票传递和清算环节发生了变化。表现在以下三个方面:(1)支票在银行间的传递由实物票据交换转换为系统传输电子信息和影像信息。(2)支票核验付款由出票人开户行根据实物支票核验付款转换为根据支票影像信息核验付款。(3)银行间的资金清算由同城票据交换系统完成转换为由小额支付系统完成。

2. 全国支票影像交换系统的账务处理

(1)支票提入行的处理。

支票提入行收到支票影像信息,经审核无误确认付款的,会计分录为:

借:单位活期存款——出票人户
　　贷:待清算支付款项

通过小额支付系统返回业务回执,待收到已清算通知后,再进行账务处理,会计分录为:

借:待清算支付款项
　　贷:存放中央银行款项

(2)支票提出行的处理。

支票提出行收到业务回执确认提入行付款的,进行账务处理,会计分录为:

借:待清算支付款项
　　贷:单位活期存款——持票人户

待收到已清算通知后,再作会计分录如下:

借:存放中央银行款项
　　贷:待清算支付款项

若提出行收到业务回执是拒绝付款的,打印退票理由书并连同支票实物退还持票人。

(五)支票的背书转让

转账支票在提示付款期内可以背书转让,但背书必须连续。支票的背书转让格式如表5-3所示。

表5-3 支票背书转让

××银行 支票	支票号码 CM02 07946483

(表格:出票日期(大写) 年 月 日 付款行名称: 收款人: 出票人账号: 人民币(大写) 千百十万千百十元角分 用途 上列款项请从我账户内支付 出票人签章 复核 记账 验印 本支票付款期限十天)

(表格:附加信息 被背书人 ××××××—工行上海××支行 ×××—××××—××××× 被背书人 背书人签章 年 月 日 背书人签章 年 月 日 身份证件名称: 发证机关: 号码 (贴粘单处))

二、银行本票结算

(一)银行本票的概念

银行本票是银行签发的、承诺自己在见票时无条件支付确定的金额给收款人或者持票人的票据。

(二)银行本票的基本规定

(1)单位和个人在同一票据交换区域需要支付各种款项,均可以使用银行本票。

(2)银行本票的出票人,为经中国人民银行当地分支行批准办理银行本票业务的银行机构。

(3)签发银行本票必须记载下列事项:表明"银行本票"的字样,无条件支付的承诺,确定的金额,收款人名称,出票日期,出票人签章。欠缺记载上列事项之一的,银行本票无效。

（4）银行本票的提示付款期限自出票日起最长不得超过两个月,否则代理付款人不予受理(代理付款人是指代理出票银行审核支付银行本票款项的银行)。

（5）申请人使用银行本票,应向银行填写"银行本票申请书",填明收款人名称、申请人名称、支付金额、申请日期等事项并签章。申请人和收款人均为个人需要支取现金的,应在"支付金额"栏先填写"现金"字样,后填写支付金额。申请人或收款人为单位的,不得申请签发现金银行本票。

（6）出票银行受理银行本票申请书,收妥款项签发银行本票。用于转账的,在银行本票上划去"现金"字样;申请人和收款人均为个人需要支取现金的,在银行本票上划去"转账"字样,用压数机压印出票金额。出票银行在银行本票上签章后交给申请人。

（7）银行本票无金额起点,注明"转账"字样的银行本票可以背书转让。

（8）银行本票见票即付,但注明"现金"字样的银行本票持票人只能到出票银行支取现金。

（9）银行本票丧失,失票人可以凭人民法院出具的其享有票据权利的证明,向出票银行请求付款或退款。

(三) 银行本票的处理手续

1. 银行本票出票的处理手续

申请人需要使用银行本票,应向银行填写"银行本票申请书",申请书一式三联,第一联存根,第二联借方凭证,第三联贷方凭证。交现金办理本票的,第二联注销。

银行受理申请人提交的第二、三联申请书时,应认真审查其填写的内容是否齐全、清晰;申请书填明"现金"字样的,应审查申请人和收款人是否均为个人,经审核无误后,若转账支付的,以第二联申请书作借方凭证,第三联作贷方凭证。分录如下:

借:单位活期存款——申请人户
　　贷:本票

现金交付的,以第三联申请书作贷方凭证,分录如下:

借:库存现金
　　贷:本票

办理转账或款项收妥后,签发银行本票。银行本票一式两联,第一联为卡片,第二联为本票联。填写的本票经复核无误后,在本票第二联加盖本票专用章并由授权的经办人签名或盖章,另用总行统一制作的压数机在"人民币大写"栏右端压印小写金额后交给申请人。第一联卡片上加盖经办、复核名章后留存,专夹保管。

银行本票如表 5-4 所示。

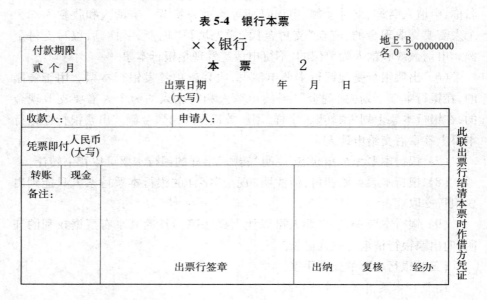

表 5-4 银行本票

2. 银行本票付款的处理手续

代理付款行接到在本行开立账户的持票人直接交来的本票和三联进账单时,应认真审核本票是否真实、是否超过提示付款期、与进账单上内容是否相符等有关规定内容,无误后,第二联进账单作贷方凭证入账。其分录为:

借:存放中央银行款项(同城票据清算等有关科目)
　　贷:单位活期存款——持票人户

第一、三联进账单加盖转讫章作收账通知交给持票人。本票加盖转讫章,通过票据交换向出票行提出交换。

出票行接到收款人交来的注明"现金"字样的本票时,抽出专夹保管的本票卡片,经核对、确属本行签发,同时审核本票上填写的申请人和收款人是否均为个人,查验收款人身份证件并留下复印件,一切审核无误后,以本票作借方凭证,本票卡片作附件,办理付款手续。其分录为:

借：本票
  贷：库存现金

本票上未划去"现金"或"转账"字样的,一律按转账办理。

3. 银行本票结清的处理手续

出票行收到票据交换提入的本票时,抽出专夹保管的本票卡片,经核对相符属本行出票,以本票作借方凭证,本票卡片作附件进行转账,分录如下：

借：本票
  贷：存放中央银行款项（同城票据清算等有关科目）

出票行受理本行签发"转账"字样本票时,除不通过票据交换外,审核等手续如上,其分录为：

借：本票
  贷：单位活期存款——持票人户

4. 银行本票退款和超过提示付款期付款的处理手续

申请人因银行本票超过付款期限或其他原因要求退款时,应将本票提交出票行。申请人为单位的,应出具该单位证明；申请人为个人的,应出具本人的身份证明。按规定出票行对在本行开立存款账户的申请人,其退款只能将本票款转入原申请人账户；对于现金本票和未在本行开户的申请人,才能退付现金。

申请人来行办理退款时,应根据本票金额填写一式三联进账单连同本票及有关证明交出票银行（如系个人申请现金本票退款的,免填进账单）。银行受理后,认真按规定审核,并与原存本票卡片核对无误后,在本票上注明"未用退回"字样,以进账单为贷方传票,本票为借方传票（卡片为附件）办理退款的处理。会计分录为：

借：本票
  贷：单位活期存款——申请人户
    或 库存现金

进账单第一、三联加盖银行业务公章后退交申请人,现金本票则由出纳将现款支付给申请人。

持票人超过提示付款期限不获付款的,在票据权利时效内请求付款时,应向出票行说明原因,并将本票交出票行。持票人为个人的,应交验本人的身份证件。出票行收到本票经与原存本票卡片核对无误后,即在本票上注明"逾期付款"字样,办理付款手续。

持票人在本行开立账户的,应填制一式三联进账单,连同本票交出票行(若持票人以现金本票要求付款的,免填进账单)。出票行审核无误以进账单为贷方传票,本票为借方传票(本票卡片为附件)办理付款。会计分录为:

借:本票
　　贷:单位活期存款——持票人户
　　或　库存现金

转账后,将进账单一、三联加盖银行业务公章后退交持票人,支付现金的由出纳将现款交持票人。

持票人未在本行开户的,应根据本票填写一式三联进账单,连同本票交出票行,出票行经核对无误办理付款。会计分录为:

借:本票
　　贷:存放中央银行款项(同城票据清算等有关科目)

转账后进账单第一联加盖转讫章后退交持票人,进账单第二、三联通过票据交换转持票人开户行。

持票人开户行收到票据交换转来的进账单,以进账单第二联为贷方传票办理收账,会计分录为:

借:存放中央银行款项(同城票据清算等有关科目)
　　贷:单位活期存款——持票人户

收账后将进账单第三联加盖转讫章后作为收账通知交持票人。

三、银行汇票结算

(一) 银行汇票的概念

银行汇票是出票银行签发的、由其在见票时,按照实际结算金额无条件支付给收款人或者持票人的票据。

银行汇票,适用范围广泛;票随人到,使用灵活;兑现性较强,是目前使用最为广泛的票据结算工具。

(二) 银行汇票的基本规定

(1) 银行汇票主要适用于单位和个人需要在异地支付的各种款项。

(2) 签发银行汇票必须记载下列事项:表明"银行汇票"的字样,无条件支付的承诺,出票金额,付款人名称,收款人名称,出票日期,出票人签章。欠缺记载上列事项之一的,银行汇票无效。

(3) 银行汇票的提示付款期限自出票日起1个月。

(4) 申请人使用银行汇票,应向出票银行填写"银行汇票申请书"。申请人和收款人均为个人,需要使用银行汇票向代理付款人支取现金的,申请人须在"银行汇票申请书"上填明代理付款人名称,在"汇票金额"栏先填写"现金"字样,然后填写汇票金额。申请人或者收款人为单位的,不得在"银行汇票申请书"上填明"现金"字样。

(5) 出票银行受理银行汇票申请书,收妥款项后签发银行汇票,并用压数机压印出票金额,将银行汇票和解讫通知一并交给申请人。签发转账银行汇票,票面上不得填写代理付款人名称;签发现金银行汇票,须在银行汇票"出票金额"栏先填写"现金"字样,后填写出票金额,并填写代理付款人名称。

(6) 银行汇票的实际结算金额不得更改,否则银行汇票无效。

(7) 持票人向银行提示付款时,必须同时提交银行汇票联和解讫通知联,缺少任何一联,银行不予受理。

(8) 银行汇票允许背书转让,但仅限于转账银行汇票。

(9) 银行汇票丧失,失票人可以凭人民法院出具的其享有票据权利的证明,向出票银行请求付款或退款。

(三) 银行汇票的处理手续

1. 银行汇票出票的处理手续

申请人需要使用银行汇票,应向银行填写汇票申请书,申请书一式三联,第一联存根,第二联借方凭证,第三联贷方凭证。交现金办理汇票的,第二联注销。

出票行受理申请人提交的第二、三联申请书时,应认真审查其内容是否填写齐全、清晰,其签章是否为预留银行的签章;申请书填明"现金"字样的,申请人和收款人是否均为个人并交存现金的。经审查无误后,才能受理其签发银行汇票的申请。

转账交付的,以第二联申请书作借方凭证,第三联作贷方凭证,其分录为:

借:单位活期存款——申请人户
　　贷:汇出汇款

现金交付的,以第三联申请书作贷方凭证,其分录为:

借:库存现金
　　贷:汇出汇款

出票行在办好转账或收妥现金后,签发银行汇票。汇票一式四联,第一联卡片,第二联汇票联,第三联解讫通知,第四联多余款收账通知。填写的汇票经复核无误后,在第二联上加盖汇票专用章并由授权的经办人签名或盖章,签章必须清晰;在实际结算金额栏的小写金额上端用总行统一制作的压数机压印出票金额,然后连同第三联一并交给申请人。第一联上加盖经办、复核名章,在逐笔登记汇出汇款账并注明汇票号码后,连同第四联一并专夹保管。银行汇票第二联如表5-5所示。

表5-5 银行汇票(第2联)

付款期限 壹个月

××银行

银行汇票 2

汇票号码 第 号

出票日期(大写) 年 月 日

代理付款行:		行号:
收款人:	账号:	
出票金额 人民币(大写)		
实际结算金额 人民币(大写)		千 百 十 万 千 百 十 元 角 分

此联代理付款行付款后作借方凭证附件

申请人:________ 账号或住址:________

出票行:________ 行号:________

备 注:________

凭票付款

出票行签章

密押	
多余金额	
千 百 十 万 千 百 十 元 角 分	
	复核 记账

2. 银行汇票付款的处理手续

(1) 代理付款行接到在本行开立账户的持票人直接交来的汇票联、解讫通知联和三联进账单时,应认真审查汇票是否真实,是否超过提示付款期、汇票联和解讫通知联是否齐全,与进账单有关内容是否一致,使用密押的密押是否正确,压数机压印的金额同大写出票金额是否一致,汇票多余金额结计是否正确等内容,无误后,第二联进账单作贷方凭证,办理转账,其分录为:

借:辖内往来(或有关科目)

  贷:单位活期存款——持票人户

第一、三联进账单上加盖转讫章作收账通知交给持票人,汇票和解讫通知作借方凭证附件,并按资金汇划系统规定交汇划发报员复核并发报。

(2) 代理付款行接到未在本行开户的持票人为个人交来的汇票和解讫通知及三联进账单时,除按上述有关规定认真审查外,还必须认真审查持票人的身份证件,并将身份证复印件留存备查。对现金汇票持票人委托他人向代理付款行提示付款的,代理付款行必须查验持票人和被委托人的身份证件,在汇票背面是否作委托收款背书,以及是否注明持票人和被委托人身份证件名称号码及发证机关,并要求提交持票人和被委托人身份证件复印件留存备查。审查无误后,以持票人姓名开立应解汇款及临时存款账户,并在该分户账上填明汇票号码以备查考,第二联进账单作贷方凭证,办理转账。其分录如下:

借:辖内往来(或有关科目)
　　贷:应解汇款及临时存款科目——持票人户

(3) 原持票人需要一次或分次办理转账支付的,应由其填制支付凭证,并向银行交验本人身份证件。其分录如下:

借:应解汇款及临时存款科目——原持票人户
　　贷:单位活期存款——××户(或有关科目)

(4) 原持票人需支取现金的,代理付款行经审查汇票上填写的申请人和收款人确为个人并按规定填明"现金"字样,以及填写的代理付款行名称确为本行的,可办理现金支付手续;未填明"现金"字样,需要支取现金的,由代理付款行按照现金管理规定审查支付,另填制一联现金借方凭证。其分录如下:

借:应解汇款及临时存款科目——原持票人户
　　贷:库存现金

(5) 持票人需要转汇时,在办理解付后,可以委托兑付银行办理汇兑结算或重新签发银行汇票。但转汇的银行汇票必须全额解付。

3. 银行汇票结清的处理手续

出票行接到代理付款行经资金汇划系统传输来的数据,打印辖内往来凭证、汇出汇款凭证、汇票销卡清单、汇划借方补充凭证等。抽出原专夹保管的汇票卡片,经核对确属本行出票,分情况处理如下:

(1) 汇票全额付款的,应在汇票卡片的实际结算金额栏填入全部金额,在多余款收账通知的多余金额栏填写"—0—",汇票卡片作借方凭证,多余款收账通知作借方凭证的附件。其分录如下：

借：汇出汇款
　　贷：辖内往来（或有关科目）

同时销记汇出汇款账。

（2）汇票有多余款的，应在汇票卡片和多余款收账通知上填写实际结算金额，结出多余金额，汇票卡片作借方凭证。其分录如下：

借：汇出汇款
　　贷：辖内往来（或有关科目）
　　　　单位活期存款——申请人户

同时销记汇出汇款账，在多余款收账通知上，加盖转讫章，通知申请人。

（3）申请人未在银行开立账户的，多余金额应先转入其他应付款科目。其分录如下：

借：汇出汇款
　　贷：辖内往来（或有关科目）
　　　　其他应付款——申请人户

同时销记汇出汇款账，并通知申请人持申请书存根及本人身份证件来行办理领取手续。领取时，以多余款项收账通知代其他应付款科目借方凭证，其分录如下：

借：其他应付款——申请人户
　　贷：库存现金

4. 银行汇票退款和超过提示付款期付款的处理手续

申请人由于汇票超过付款期限或其他原因要求退款时，应交回汇票和解讫通知，并按规定提交证明或身份证件。出票行经与原保管的汇票卡片核对无误，即在汇票和解讫通知的实际结算金额大写栏内注明"未用退回"字样，以汇票第一联为借方传票，汇票为附件，解讫通知为贷方传票（若系退付现金，即作为借方凭证附件）办理转账。会计分录如下：

借：汇出汇款
　　贷：单位活期存款——申请人户
　　或　库存现金

同时销记汇出汇款账,多余款收账通知的多余金额栏注明原汇票金额,加盖银行专用章后交申请人。

对于由于申请人缺少汇票解讫通知要求退款的,应当备函向出票行说明短缺原因,并交存汇票,出票行则按规定于提示付款期满1个月后比照退款手续办理退款。

持票人超过提示付款期限不获付款的,在票据权利时效内请求付款,应向出票银行说明原因,并交回汇票和解讫通知。持票人为个人的还应交验本人身份证件。出票人经与原保管的汇票卡片核对无误后,即在汇票和解讫通知的备注栏填写"逾期付款"字样,办理付款手续。并一律通过应解汇款及临时存款科目,分别作如下处理。

（1）汇票全额付款。应在汇票卡片和多余款项收账通知联上注明实际金额,余额处注明"-0-",以汇票卡片为借方传票,解讫通知为贷方传票,多余款收账通知为贷方传票附件进行账务处理。其会计分录如下:

借:汇出汇款
　　贷:应解汇款及临时存款科目——持票人户

同时销记汇出汇款账,由持票人填写银行汇票申请书或汇兑凭证,委托银行签发银行汇票或办理汇款。其会计分录如下:

借:应解汇款及临时存款科目——持票人户
　　贷:汇出汇款（或有关科目）

若持票人提交的是现金汇票,其处理与上述相同,只是持票人在填汇票申请书和汇兑凭证时应注明"现金"字样。

（2）汇票有余款的付款。若持票人交来的汇票有余款,则应将余款注明在汇票卡片和多余款收账通知联上,以汇票卡片为借方传票,解讫通知为贷方传票,另编一联特种转账贷方传票为余款的记账传票进行转账。其会计分录如下:

借:汇出汇款
　　贷:应解汇款及临时存款科目——持票人户
　　　　单位活期存款——申请人户
　　或　其他应付款（现金汇票余款）

销记汇出汇款账后,将余款通知交申请人,向持票人办理付款按全额付款的处理办理。

四、商业汇票结算

(一) 商业汇票的概念

商业汇票是出票人签发的、委托付款人在指定日期无条件支付确定的金额给收款人或者持票人的票据。

(二) 商业汇票的基本规定

(1) 在银行开立存款账户的法人以及其他组织之间，只有具有真实的交易关系或债权债务关系，才能使用商业汇票。出票人不得签发无对价的商业汇票用以骗取银行或者其他票据当事人的资金。

(2) 商业汇票同城、异地均可适用，其按承兑人的不同可分为商业承兑汇票和银行承兑汇票两种。商业承兑汇票由银行以外的付款人承兑，银行承兑汇票由银行承兑，商业汇票的付款人为承兑人。承兑是指汇票付款人承诺在汇票到期日支付汇票金额的票据行为。

(3) 签发商业汇票必须记载下列事项：表明"商业承兑汇票"或"银行承兑汇票"的字样，无条件支付的委托，确定的金额，付款人名称，收款人名称，出票日期；出票人签章。欠缺记载上列事项之一的，商业汇票无效。

(4) 商业汇票的付款期限，最长不得超过6个月（电子商业汇票最长为1年）。

(5) 商业汇票的提示付款期限，自汇票到期日起10日。

(6) 商业承兑汇票的付款人开户银行收到通过委托收款寄来的商业承兑汇票，将商业承兑汇票留存，并及时通知付款人。付款人收到开户银行的付款通知，应在当日通知银行付款。付款人在接到通知日的次日起3日内（遇法定休假日顺延）未通知银行付款的，视同付款人承诺付款，银行应于付款人接到通知日的次日起第4日（法定休假日顺延）上午开始营业时，将票款划给持票人。付款人若提前收到由其承兑的商业汇票，并同意付款的，银行应于汇票到期日将票款划给持票人。

(7) 银行承兑汇票承兑行承兑时，应按票面金额向出票人收取万分之五的手续费。

(8) 银行承兑汇票的出票人于汇票到期日未能足额交存票款时，承兑银行除凭票向持票人无条件付款外，对出票人尚未支付的汇票金额每天按照逾期贷款规定利率计收利息。

(9) 商业汇票允许贴现，并允许背书转让。

(三) 商业承兑汇票的处理手续

1. 持票人开户行受理汇票的处理手续

使用商业承兑汇票结算的交易双方按合同约定,由收款人或付款人出票,由银行以外的付款人承兑。该票据一式三联,第一联卡片,由承兑人留存;第二联汇票,由持票人保管;第三联存根,由出票人存查。

商业承兑汇票的汇票联如表5-6所示。

表5-6 商业承兑汇票(汇票联)

商业承兑汇票 2												$\frac{A\ A}{0\ 1}$ 00000000
出票日期（大写） 年 月 日												
付款人	全 称			收款人	全 称							
	账 户				账 户							
	开户行				开户行							
汇票金额	人民币（大写）					亿	千	百	十	万	千	百	十	元	角	分
汇票到期日（大写）				付款人开户行	行 号							
交易合同号码					地 址							
本汇票已承兑,到期无条件支付票款。 承兑日期 年 月 日 承兑人签章				本汇票予以承兑,于到期日付款。 出票人签章								

持票人于汇票到期日前匡算邮程(如承兑人在同城,收款人应于汇票到期日通过开户行委托收款)填制托收凭证,并在"托收凭据名称"栏注明"商业承兑汇票"及汇票号码,连同汇票一并交开户银行。银行按有关规定审核无误后,在托收凭证各联加盖"商业承兑汇票"戳记,第一联托收凭证加盖业务公章作回单给持票人;第二联托收凭证登记"发出托收结算凭证登记簿"后,专夹保管;第三联加盖结算专用章连同四、五联托收凭证和商业承兑汇票邮寄付款人开户行。

2. 付款人开户行收到汇票的处理手续

付款人开户行接到持票人开户行寄来的托收凭证及汇票时,应按有关规定认真审查,付款人确在本行开户,承兑人在汇票上的签章与预留银行的签章相符,将第三、四联托收凭证登记收到委托收款凭证的登记簿后,专夹保管,第五联托收凭证交给付款人并签收。

付款人在接到开户银行的付款通知次日起 3 日内没有任何异议,并且其银行账户内有足够票款支付的,开户银行应于第四日上午营业开始时划款,届时以第三联托收凭证作借方凭证,汇票加盖转讫章作附件。销记"收到托收凭证登记簿",第四联托收凭证作汇划发报凭证。其会计分录如下:

借：单位活期存款——付款人户
　　贷：辖内往来(或有关科目)

付款人在接到银行付款通知次日起 3 日内没有任何异议,但其银行账户内金额不足支付的,银行应在托收凭证和收到托收凭证登记簿上注明退回日期和"无款支付"字样,并填制三联付款人未付款项通知书(用异地结算通知书代),将第一联通知书和第三联托收凭证留存备查,将第二、三联通知书、第四联托收凭证连同汇票一起邮寄收款人开户行。如系电报划款的,不另拍发电报。

银行在付款人接到通知次日起 3 日内收到付款人的拒绝付款证明时,经审核无误后,在托收凭证和收到委托收款凭证登记簿备注栏注明"拒绝付款"字样,然后将有关拒付证明连同托收凭证及汇票一起邮寄至持票人开户行转交持票人。

3. 持票人开户行收到划回票款或退回凭证的处理手续

持票人开户行收到付款人开户行通过资金汇划系统汇来款项,打印资金汇划贷方补充凭证,与留存的托收凭证第二联进行核对,无误后注上转账日期,作为资金汇划贷方补充记账凭证附件。其分录如下:

借：辖内往来(或有关科目)
　　贷：单位活期存款——收款人户

然后在资金汇划贷方补充凭证回单上加盖转讫章作收账通知交给收款人,并销记发出委托收款凭证登记簿。

持票人开户行接到付款人开户行发来的付款人未付票款通知书或拒绝付款证明和汇票及托收凭证,抽出留存的第二联凭证审核无误后,在该凭证备注栏及发出委托收款凭证登记簿上作相应记载后,将托收凭证、汇票及未付票款通知书或拒绝付款证明退给持票人,并由持票人签收。

(四) 银行承兑汇票的处理手续

1. 承兑银行办理汇票承兑的处理手续

银行承兑汇票由在承兑银行开户的存款人签发,该汇票一式三联：第一联卡片,由承兑行留存备查；第二联汇票联,由收款人持有,待到期时交开户行办理托收；第三联存根，由出票人存查。

银行承兑汇票的汇票联如表5-7所示。

表5-7　银行承兑汇票（汇票联）

银行承兑汇票　　2	$\frac{A}{0}\frac{A}{1}$00000000

出票日期（大写）	年　月　日											
出票人全称			收款人	全称								
出票人账号				账户								
付款行全称				开户行								
出票金额	人民币（大写）				亿	千	百	十	万	千	百	十	元	角	分
汇票到期日（大写）			付款行	行号								
承兑协议编号				地址								
本汇票请你行承兑，到期无条件付款。 出票人签章			本汇票已经承兑，到期日由本行付款。 承兑日期　　　承兑签章 　　　　年　月　日 备注：		复核　记账								

此联收款人开户行随托收凭证寄付款行作借方凭证附件

银行承兑汇票签发完毕后，由出票人或持票人持票向汇票上记载的付款行申请承兑，银行信贷部门按照有关规定审查同意后，与出票人签署银行承兑协议，协议一联留存，另一联及其副本和第一、二联汇票一并交本行会计部门。会计部门收到后按有关规定认真审核无误后，在第一、二联汇票上注明承兑协议编号，并在第二联汇票"承兑人签章"处加盖汇票专用章，并由授权的经办人签名或盖章。由出票人申请承兑的，将第二联汇票连同一联承兑协议交给出票人；由持票人提示承兑的，将第二联汇票交给持票人，一联承兑协议交给出票人。同时按票面金额万分之五向出票人收取承兑手续费。承兑银行根据第一联汇票卡片填制银行承兑汇票表外科目收入凭证，登记表外科目登记簿，并将第一联汇票卡片和承兑协议副本专夹保管。

2. 持票人开户行受理汇票的处理手续

持票人凭汇票委托开户行向承兑银行收取票款时，应填托收凭证，在"托收凭证名称"栏注明"银行承兑汇票"及其汇票号码，连同汇票一并送交开户行。

银行按有关规定审查无误后,在托收凭证各联上加盖"银行承兑汇票"戳记。第一联托收凭证上加盖业务公章作回单给持票人;第二联登记"发出委托收款结算凭证登记簿"后,专夹保管;第三联加盖结算专用章,连同四、五联托收凭证和汇票邮寄承兑银行。

3. 承兑银行对汇票到期收取票款的处理手续

承兑银行应每天查看汇票到期情况,对到期的汇票,应于到期日(法定休假日顺延)向出票人收取票款。填制二联特种转账借方传票,一联特种转账贷方传票,并在"转账原因"栏注明"根据××号汇票划转票款"。其分录如下:

  借:单位活期存款——出票人户
   贷:应解汇款及临时存款科目——出票人户

一联特种转账借方传票加盖转讫章后作支款通知交给出票人。

出票人账户无款支付的,应填明两联特种转账借方传票,一联特种转账贷方传票,在"转账原因栏"注明"××号汇票无款支付转入逾期贷款户"。其分录如下:

  借:逾期贷款——出票人逾期贷款户
   贷:应解汇款及临时存款科目——出票人户

另一联特种转账借方凭证加盖业务公章交给出票人。

出票人账户款项不足支付时,应填制四联特种转账借方传票,一联特种转账贷方传票,在"转账原因"栏注明"××号汇票划转部分票款"。其分录如下:

  借:单位活期存款——出票人户
    逾期贷款——出票人户
   贷:应解汇款及临时存款科目——出票人户

两联特种转账借方凭证加盖转讫章作支款通知和逾期贷款通知交给出票人。

4. 承兑银行支付汇票款项的处理手续

承兑银行接到持票人开户行寄来的托收凭证及汇票,抽出专夹保管的汇票卡片和承兑协议副本按有关规定认真审核,无误后,应于汇票到期日或到期日之后的见票当日,按照委托收款付款的手续处理。其分录如下:

  借:应解汇款及临时存款科目——出票人户
   贷:辖内往来(或有关科目)

另填制银行承兑汇票表外科目付款凭证,销记表外科目登记簿。

5. 持票人开户行收到汇票款项的处理手续

持票人开户行收到承兑银行通过资金汇划系统汇来款项,打印资金汇划贷方补充凭证,与留存的托收凭证第二联核对无误后,销记发出委托收款凭证登记簿,以资金汇划贷方补充记账凭证作贷方凭证、托收凭证第二联作附件进行转账。其分录如下:

借:辖内往来(或有关科目)
　　贷:单位活期存款——持票人户

在资金汇划贷方补充凭证回单上盖转讫章作收账通知给持票人。

商业汇票的贴现核算手续,本书在第四章已作了介绍,这里不再复述。

第三节　结算方式业务的核算

《支付结算办法》所称的结算方式是指汇兑、托收承付和委托收款。

一、汇兑结算

(一)汇兑的概念

汇兑是汇款人委托银行将其款项支付给收款人的结算方式。

(二)汇兑的基本规定

(1)单位和个人的各种款项的结算,均可使用汇兑结算方式。

(2)汇兑分为信汇和电汇两种,由汇款人选择使用。(目前各家商业银行主要使用电汇方式)

(3)汇兑款项可以直接转入收款人账户,也可留行待取、分次支取、转汇,汇款人和收款人均为个人且注明"现金"字样的,还可支取现金。

(4)汇款人确定不得转汇的,应在汇兑凭证备注栏注明"不得转汇"字样。

(5)汇款人对汇出银行已经汇出的款项可以申请退汇,由汇出银行通知汇入银行,经汇入行核实汇款确未支付,并将款项汇回汇出银行,方可办理退汇。

(6)汇入银行对于收款人拒绝接受的汇款,应即办理退汇。汇入行对于向收款人发出取款通知,经过两个月无法交付的汇款,应主动办理退汇。

(三)信汇的处理手续

1. 汇出行的处理手续

汇款人委托银行办理信汇时,应向银行填制一式四联信汇凭证,第一联回单,第二联借方凭证,第三联贷方凭证,第四联收账通知或代取款收据。

信汇凭证第二联如表5-8所示。

汇款人派人到汇入行领取汇款,应在信汇凭证各联的"收款人账号或住址"栏注明"留行待取"字样;汇款人和收款人均为个人需要在汇入行支取现金,汇款人应在信汇凭证"汇款金额"大写栏,先填写"现金"字样,后填写汇款金额。

表 5-8 信汇凭证(借方凭证)

银行 信汇凭证 （借方凭证） 2

汇款人	全称				收款人	全称												此联汇出行作借方凭证
	账号					账号												
	汇出地点		省	市/县		汇入地点			省			市/县						
汇出行名称					汇入行名称													
金额	人民币（大写）						亿	千	百	十	万	千	百	十	元	角	分	
此汇款支付给收款人					支付密码													
					附加信息及用途													
		汇款人签章			复核		记账											

汇出行受理信汇凭证时,按有关规定认真审核无误后,第一联信汇凭证加盖转讫章退给汇款人。

汇款人转账交付的,第二联信汇凭证作借方传票。其分录如下:

借:单位活期存款——汇款人户
　　贷:辖内往来(或有关科目)

现金交付的,填制一联特种转账贷方凭证,第二联信汇凭证作借方凭证。其分录如下:

借:库存现金
　　贷:应解汇款及临时存款科目——汇款人户
借:应解汇款及临时存款科目——汇款人户
　　贷:辖内往来(或有关科目)

转账后,采用"信汇付款指令"方式的汇兑业务,应复印信汇凭证第三、四联,并经主管审批后作发报依据;第三联信汇凭证加盖结算专用章,与第四联邮寄汇入行。

2. 汇入行的处理手续

汇入行收到汇出行发来的信汇付款指令,先进行账务处理。其分录如下:

借:辖内往来(或有关科目)
　　贷:其他应付款——待处理汇划款项户

待收到汇出行邮寄来的第三、四联信汇凭证,经核对相符后,再按不同情况分别处理如下:

(1) 汇款直接入账的。以第三联信汇凭证作贷方传票,其分录如下:

借:其他应付款——待处理汇划款项户
　　贷:单位活期存款——收款人户

第四联信汇凭证加盖转讫章作收账通知交给收款人。

(2) 汇款不直接入账的。以第三联信汇凭证作贷方传票,其分录如下:

借:其他应付款——待处理汇划款项户
　　贷:应解汇款及临时存款科目——收款人户

然后登记应解汇款登记簿,在信汇凭证上编列应解汇款序号,第四联信汇凭证留存保管,另以便条通知收款人来行办理取款手续。

收款人持便条来行办理取款,应抽出第四联信汇凭证,按有关规定审核无误后,办理付款手续。

需要支取现金的,信汇凭证上填明"现金"字样的,应一次办理现金支付手续;未注明"现金"字样,由汇入行按照现金管理规定审查支付,另填制一联现金借方凭证,第四联信汇凭证作借方凭证附件。其分录如下:

借:应解汇款及临时存款科目——收款人户
　　贷:库存现金

需要分次支付的,应凭第四联信汇凭证注销应解汇款登记簿中的该笔汇款,并如数转入应解汇款及临时存款科目分户账内(不通过分录,以丁种账页代替),银行审核收款人填制的支款凭证,其预留签章和收款人身份证件核对无误后,办理分次支付手续。待最后结清时,将第四联信汇凭证作借方凭证附件。

需要转汇的,应重新办理汇款手续,其收款人与汇款用途必须是原汇款的收款人和用途,并在第三联信汇凭证上加盖"转汇"戳记。会计分录如下:

借:应解汇款及临时存款科目——收款人户
　贷:辖内往来(或有关科目)

(四) 电汇的处理手续

1. 汇出行的处理手续

汇款人委托银行办理电汇时,应填制一式三联的电汇凭证,汇出行受理电汇凭证时,按有关规定审核无误后,第一联电汇凭证加盖转讫章退给汇款人,第二联作借方凭证,其分录与信汇相同,并以第三联电汇凭证作资金汇划发报凭证。电汇凭证上填明"现金"字样的,应在电报的金额前加拍"现金"字样。

电汇凭证第二联如表5-9所示。

表5-9　电汇凭证(借方凭证)

银行　电汇凭证　(借方凭证) 2

□普通　□加急　　委托日期　　年　月　日

汇款人	全称			收款人	全称			此联汇出行作借方凭证
	账号				账号			
	汇出地点	省	市/县		汇入地点	省	市/县	
汇出行名称				汇入行名称				
金额	人民币(大写)				亿千百十万千百十元角分			
此汇款支付给收款人				支付密码				
				附加信息及用途				
			汇款人签章	复核		记账		

2. 汇入行的处理手续

汇入行收到汇出行通过资金汇划系统汇来的款项,经审核无误后,应打印资金汇划贷方补充凭证,进行账务处理,除不再采用"其他应付款——待处理汇划款项户"进行核算外,其余手续均与信汇相同。

(五) 退汇的处理手续

退汇是将汇出的汇款退还原汇款人。退汇的原因主要有,汇款人因故退汇,收款人拒收汇款以及超过规定的期限无法支付的汇款。

  1. 汇款人要求退汇的处理

按规定汇款人要求退汇,只限于不直接入账的汇款。汇款人因故要求退汇时,应备函或本人身份证,连同原汇兑凭证回单联交汇出行。汇出行收到后,先以电报或电话方式通知汇入行,经汇入行证实汇款确未被支付方可受理。

汇出行受理退汇后,应填制四联"退汇通知书",并在第一联通知书上批注"×月×日申请退汇,待款项退回后再办理退款手续"字样后,加盖业务公章退交汇款人;第二、三联寄交汇入行。第四联与公函和回单一起保管。如汇款人要求以电报通知退汇时,只填两联退汇通知书,一联为回单,一联备查,另以电报通知汇入行。

汇入行收到第二、三联退汇通知书或通知退汇的电报后,应先查明款项是否已解付。对已转入"应解汇款及临时存款"科目尚未解付的汇款,办理时应向收款人联系索回便条,并以第二联退汇通知书代转账借方传票进行转账。会计分录如下:

借:应解汇款及临时存款科目——收款人户
　　贷:辖内往来(或有关科目)

转账后,通过资金汇划系统向汇出行划款。并把第三联退汇通知书寄送原汇出行。

汇出行收到汇入行通过资金汇划系统划来的退汇款和收到的第三联退汇通知书,与原留存的第四联退汇通知书进行核对,以第三联通知书和资金汇划补充凭证办理转账,会计分录如下:

借:辖内往来(或有关科目)
　　贷:单位活期存款——原汇款人户

转账后,在原汇款凭证上注明"汇款已于×月×日退汇"字样,并在汇款通知书第四联上注明"汇款退回,已代进账"字样,加盖业务公章后,作为收账通知交原汇款人。

  2. 汇入行主动退汇的处理

汇款汇入后,超过2个月无人领取时,汇入行可以办理退汇。

退汇时,由汇入行填写转账传票,通过资金汇划系统办理退汇手续,会计分录同上。不再详述。

二、托收承付结算

(一) 托收承付的概念

托收承付是根据购销合同由收款人发货后委托银行向异地付款人收取款项,由付款人向银行承认付款的结算方式。

(二) 托收承付的基本规定

(1) 使用托收承付结算方式的收款单位和付款单位,必须是国有企业、供销合作社以及经营管理较好,并经开户银行审查同意的城乡集体所有制工业企业。

(2) 办理托收承付结算的款项,必须是商品交易,以及因商品交易而产生的劳务供应的款项。代销、寄销、赊销商品的款项,不得办理托收承付结算。

(3) 收付双方使用托收承付结算必须签有符合法律法规相关规定的购销合同,并在合同上订明使用托收承付结算方式。

(4) 托收承付结算每笔金额起点为1万元。新华书店系统每笔金额起点为1 000元。款项划回的方式分为邮寄和电报两种,由收款人选用。

(5) 付款人承付货款分为验单付款和验货付款两种。验单付款的承付期为3天,从付款人开户银行发出承付通知的次日算起(承付期内遇法定休假日顺延)。验货付款的承付期为10天,从运输部门向付款人发出提货通知的次日算起,对收付双方在合同中明确规定,并在托收凭证上注明验货付款期限的,银行从其规定。

(6) 付款人在承付期内,未向银行提出异议,银行即视作同意付款,并在承付期满的次日(遇例假日顺延)上午银行开始营业时,主动将款项从付款人账户内划出,按收款人指定的划款方式,划给收款人。

(7) 付款人在承付期满日银行营业终了时,如无足够资金支付货款,其不足部分,即为逾期付款。付款人开户银行对逾期支付的款项,应当根据逾期付款金额和逾期天数,每天按万分之五计算逾期付款赔偿金给收款人。

(8) 付款人开户银行对逾期未付的托收凭证,负责进行扣款的期限为3个月(从承付期满日算起)。期满时,付款人仍无足够资金支付尚未付清的欠款,银行应于次日通知付款人将有关交易单证(单证已作账务处理或已部分支付的,可以填制应付款项证明单)在2天内退回银行(到期日遇例假日顺延),付款人逾期不退回单证的,银行于发出通知的第3天起,按照尚未付清欠款金额,每天处以万分之五但不低于50元的罚款,并暂停其向外办理结算业务,直至退回单证时止。

（三）托收承付的处理手续

1. 收款人开户行受理托收承付的处理手续

收款人办理托收时，应填制一式五联托收凭证：第一联回单，第二联贷方凭证，第三联借方凭证，第四联收账通知（电划第四联为发电依据），第五联承付通知。收款人应在第二联托收凭证上加盖单位印章后，将托收凭证和有关单证提交开户银行。

托收凭证第二联如表5-10所示。

表5-10　托收凭证（贷方凭证）

托收凭证（贷方凭证） 2								
委托日期　　年　月　日								
业务类型	委托收款(□邮划、□电划)			托收承付(□邮划、□电划)				此联收款人开户行作贷方传票
付款人	全　称			收款人	全　称			
	账　号				账　号			
	地　址	省　市县	开户行		地　址	省　市县	开户行	
金额	人民币（大写）			亿千百十万千百十元角分				
款项内容		托收凭据名　称				附寄单证张数		
商品发运情况				合同名称号码				
备注：	上列款项随附有关债务证明，请予办理。							
收款人开户行收到日期　年　月　日				收款人签章　　复核　　记账				

收款人开户行收到上述凭证后，应按规定认真进行审查，无误后，将第一联凭证加盖业务公章后退给收款人。对收款人向银行提交发运证件需要带回保管或自寄的，应在各联凭证和发运证件上加盖"已验发运证件"戳记。第二联托收凭证由银行专夹保管，并登记发出托收结算凭证登记簿。然后在第三联托收凭证上加盖结算专用章，连同第四、五联凭证及交易单证一起寄交付款人开户银行。

2. 付款人开户银行的处理手续

付款人开户银行接到收款人开户行寄来的第三、四、五联托收凭证及交易单证时，应严格审查，无误后，在凭证上填注收到日期和承付期。然后根据第三、四联托收凭证登记定期代收结算凭证登记簿，专夹保管，第五联托收凭证加盖业务公章后，连同交易单证一并及时送交付款人。

（1）全额付款的处理。付款人在承付期内没有任何异议，并且其在承付期满日营业终了前银行存款账户上有足够金额，银行便视作同意全额付款，开户行便于承付期满日次日（遇例假日顺延）上午开始营业时，办理划款手续，以第三联托收凭证作借方传票进行转账。其分录如下：

借：单位活期存款——付款人户
　　贷：辖内往来（或有关科目）

转账后销记登记簿，并以第四联托收凭证作资金汇划发报凭证。

（2）提前承付的处理。付款人在承付期满前通知银行提前付款，银行划款的手续同"（1）"，但应在托收凭证和登记簿备注栏分别注明"提前承付"字样。

（3）多承付的处理。付款人因商品的价格、数量或金额变动的原因，要求对本笔托收多承付的款项一并划回时，付款人应填四联"多承付理由书"（以托收承付拒绝付款理由书改用）提交开户行，银行审查后，在托收凭证和登记簿备注栏注明多承付的金额，以第二联多承付理由书代借方凭证，第三联托收凭证作附件。其分录如下：

借：单位活期存款——付款人户
　　贷：辖内往来（或有关科目）

然后将第一联多承付理由书加盖转讫章作支款通知交给付款人，第三、四联多承付理由书寄收款人开户行。

（4）逾期付款的处理手续。付款人在承付期满日营业终了前，账户无款支付的，付款人开户行应在托收凭证和登记簿备注栏分别注明"逾期付款"字样，并填制三联"托收承付结算到期未收通知书"，将第一、二联通知书寄收款人开户行，第三联通知书与第三、四联托收凭证一并保管，等到付款人账户有款可以一次或分次扣款时，比照下面"（5）"部分付款的有关手续办理，将逾期付款的款项和赔偿金一并划给收款人。

赔偿金的计算公式为：

$$\text{赔偿金金额} = \text{逾期付款金额} \times \text{逾期天数} \times 5‰$$

逾期付款天数从承付期满日算起。承付期满日银行营业终了时，付款人如无足够资金支付，其不足部分，应当算作逾期一天，计算一天赔偿金。在承付期满的次日（如遇例假日，逾期付款赔偿金的天数计算也相应顺延，但以后遇例假日应当照算逾期天数）银行营业终了时，仍无足够资金支付，其不足部分,应当算作逾期两天,计算两天的赔偿金。其余类推。

每月单独扣付赔偿金时,付款人开户行应填制特种转账借方传票两联,并注明原托收号码及金额,在转账原因栏注明付款的金额及相应扣付赔偿金的金额。以一联特种转账借方传票作借方凭证,分录如下:

借:单位活期存款——付款人户
　　贷:辖内往来(或有关科目)

逾期付款期满(即扣款期满),付款人账户不能全额或部分支付托收款项,开户行应向付款人发出索回单证通知,付款人于银行发出通知的次日起两天内(到期日遇例假日顺延,邮寄加邮程)必须将全部单证退回银行,经银行核对无误后,在托收凭证和登记簿备注栏注明单证退回日期和"无法支付"的字样,并填制三联"应付款项证明单",将一联证明单和第三联托收凭证一并留存备查,将两联证明单连同第四、五联托收凭证及有关单证一并寄收款人开户行。

付款人开户行在退回托收凭证和单证时,需将应付的赔偿金一并划给收款人。付款人逾期不退回单证的,开户行按前述规定予以罚款作为银行营业外收入处理。

(5) 部分付款的处理手续。付款人在承付期满日开户行营业终了前,账户只能部分支付的,付款人开户行应在托收凭证上注明当天可以扣收的金额;填制二联特种转账借方凭证,并注明原托收号码及金额,以一联特种转账借方凭证作借方传票,其分录如下:

借:单位活期存款——付款人户(部分支付金额)
　　贷:辖内往来(或有关科目)(部分支付金额)

转账后,另一联特种转账借方凭证加盖转讫章作支款通知交给付款人,并在登记簿备注栏分别注明已承付和未承付金额,并批注"部分付款"字样。第三、四联托收凭证按付款人及先后日期单独保管。

待付款人账户有款时,再及时将未承付部分款项一次或分次划转收款人开户行,同时逐次扣收逾期付款赔偿金,其处理手续同"(4)"。

(6) 全部拒绝付款的处理手续。付款人在承付期内提出全部拒付的,应填四联全部拒付理由书,连同有关的拒付证明、第五联托收凭证及所附单证送交开户行。银行严格审核,不同意拒付的,实行强制扣款,对无理拒付而增加银行审查时间的,银行应按规定扣收赔偿金。

对符合规定同意拒付的,经银行主管部门审批后,在托收凭证和登记簿备注栏注明"全部拒付"字样,然后将第一联拒付理由书加盖业务公章退给付款人,将第二联拒付理由书连同第三联托收凭证留存备查,其余所有单证一并寄给收款人开户行。

(7)部分拒绝付款的处理手续。付款人在承付期内提出部分拒绝付款,经银行审查同意办理的,依照全部拒付审查手续办理,并在托收凭证和登记簿备注栏注明"部分拒付"字样及部分拒付的金额,对同意承付部分,以第二联拒付理由书代借方凭证(第三联托收凭证作附件),分录如下:

借:单位活期存款——付款人户(同意承付金额)
  贷:辖内往来(或有关科目)(同意承付金额)

然后将第一联拒付理由书加盖转讫章交付款人,其余单证,如第三、四联部分拒付理由书连同拒付部分的商品清单和有关证明邮寄收款人开户行。

3. 收款人开户行收款结账的处理

(1)全额划回的处理。收款人开户行收到付款人开户行通过资金汇划系统汇来款项,应打印资金汇划贷方补充凭证,与留存的第二联托收凭证核对无误后,在第二联托收凭证上注明转账日期,进行转账,其中一联资金汇划贷方补充凭证作贷方凭证,第二联托收凭证作其附件。会计分录如下:

借:辖内往来(或有关科目)
  贷:单位活期存款——收款人户

在另一联资金汇划贷方补充凭证上加盖转讫章作收账通知交收款人,并销记登记簿。

(2)多承付款划回的处理。收款人开户行收到付款人开户行划来多承付款项及第三、四联多承付理由书后,在第二联托收凭证和登记簿备注栏注明多承付金额,为收款人及时入账,并将一联多承付理由书交收款人,其余手续与全额划回相同。

(3)部分划回的处理。银行收到付款人开户行部分划回的款项,在第二联托收凭证和登记簿上注明部分划回的金额,为收款人及时入账。其余手续与全额划回的相同。

(4)逾期划回、无款支付退回凭证或单独划回赔偿金的处理。收款人开户行收到第一、二联到期未收通知书后,应在第二联托收凭证上注明"逾期付款"字样及日期,然后将第二联通知书交收款人,第一联通知书、第二联托收凭证一并保管。俟接到一次、分次划款或单独划回的赔偿金时，比照部分划回的有关手续处理。

收款人开户行在逾期付款期满后接到第四、五联托收凭证（部分无款支付系第四联托收凭证）及两联无款支付通知书和有关单证，核对无误后，抽出第二联托收凭证注明"无款支付"字样，销记登记簿，然后将其余托收凭证及无款支付通知书及有关单证退交收款人。

（5）拒绝付款的处理。收款人开户行收到付款人开户行寄来的托收凭证、拒付理由书、拒付证明及有关单证后，抽出第二联托收凭证，在备注栏注明"全部拒付"或"部分拒付××元"字样，并销记登记簿，同时将托收凭证、拒付理由书及有关单证退回收款人。部分拒付的，对划回款项还要办理收款人入账的手续。

三、委托收款结算

（一）委托收款的概念

委托收款是收款人委托银行向付款人收取款项的结算方式。

（二）委托收款的基本规定

（1）单位和个人凭已承兑商业汇票、债券、存单等付款人债务证明办理款项的结算，均可以使用委托收款结算方式。

（2）委托收款不受金额起点限制，同城、异地均可以使用。

（3）委托收款结算款项的划回方式，分邮寄和电报两种，由收款人选用。

（4）收款人办理委托收款应向银行提交委托收款凭证和有关债务证明。

（5）银行接到寄来的托收凭证及债务证明，审查无误后办理付款。其中以银行为付款人的，银行应当在当日主动将款项支付给收款人；以单位为付款人的，银行应及时通知付款人，并将有关债务证明交给付款人并签收。付款人应于接到通知当日书面通知银行付款，若付款人在接到通知的次日起3日内未通知银行付款的，视同付款人同意付款，银行应于付款人接到通知日的次日起第4日上午开始营业时，将款项划给收款人；若付款人提前收到由其付款的债务证明，并同意付款的，则银行应于债务证明的到期日付款。

（6）银行在办理划款时，付款人存款账户不足支付的，应通过被委托银行向收款人发出未付款项通知书并连同有关债务证明一起交收款人。

（7）付款人审查有关债务证明后，对收款人委托收取的款项需要拒付的，可以在接到付款通知日的次日起3日内办理拒绝付款。

(8) 在同城范围内, 收款人收取公用事业费或根据国务院的规定, 可以使用同城特约委托收款。

(三) 委托收款的处理手续

1. 收款人开户行受理委托收款的处理手续

收款人办理委托收款时, 应填制一式五联托收凭证, 该凭证各联用途及式样在本节托收承付结算中已作说明, 这里不再重复。收款人在第二联凭证上签章后, 将有关托收凭证和债务证明提交开户银行。

收款人开户行收到上述凭证后, 按有关规定认真审核无误后, 第一联凭证加盖业务公章退给收款人, 第二联凭证专夹保管并登记发出委托收款凭证登记簿, 第三联凭证上加盖结算专用章, 连同第四、五联凭证及有关债务证明, 一并寄交付款人开户行。

2. 付款人开户行的处理手续

付款人开户行接到收款人开户行寄来的邮划或电划第三、四、五联托收凭证及有关债务证明时, 审查是否属于本行受理的凭证, 无误后, 在凭证上填注收到日期, 根据邮划或电划第三、四联凭证逐笔登记收到委托收款凭证登记簿, 将邮划或电划第三、四联凭证专夹保管。分别情况处理如下:

(1) 付款人为银行的, 银行按规定付款时, 第三联托收凭证作借方凭证, 有关债务证明作其附件。其分录如下:

借: 应解汇款及临时存款科目
　　贷: 辖内往来(或有关科目)

转账后, 银行销记收到委托收款登记簿, 并以第四联托收凭证作资金汇划发报凭证。

(2) 付款人为单位的, 银行将第五联托收凭证加盖业务公章, 连同有关债务证明及时交给付款人, 并由其签收。付款人应于接到通知的次日起3日内(期内遇例假日顺延)通知银行付款, 付款期内未提出异议的, 视同同意付款, 银行应于付款期满次日上午开始营业时将款项划给收款人, 第三联凭证作借方凭证。其分录如下:

借: 单位活期存款——付款人户
　　贷: 辖内往来(或有关科目)

其余手续视同付款人为银行的处理。

付款人为单位的, 银行在办理划款时, 付款人账户不足支付全部款项的, 银行在托收凭证和收到委托收款凭证登记簿上注明退回日期和"无款支付"字样,并填制三联付款人未付款项通知书(用异地结算通知书代),将一联通知书和第三联托收凭证留存备查,将第二、三联通知书连同第四联托收凭证邮寄收款人开户行;留存债务证明的,其债务证明一并邮寄收款人开户行。

付款人若办理拒绝付款的,应在接到付款通知的次日起3天内填制四联拒绝付款理由书连同债务证明及第五联托收凭证一并交给开户银行,银行审核无误后,在托收凭证和收到委托收款凭证登记簿上注明"拒绝付款"字样,然后将第一联拒付理由书加盖业务公章退还付款人,第二联拒付理由书连同第三联托收凭证一并留存备查,第三、四联拒付理由书连同债务证明和第四、五联托收凭证一并寄收款人开户行。

3. 收款人开户行的处理手续

收款人开户行收到付款人开户行通过资金汇划系统汇来款项,应打印资金汇划贷方补充凭证与留存的第二联托收凭证,核对无误后,在第二联托收凭证上填注转账日期,以其中一联资金汇划贷方补充凭证作贷方传票,第二联托收凭证作其附件进行账务处理。会计分录如下:

借:辖内往来(或有关科目)
　　贷:单位活期存款——收款人户

转账后,在另一联资金汇划贷方补充凭证上加盖转讫章作收账通知送交收款人,并销记发出委托收款凭证登记簿。

若收到无款支付而退回的托收凭证及有关单据时,应抽出第二联托收凭证,并在该联凭证备注栏注明"无款支付"字样,销记发出托收凭证登记簿,然后将第四联托收凭证、一联未付款项通知书及债务凭证退给收款人。收款人在未付款项通知书上签收后,收款人开户行将一联未付款项通知书及第二联托收凭证一并保管备查。

若收款人开户行收到第四、五联托收凭证及有关债务证明和第三、四联拒付理由书,抽出第二联托收凭证核对无误后,在该托收凭证上注明"拒绝付款"字样。销记发出委托收款凭证登记簿。然后将第四、五联托收凭证、有关债务证明和第四联拒付理由书一并退给收款人。收款人在第三联拒付理由书上签收后,收款人开户行将第三联拒付理由书连同第二联托收凭证一并保管备查。

四、正确填写票据和结算凭证的基本规定

银行、单位和个人填写的各种票据和结算凭证是办理支付结算和现金收

付的重要依据,直接关系到支付结算的准确、及时和安全。票据和结算凭证是银行、单位和个人凭以记载账务的会计凭证,是记载经济业务和明确经济责任的一种书面证明。因此,填写票据和结算凭证,必须做到标准化、规范化,要素齐全、数字正确、字迹清晰、不错漏、不潦草,防止涂改。

(1) 中文大写金额数字应用正楷或行书填写,如壹、贰、叁、肆、伍、陆、柒、捌、玖、拾、佰、仟、万、亿、元、角、分、零、整(正)等字样。不得用一、二(两)、三、四、五、六、七、八、九、十、廿、毛、另(或0)填写,不得自造简化字。如果金额数字书写中使用繁体字的,也应受理。

(2) 中文大写金额数字到"元"为止的,在"元"之后,应写"整"(或"正")字,在"角"之后可以不写"整"(或"正")字。大写金额数字有"分"的,"分"后面不写"整"(或"正")字。

(3) 中文大写金额数字前应标明"人民币"字样,大写金额数字应紧接"人民币"字样填写,不得留有空白。大写金额数字前未印"人民币"字样的应加填"人民币"三字。在票据和结算凭证大写金额栏内不得预印固定的"万、仟、佰、拾、元、角、分"字样。

(4) 阿拉伯小写金额数字中有"0"时,中文大写应按照汉语语言规律、金额数字构成和防止涂改的要求进行书写。

(5) 阿拉伯小写金额数字前面,均应填写人民币符号"￥"。阿拉伯小写金额数字要认真填写,不得连写以致分辨不清。

(6) 票据的出票日期必须使用中文大写。为防止变造票据的出票日期,在填写月、日时,月为"壹""贰"和"壹拾"的,日为"壹"至"玖"和"壹拾""贰拾""叁拾"的,应在其前加"零";日为拾壹至拾玖的,应在其前加"壹"。如"1月15日",应写成"零壹月壹拾伍日"。再如"10月20日",应写成"零壹拾月零贰拾日"。

(7) 票据出票日期使用小写填写的,银行不予受理。大写日期未按要求规范填写的,银行可予受理,但由此造成损失的,由出票人自行承担。

第四节　信用卡业务的核算

信用卡是指商业银行向个人和单位发行的,凭以向特约单位购物、消费和向银行存取现金,且具有消费信用的特制载体卡片。

一、信用卡的基本规定

（1）商业银行（包括外资银行、合资银行）、非银行金融机构未经中国人民银行批准不得发行信用卡。非金融机构、境外金融机构的驻华代表机构不得发行信用卡和代理收单结算业务。

（2）凡在中国境内金融机构开立基本存款账户的单位可申领单位卡。凡具有完全民事行为能力的公民可申领个人卡。

（3）信用卡按使用对象，分为单位卡和个人卡；按信誉等级，分为金卡和普通卡。

（4）单位卡账户的资金一律从其基本存款账户转账存入，不得交存现金，不得将销货收入的款项存入其账户。单位卡一律不得支取现金，不得用于10万元以上商品交易、劳务供应款项的结算。

（5）个人卡账户的资金以其持有的现金存入或以其工资性款项及属于个人的劳动报酬收入转账存入。严禁将单位的款项存入个人卡账户。

（6）信用卡只限于合法持卡人本人使用，持卡人不得出租或转借信用卡。

（7）个人信用卡的透支额度根据持卡人的信用状况核定，每月一般不超过5万元（含等值外币），有些银行的金卡可以享受更高的透支额度。持卡人在非现金交易时进行透支，可享受免息还款期待遇，免息还款期最长为60天，但若超过发卡银行批准的信用额度用卡时，不再享受免息还款期待遇。信用卡的透支利息，自签单日或银行记账日起15日内按日息万分之五计算；超过15日按日息万分之十计算；超过30日或透支金额超过规定限额的，按日息万分之十五计算。透支计息不分段，按最后期限或者最高透支额的最高利率档次计息。

（8）持卡人使用信用卡不得发生恶意透支。恶意透支是指持卡人超过规定限额或规定期限，并且经发卡银行催收无效的透支行为。

（9）信用卡丧失，持卡人应立即持本人身份证件或其他有效证明，并按规定提供有关情况，向发卡银行或代办银行申请挂失。发卡银行或代办银行审核后办理挂失手续。

二、信用卡业务的核算手续

（一）信用卡发卡的处理手续

1. 单位卡发卡的处理手续

单位申请使用信用卡，应按规定填写申请表交发卡行，发卡行审核同意后,应及时通知申请人前来办理领卡手续。申请人接到通知,其在发卡行开户的,应填制支票及三联进账单交给银行,发卡行审查无误后,比照支票结算的有关手续处理,并另填制一联特种转账贷方凭证作收取手续费凭证。其分录如下:

借:单位活期存款——××单位基本存款账户
　　贷:单位活期存款——××单位信用卡户
　　　　手续费及佣金收入——××手续费户

申请人不在发卡银行开户的,须填制支票及三联进账单交银行,发卡行审查无误后,按支票结算有关手续处理,并填制一联收取手续费的特种转账贷方凭证。其分录如下:

借:存放中央银行款项(或同城票据清算等科目)
　　贷:单位活期存款——××单位信用卡户
　　　　手续费及佣金收入——××手续费户

2. 个人卡发卡的处理手续

个人申请使用信用卡,申请手续同单位卡一样。

申请人交存现金的,银行收妥后,发给其信用卡。其分录如下:

借:库存现金
　　贷:活期储蓄存款科目——××个人信用卡户
　　　　手续费及佣金收入——××手续费户

申请人转账存入的,银行接到申请人交来支票及进账单,认真审核其个人资金来源无误后,比照单位卡的有关手续处理。

发卡行在办理信用卡发卡手续时,应登记信用卡账户开销户登记簿和发卡清单,并在发卡清单上记载领卡人身份证件号码,并由领卡人签收。

(二) 信用卡付款的处理手续

1. 特约单位开户行的处理手续

特约单位办理信用卡进账时,应填制三联进账单和按发卡银行分别填制汇计单并提交签购单。汇计单一式三联,第一联交费收据,第二联贷方凭证附件,第三联存根。签购单一式四联,第一联回单,第二联借方凭证,第三联贷方凭证附件,第四联存根。

特约单位开户行收到特约单位送来的三联进账单、三联汇计单及第二、三两联签购单后,认真审查,无误后,分别不同情况处理。

特约单位与持卡人在同一城市不同银行机构开户的,第一、三联进账单加盖转讫章作收账通知和第一联汇计单加盖业务公章作交费收据,退给特约单位;第二联进账单作贷方凭证,第三联签购单作其附件,根据第二联汇计单的手续费金额填制一联特种转账贷方凭证后作其附件;将第二联签购单加盖业务公章连同第三联汇计单向持卡人开户行提出票据交换。其分录如下:

借:存放中央银行款项(或同城票据清算等科目)
　　贷:单位活期存款——特约单位户
　　　　手续费及佣金收入——××手续费户

特约单位与持卡人在不同城市同一系统银行开户的,第二联进账单作贷方凭证,第三联签购单作其附件,根据第二联汇计单的手续费金额填制一联特种转账贷方凭证后作其附件;第二联签购单加盖转讫章连同第三联汇计单作资金汇划发报凭证。其分录如下:

借:辖内往来(或有关科目)
　　贷:单位活期存款——特约单位户
　　　　手续费及佣金收入——××手续费户

第一、三联进账单加盖转讫章作收账通知、第一联汇计单加盖业务公章作交费收据,退给特约单位。

如果信用卡是异地跨系统银行发行的,特约单位开户行应向所在地的跨系统发卡行的通汇行提出票据交换,由通汇行转入持卡人开户行。

2. 信用卡支取现金的处理手续

个人持卡人在银行支取现金时,应填制四联取现单(取现单第一联回单、第二联借方凭证、第三联贷方凭证附件、第四联存根)连同信用卡、身份证等一并交给银行,银行应认真审核信用卡真伪及有效期、该卡是否被列入止付名单等有关规定无误后,分别不同情况处理。

对同一城市其他银行机构发行的信用卡支取现金的,第一联取现单加盖现金付讫章作回单连同信用卡交给持卡人;填制一联特种转账贷方凭证,第三联取现单作附件;将第二联取现单加盖业务公章向持卡人开户行提出票据交换,第四联取现单留存备查。其分录如下:

借:存放中央银行款项(或同城票据清算等)
　　贷:应解汇款及临时存款科目——持卡人户

支付现金时另填制一联现金借方凭证,分录为:

借：应解汇款及临时存款科目——持卡人户
　　贷：库存现金
　　　　手续费及佣金收入——××手续费收入

对异地联行发行的信用卡支取现金的，比照同一城市支取现金有关手续处理。并将第二联取现单加盖转讫章作资金汇划发报凭证通知开户行，另填制一联特种转账贷方凭证作收取手续费的贷方凭证。其分录如下：

借：辖内往来（或有关科目）
　　贷：应解汇款及临时存款科目——持卡人户
借：应解汇款及临时存款科目——持卡人户
　　贷：库存现金
　　　　手续费及佣金收入——××手续费收入

如果信用卡是异地跨系统银行发行的，应向本地跨系统发卡行的通汇行提出票据交换，由通汇行转入持卡人开户行。

3. 持卡人开户行的处理手续

持卡人开户行收到同城票据交换来的第二联签购单和第三联汇计单或第二联取现单，或联行通过资金汇划系统汇来款项，应认真审核无误后，第二联签购单或取现单作借方凭证，第三联汇计单留存，或根据打印的资金汇划借方补充凭证。其分录如下：

借：单位活期存款——××单位信用卡户
　　（或活期储蓄存款——××个人信用卡户）
　　贷：存放中央银行款项同城票据清算（辖内往来等有关科目）
　　　（手续费及佣金收入——××手续费收入）

复习思考题

1. 支付结算的原则、纪律是什么？
2. 支付结算的种类有哪些？哪些适用于同城？哪些适用于异地？
3. 什么是支票？使用支票办理结算其处理手续有几种情况？怎样进行处理？
4. 什么是银行本票？其处理方法如何？
5. 什么是银行汇票？银行汇票的处理分为哪几个阶段？各阶段上的处理

方法如何？

6. 什么是信用卡？其处理手续有哪些情况？各自如何处理？

7. 商业汇票按承兑人不同可分为哪两种？分别如何处理？它们之间的异同点是什么？

8. 什么是汇兑？其处理方法如何？

9. 什么是委托收款？什么是托收承付？分别如何进行账务处理？两种结算方式的异同点是什么？

第六章

中央银行支付系统与资金汇划清算的核算

学习目标

- 了解资金汇划清算的管理体制
- 掌握资金汇划清算的基本做法和账务处理
- 了解中央银行现代化支付系统

随着社会经济的发展,各银行之间的资金汇划规模不断增大,资金汇划关系也更加复杂化;电子及网络技术在银行的广泛运用,使得资金汇划清算方式不断改革与创新。目前,我国工、农、中、建等大型商业银行都建立了自己的电子资金汇划清算系统;中国人民银行亦建立起现代化支付系统来解决我国金融机构之间以及金融机构与央行之间的支付业务,同时也为商业银行之间的跨行资金汇划提供一个支付清算平台。

第一节 商业银行系统内资金汇划清算的核算

为了充分发挥我国银行的职能作用,各大商业银行除了根据经济发展的需要提供货币资金,组织转账结算和进行金融调控以外,还须正确组织同一系统银行机构间的内部结算,及时调拨资金、清偿存欠,从而保证各项任务的顺利完成。

银行是国民经济各部门资金活动的枢纽,各企业、单位、部门间,由于商品交易引起的结算款项划拨;财政预算款项的上缴与下拨;货币的发行与回笼以及银行内部资金划拨、相互存欠的清偿等业务,除了一小部分可在同一行处办理外,其余都要在同一地区或不同地区的两个行处之间进行,若这些行处属于同一系统(即联行),一般这就需要通过商业银行系统内资金汇划清算系统来完成,因此商业银行系统内资金汇划清算是银行会计核算的重要组成部分。做好商业银行系统内资金汇划清算工作对于便利结算和资金划拨,加速国民经济资金周转,提高资金使用效率,维护结算纪律,保证汇路畅通,保护资金安全和收付双方的经济利益,促进社会主义市场经济的发展都具有十分重要的意义。

一、商业银行系统内资金汇划清算的管理体制

商业银行系统内资金汇划清算系统是办理结算资金和内部资金汇划与清算的工具。目前我国各大商业银行大都在该系统上自成体系,但是为了加速资金周转,便于往来账务的监督和结算,资金汇划清算业务均以"统一管理,分级负责"为原则。本书以中国工商银行资金汇划清算系统为例来讲述。中国工商银行的资金汇划清算系统,一般都由汇划业务经办行(以下简称为经办行)、清算行、省区分行和总行清算中心通过计算机网络组成。

经办行是具体办理结算资金和内部资金汇划业务的行处。汇划业务的发生行是发报经办行;汇划业务的接收行是收报经办行。

清算行是在总行清算中心开立备付金存款账户,办理其辖属行处汇划款项清算的分行,包括直辖市分行、总行直属分行及二级分行(含省分行营业部)。省区分行在总行开立备付金户,只办理系统内资金调拨和内部资金利息汇划。

总行清算中心是办理系统内各经办行之间的资金汇划、各清算行之间的资金清算及资金拆借、账户对账等账务的核算和管理的部门。

二、资金汇划清算的业务范围和基本做法

(一)资金汇划清算系统的业务范围

资金汇划清算系统承担汇兑、托收承付、委托收款(含商业汇票、国内信用证、储蓄委托收款等)、银行汇票、银行卡、储蓄旅行支票、内部资金划拨、其他经总行批准的款项汇划及其资金清算,对公、储蓄、银行卡异地通存通兑业务的资金清算,同时办理有关的查询查复业务。

(二)资金汇划清算的基本做法

资金汇划清算的基本做法是:实存资金,同步清算,头寸控制,集中监督。

1. 实存资金

实存资金是指以清算行为单位在总行清算中心开立备付金存款账户，用于汇划款项时资金清算。

2. 同步清算

同步清算是指发报经办行通过其清算行经总行清算中心将款项汇划至收报经办行，同时，总行清算中心办理清算行之间的资金清算。

3. 头寸控制

头寸控制是指各清算行在总行清算中心开立的备付金存款账户，保证足额存款，总行清算中心对各行汇划资金实行集中清算。清算行备付金存款不足，二级分行可向管辖省区分行借款，省区分行和直辖市分行、直属分行头寸不足可向总行借款。

4. 集中监督

集中监督是指总行清算中心对汇划往来数据发送、资金清算、备付金存款账户资信情况和行际间查询查复情况进行管理和监督。

（三）资金汇划清算系统办理汇划业务的基本规定

（1）资金汇划清算系统采取"汇划数据实时发送，各清算行控制进出，总行中心即时处理，汇划资金按时到达"的办法。

"汇划数据实时发送"是指发报经办行录入汇划数据后，全部实时发送至发报清算行。

"各清算行控制进出"是指清算行辖属所有经办行的资金汇划、查询查复全部通过清算行进出，清算行控制辖属经办行的资金清算。

"总行中心即时处理"是指总行清算中心对发报清算行传输来的汇划数据即时传输至收报清算行。实时业务由收报清算行即时传输到收报经办行，批量业务由收报清算行次日传输到收报经办行。总行清算中心当日更新各清算行备付金存款。

"汇划资金按时到达"是指发报经办行的汇划资金能够做到实时业务即时到达经办行，批量业务次日到达经办行。

（2）资金汇划清算系统对汇划业务采取批量处理与实时处理相结合的方式。

批量处理是指发报经办行将汇划业务数据经清算行传至总行清算中心；总行清算中心处理后传输至收报清算行，收报清算行于次日传输至收报经办行。

实时处理是指对紧急款项和查询查复事项即时处理，从发报经办行开始经发报清算行、总行清算中心、收报清算行处理传至收报经办行。

各级行应严格按照总行规定的时间办理批量与实时资金汇划清算业务，确保汇划款项及时到达指定账户。

（3）总行及各清算行通信线路、机器设备应设置备用，进行应急处理；业务数据每日处理完毕必须进行备份，妥善存放；建立运行监测系统，发现故障，及时支援。对因故造成通信线路故障不能及时传输数据的，各级行应采取积极措施，及时排除故障，恢复正常传输。同时可采取应急措施。

对不可抗力（自然力）因素所致或邮电部门原因造成的经济损失银行不负责赔偿。

（4）客户委托银行办理汇划业务时要填写电子汇兑凭证，通过资金汇划清算系统划拨款项。

对填写信汇凭证的可采用"信汇付款指令"方法处理，即在客户委托银行办理信汇业务时，发报经办行将款项仍通过资金汇划清算系统划拨，有关凭证通过邮局寄发；收报经办行收到"信汇付款指令"汇划款项，暂时转入"其他应付款——待处理汇划款项户"，待收到发报经办行邮寄的凭证经核对相符后，再从"其他应付款——待处理汇划款项户"转入有关科目解付。

三、资金汇划清算业务的专用工具

电子资金汇划清算业务的专用工具主要包括：联行行号、联行专用章、联行密押、资金汇划往来的基本凭证及办理资金汇划清算业务应设置的会计科目和账户。

（一）联行行号、联行专用章和密押

办理电子资金汇划清算业务的行处必须有总行颁发的联行行号，才有资格参加联行电子汇划款项，并由总行发给联行电子汇划专用章。联行行号是办理联行业务的行、处使用的行名代号，发生联行往来电划业务时，联行行号又是拍发电报的行、处的电报挂号。联行电子汇划专用章是证明资金划拨凭证真实性的图章。办理联行电子汇划业务时必须填制联行资金汇划往来的专用凭证并加盖联行专用章才能有效，否则不予承认。为了保证联行资金汇划款项的真实准确，确保资金安全，必须编制密押，它是联行电子汇划清算的一项专用的重要工具。各商业银行的全国联行密押，由其总行负责管理；辖内密押由省区分行、直辖市分行负责管理，两级密押不得混用，但均需绝对保密，应由专人负责保管、使用、编制，其他人不得接触。为了确保银行资金安全,加强内部控制,联行凭证、联行专用章和联行密押应分别由三人负责保存管理,以便分清责任,防止弊端。每日营业终了,必须装箱,加锁,入库保管。

(二)会计科目和账户的设置

工商银行资金汇划清算业务设置下列科目:

1. "系统内上存款项"科目

该科目反映各清算行存放在总行的清算备付金、省区分行存放在总行的备付金和二级分行存放在省区分行的调拨资金。该科目为省区分行、直辖市分行、总行直属分行、二级分行使用,属资产类,余额反映在借方。

省区分行、直辖市分行、总行直属分行在该科目下设"上存总行备付金户",用于直辖市分行和总行直属分行清算辖属行处汇划款项和资金调拨及省区分行的资金调拨。

省分行营业部、二级分行应在该科目下设两个专户:

(1)上存总行备付金户。用于清算辖属行处汇划款项。

(2)上存省区分行调拨资金户。用于省区分行集中调拨全辖资金的核算。

清算行如遇汇划资金头寸不足又不能立即借入款项时,"上存总行备付金"账户余额可暂时反映在贷方。日终,如"系统内上存款项"科目各账户借贷方余额轧差后,科目余额仍在贷方,在会计报表上用"-"表示。

2. "系统内款项存放"科目

该科目反映各清算行在总行的清算备付金存款、省区分行在总行的备付金存款以及二级分行在省区分行的调拨资金存款。该科目为总行、省区分行使用,属负债类,余额反映在贷方。

总行在该科目下按清算行和省区分行设"备付金存款户",用于反映各清算行和省区分行在总行备付金存款的增减变动情况。

省区分行在该科目下按二级分行设"调拨资金存款户",用于反映省分行营业部和辖属二级分行在省区分行的调拨资金存款的增减变动情况。

3. "辖内往来"科目

该科目反映各经办行与清算行往来款项及清算情况,属共同类科目,余额轧差反映。

(三)资金汇划往来的基本凭证

1. 辖内往来汇总记账凭证

辖内往来汇总记账凭证(表6-1)由发报经办行日终根据当天向清算行发

出的汇划业务信息打印,并以打印的资金汇划业务清单(表 6-2)作附件。辖内往来汇总记账凭证分为辖内往来汇总记账凭证(借方)、辖内往来汇总记账凭证(贷方)两种。

表 6-1　辖内往来汇总记账凭证

中国工商银行辖内往来汇总记账凭证(借方)

行名(分签行):　　　　　　日期:

户名:辖内往来——汇划户	账号:
金额:(大写)	
金额:(小写)	
摘要:[汇划发报]汇总记账笔数:	附件张数:
会计分录　借:辖内往来 　　　　　　贷:有关科目	银行盖章:

事后监督　　主管　　会计　　打印

中国工商银行辖内往来汇总记账凭证(贷方)

行名(分签行):　　　　　　日期:

户名:辖内往来——汇划户	账号:
金额:(大写)	
金额:(小写)	
摘要:[汇划发报]汇总记账笔数:	附件张数:
会计分录　借:有关科目 　　　　　　贷:辖内往来	银行盖章:

事后监督　　主管　　会计　　打印

表 6-2　资金汇划业务清单

中国工商银行资金汇划业务清单

行名(分签行):　　　　　　　　　　　　　　　　　报表日期:

序号	流水号	应用类型	收报行号	发报日期	借方账号户名	贷方账号户名	用途	汇总业务	经办柜员	复核柜员
		传输类型	业务种类				金额	延付指令	补输柜员	授权柜员
合计				笔数			金额			

会计分录　借:辖内往来　贷:相关科目　事后监管　　主管　　会计　　打印

2. 资金汇划补充凭证

资金汇划补充凭证是收报行接收来账数据后打印的凭证,是账务记载的依据和款项已入账的通知。该凭证分为资金汇划(借方)补充凭证(表 6-3)和资金汇划(贷方)补充凭证(表 6-4)两种:

表 6-3 资金汇划（借方）补充凭证

中国工商银行青岛市分行安全印制公司 工总行—A	中国工商银行　资金汇划(借方)补充凭证　(京)记账凭证	中国工商银行　资金汇划(借方)补充凭证　(京)回单
	行　名：　　　　　　　　　　收报日期：	行　名：　　　　　　　　　　收报日期：
	业务种类：银行汇票　　处理方向：汇出款多余款记账	业务种类：银行汇票
	收款人账号：　　　　　付款人账号：	收款人账号：　　　　　付款人账号：
	收款人户名：	收款人户名：
	付款人户名：	付款人户名：
	大写金额：	大写金额：
	小写金额：	小写金额：
	发报流水号：　　　　　收报流水号：	发报流水号：　　　　　收报流水号：
	发报行行号：　　　　　收报行行号：	发报行行号：　　　　　收报行行号：
	发报行行名：	发报行行名：
	发报日期：　　　　　　打印次数：	发报日期：　　　　　　打印次数：
	补制副本标志：	补制副本标志：
	汇票号码：　　　　　　出票日期：	汇票号码：　　　　　　出票日期：
	出票金额（小写）：　　汇票余款金额（小写）：	出票金额（小写）：　　汇票余款金额（小写）：
	用　途：	用　途：
	银行附言：部分解付余款入账	银行附言：部分解付余款入账
	客户附言：	客户附言：
	收电：　　记账：　　复核：	收电：　　记账：　　复核：

表 6-4 资金汇划（贷方）补充凭证

中国工商银行青岛市分行安全印制公司 工总行—A	中国工商银行　资金汇划(贷方)补充凭证　(京)记账凭证	中国工商银行　资金汇划(贷方)补充凭证　(京)回单
	行　名：　　　　　　　　　　收报日期：	行　名：　　　　　　　　　　收报日期：
	业务种类：汇兑　　　处理方向：应解汇款	业务种类：汇兑
	收款人账号：　　　　　付款人账号：	收款人账号：　　　　　付款人账号：
	收款人户名：	收款人户名：
	付款人户名：	付款人户名：
	大写金额：	大写金额：
	小写金额：	小写金额：
	发报流水号：　　　　　收报流水号：	发报流水号：　　　　　收报流水号：
	发报行行号：　　　　　收报行行号：	发报行行号：　　　　　收报行行号：
	发报行行名：	发报行行名：
	发报日期：　　　　　　打印次数：	发报日期：　　　　　　打印次数：
	补制副本标志：	补制副本标志：
	用　途：	用　途：
	信汇付款指令：	信汇付款指令：
	银行附言：	银行附言：
	客户附言：	客户附言：
	收电：　　记账：　　复核：	收电：　　记账：　　复核：

（1）资金汇划（借方）补充凭证（一式两联）。一联作有关科目借方凭证；另一联作有关科目的凭证或附件。

（2）资金汇划（贷方）补充凭证（一式两联）。一联作有关科目贷方凭证；

另一联作收款通知。

资金汇划补充凭证是空白重要凭证,必须按规定领用和保管,并纳入表外科目核算。

四、汇划款项与资金清算的核算

(一) 联行备付金上存及调整的核算

各级清算行用于清算汇划款项汇差的资金应通过"系统内上存款项"和"系统内款项存放"科目进行核算。

1. 向上级行上存备付金的核算

清算行在总行清算中心开立备付金存款账户时,可通过人民银行将款项直接存入总行清算中心。具体处理手续是:存入时,依据资金营运部门的资金调拨单,填制人民银行电(信)汇凭证,送交人民银行汇至总行清算中心。填制特种转账传票一式两联进行账务处理。其会计分录如下:

借:其他应收款——待处理汇划款项户
　　贷:存放中央银行款项

清算行待接到总行清算中心借记信息后,由系统自动进行账务处理。其会计分录为:

借:系统内上存款项——上存总行备付金户
　　贷:其他应收款——待处理汇划款项户

总行清算中心收到各清算行上存的备付金后,当日通知有关清算行,并进行账务处理。其会计分录如下:

借:存放中央银行款项
　　贷:系统内款项存放——××行备付金存款户

2. 调整备付金的核算

清算行可根据资金使用情况,在确保汇划的前提下通过人民银行账户随时调整备付金。

调增备付金处理与上存备付金处理相同。

调减备付金时,清算行应向总行资金营运部发出调款申请,总行清算中心根据总行资金营运部的调拨通知办理划款,并进行相应的账务处理。其会计分录如下:

借:系统内款项存放——××行备付金存款户
　　贷:存放中央银行款项

清算行收到总行调回资金通知的会计分录如下：

借：其他应收款——待处理汇划款项户
　　贷：系统内上存款项——上存总行备付金户

待收到当地人民银行款到通知后，再编制特种转账传票进行账务处理。其会计分录如下：

借：存放中央银行款项
　　贷：其他应收款——待处理汇划款项户

（二）汇划款项业务的核算

1. 发报经办行的处理

发报经办行是资金汇划业务的发生行，业务发生后，要经过录入、复核和授权三个环节的处理。汇划业务的发出分为实时处理和批量处理，实时处理主要是对紧急款项的划拨和查询查复事项要即时处理，其他业务作批量处理。

首先由经办人员根据客户填写的汇划凭证用计算机录入汇划凭证内容。其次复核人员根据原始汇划凭证，进行全面审查、复核。然后授权人员根据"事权划分"的权限进行授权，实时业务全部授权，批量业务金额在10万元以上（含）的业务须经各经办行会计主管授权；金额在1亿元以上（含）的业务经办行必须将原始凭证送交或使用加押传真送至管辖清算行，由清算行会计主管办理特大额发报授权。

业务数据经过录入、复核、授权无误后，产生有效汇划数据，由系统按规定时间发送至清算行。贷报业务（如托收承付，委托收款，汇兑等）的会计分录如下：

借：××科目
　　贷：辖内往来

借报业务（如：银行汇票，信用卡等）会计分录相反。

每日营业终了，电汇凭证第三联，托收承付凭证、委托收款凭证、银行卡凭证第四联，银行汇票第二、三联，银行承兑汇票第二联，储蓄旅行支票、储蓄委收利息清单等，作"辖内往来"科目凭证的附件。"信汇付款指令"信汇业务，在信汇凭证第三联上加盖"结算专用章"后连同第四联邮寄收报经办行，同时应打印输出"辖内往来汇划汇总记账凭证""汇划发报汇总""资金汇划业务清单""资金汇划业务量统计表"等凭证或清单。

为确保发出资金汇划业务的正确，每日营业终了还应进行数据核对。由手工轧计当日原始汇划凭证的笔数和金额、辖内往来汇划凭证的笔数和金额、资金汇划业务量统计表的汇总笔数和金额、汇划发报汇总的笔数和金额、资金汇划业务清单的笔数和金额,上述各项应核对一致。

2. 发报清算行的处理

发报清算行收到辖属各经办行传输来的汇划业务后,对于金额在1亿元以上(含)特大额汇款应由会计主管授权后进行处理,同时汇划清算系统自动加编密押,然后传输汇划业务信息并处理账务。

跨清算行的汇划业务由系统自动更新备付金后,自动将汇划数据传输到收报清算行。如贷报业务会计分录为:

借:辖内往来
　　贷:系统内上存款项——上存总行备付金户

借报业务会计分录相反。

同一清算行经办行之间的汇划业务,系统不更新备付金,自动进行划转,如贷报业务会计分录为:

借:辖内往来
　　贷:其他应付款——待处理汇划款项户

借报业务会计分录如下:

借:其他应收款——待处理汇划款项户
　　贷:辖内往来

每日营业终了清算行应打印"清算行辖内汇总记账凭证""清算行备付金汇总记账凭证""汇划收发报情况汇总""资金汇划业务清单""系统内资金汇划(清算行)业务量统计表"等凭证或清单并核对有关数据。数据核对正确后,系统会自动更新各科目有关账户发生额、余额。

3. 发报省区分行的处理

发报省区分行在资金汇划系统处于信息转发的地位,其主要任务是:收到发报清算行传输来的全国汇划业务后,实时上传总行清算中心;收到发报清算行传输来的省区分行辖内的汇划业务后,实时转发给各收报清算行;日终将日间登记的省内汇划数据按清算行汇总后上送总行。省行汇划发报业务全部由系统自动完成。

4. 总行清算中心的处理

总行清算中心收到各发报清算行通过省区分行上传的全国汇划业务信

息,系统自动流水登记,并传至收报清算行。如为贷报业务,其会计分录如下:

借:系统内款项存放——发报清算行备付金户
　　贷:系统内款项存放——收报清算行备付金户

如为借报业务,会计分录相反。

每日营业终了,经账务核对无误后,打印"试算平衡表""备付金存款分析表""资金汇划系统资金流向表"等,以便分析当日资金汇划业务情况和资金流向情况。

5. 收报省区分行的处理

收报省区分行主要是负责将总行清算中心传输来的全国汇划信息传输给收报清算行。省区分行对汇划收报业务的信息传输全部由资金汇划系统自动完成。

6. 收报清算行的处理

清算行对资金汇划款项采取分散管理模式或集中管理模式处理。分散式即各项业务的账务核算均在各经办行处理,汇划业务只需要经清算行转划。集中式即清算行作为业务处理中心,负责全辖汇划收报的集中处理及汇出汇款等内部账务的集中管理。

为便于清算行区分全辖业务和自身业务的需求,清算行设置两套账务系统分别核算全辖业务和自身业务。全辖业务核算主要包括:系统内上存款项业务、批量来账当日挂账、分散管理模式中与经办行之间的各种业务往来、集中管理模式中代理经办行记账等业务。自身业务核算主要包括:来账错押的挂账、集中管理模式中应解汇款、银行汇票、银行卡、储蓄通存通兑以及向人民银行提出(提入)交换等业务的核算。

各清算行是采用分散式还是集中式(只能选择其一),一经确定后,即在汇划系统中设定,当收到总行经省区分行转来的资金汇划业务数据时,汇划系统除自动更新备付金、核押外,还根据分散式或集中式自动进行账务处理。

(1) 分散式的处理。

① 对核押无误的实时汇划业务,清算行确认后即时传至收报经办行,如贷报业务会计分录如下:

借:系统内上存款项——上存总行备付金户
　　贷:辖内往来

如为借报业务会计分录相反。

② 批量业务当日收到核押无误后,转入"其他应付款"或"其他应收款",

贷报业务会计分录如下：

借：系统内上存款项——上存总行备付金户
　　贷：其他应付款——待处理汇划款项户

借报业务会计分录如下：

借：其他应收款——待处理汇划款项户
　　贷：系统内上存款项——上存总行备付金户

次日，经办行确认后将汇划数据传至收报经办行，如贷报业务会计分录如下：

借：其他应付款——待处理汇划款项户
　　贷：辖内往来

借报业务会计分录为：

借：辖内往来
　　贷：其他应收款——待处理汇划款项户

如为同一清算行的汇划业务，经收报经办行确认后，系统自动将其从清算行自身业务的"其他应收款"和"其他应付款"中转出，如贷报业务会计分录如下：

借：其他应付款——待处理汇划款项户
　　贷：辖内往来

借报业务会计分录如下：

借：辖内往来
　　贷：其他应收款——待处理汇划款项户

(2) 集中式的处理。

① 实时汇划业务核押无误后，由清算行一并处理本身及收报经办行的账务，记账信息传至收报经办行。如贷报业务会计分录如下：

借：系统内上存款项——上存总行备付金户
　　贷：辖内往来
(经办行)借：辖内往来
　　贷：××科目

借报业务分录相反。

② 批量业务核押无误后，当日进行挂账，账务处理同分散式，次日由清算行代收报经办行逐笔确认、记账。贷报业务会计分录如下：

借：其他应付款——待处理汇划款项户
　　贷：辖内往来
（经办行）借：辖内往来
　　　　　贷：××科目

借报业务会计分录为：

借：辖内往来
　　贷：其他应收款——待处理汇划款项户
（经办行）借：××科目
　　　　　贷：辖内往来

对于汇划收报业务中的应解汇款，经清算行确认后，系统自动登记"应解汇款登记簿"。其会计分录如下：

借：其他应付款——待处理汇划款项户
　　贷：辖内往来
借：辖内往来
　　贷：应解汇款及临时存款

每天营业终了，收报清算行无论采用分散式还是集中式管理模式，均应编制或打印相关凭证和清单，如"清算行辖内往来汇总记账凭证""清算行备付金汇总记账凭证""资金汇划业务清单"等，并核对相关汇划数据。

7. 收报经办行的处理

在采用分散管理模式下，收报经办行收到收报清算行传来的批量、实时汇划信息，经确认无误后，由汇划系统自动记账，并打印"资金汇划补充凭证"。若为贷报业务。其会计分录如下：

借：辖内往来
　　贷：××科目

借报业务会计分录相反。

若收报经办行收到"信汇付款指令"汇划业务，经确认无误后，应先进行账务处理。其会计分录如下：

借：辖内往来
　　贷：其他应付款——待处理汇划款项户

待收到发报经办行邮寄的第三、四联信汇凭证,经核对相符后,再转入相关账户。其会计分录如下:

借:其他应付款——待处理汇划款项户
　　贷:××科目

每日营业终了,收报经办行应打印"资金汇划业务清单""辖内往来汇总记账凭证"等相关凭证、清单,并进行数据核对。

在采用集中管理模式下,收报业务均由清算行代理记账,收报经办行只需于日终打印"资金汇划补充凭证"和有关记账凭证和清单等,用于账务核对。

(三)汇差资金清算的核算

总行清算中心及清算行一般在收到资金汇划信息时,不作账务处理而是于当日资金汇划业务结束后,汇总当天资金汇划信息统一作账务处理,根据资金汇划系统自动生成的汇差资金,进行汇差资金的清算。

1. 总行清算中心的处理

总行清算中心根据资金汇划系统自动生成的各级清算行的汇差金额,调增应收汇差行的备付金存款,调减应付汇差行的备付金存款,其会计分录为:

借:系统内款项存放——××行备付金存款户(应付汇差行)
　　贷:系统内款项存放——××行备付金存款户(应收汇差行)

2. 清算行的处理

清算行根据资金汇划系统自动生成的本行汇差金额及所辖各经办行的汇差金额,对所辖各经办行进行资金清算。若清算行为应收汇差行,则会计分录为:

借:系统内上存款项——上存总行备付金户
　　辖内往来——××行处(应付汇差行)
　　贷:辖内往来——××行处(应收汇差行)

若清算行为应付汇差行,则会计分录为:

借:辖内往来——××行处(应付汇差行)
　　贷:系统内上存款项——上存总行备付金户
　　　　辖内往来——××行处(应收汇差行)

(四)电子资金汇划清算业务举例

假设工商银行某日发生以下业务:

[例 6-1] 上海工商银行虹口支行开户单位利民食品公司提交浙江省工行嘉兴支行签发的银行汇票一份,金额 100 000 元,要求全额兑付,经审核无误,办理转账手续。其会计分录如下:

  借:辖内往来   100 000
    贷:单位活期存款——利民食品公司   100 000

[例 6-2] 上海工行徐汇支行开户单位太平洋百货公司提交电汇凭证一份,要求向北京工行海淀支行开户单位欣欣服装厂汇出货款 40 000 元,经审核无误办理转账手续。其会计分录如下:

  借:单位活期存款——太平洋百货公司   40 000
    贷:辖内往来   40 000

[例 6-3] 承前例 6-1,浙江省工行嘉兴支行收到清算行转来电子汇划信息,上海工行虹口支行已兑付本行签发的银行汇票,金额 100 000 元,经审核无误,办理汇票结清手续。其会计分录如下:

  借:汇出汇款   100 000
    贷:辖内往来   100 000

[例 6-4] 承前例 6-2,北京工行海淀支行收到清算行转来电子汇划信息,上海工行徐汇支行电汇本行开户单位欣欣服装厂货款 40 000 元,经审核无误,办理转账手续。其会计分录如下:

  借:辖内往来   40 000
    贷:单位活期存款——欣欣服装厂   40 000

[例 6-5] 根据前面四个例子,总行清算中心清算汇差资金的分录如下:

  借:系统内款项存放——浙江分行备付金存款户 100 000
    贷:系统内款项存放——上海分行备付金存款户 60 000
      系统内款项存放——北京分行备付金存款户 40 000

[例 6-6] 根据以上例子,清算行上海分行、北京分行、浙江分行清算汇差资金的分录如下:

  上海分行:

    借:系统内上存款项——上存总行备付金户   60 000
      辖内往来——徐汇支行   40 000
      贷:辖内往来——虹口支行   100 000

北京分行：

借：系统内上存款项——上存总行备付金户　　　40 000
　　贷：辖内往来——海淀支行　　　　　　　　　　　40 000

浙江分行：

借：辖内往来——嘉兴支行　　　　　　　　　　100 000
　　贷：系统内上存款项——上存总行备付金户　　　　100 000

（五）资金汇划清算的对账

对账是保证总行、清算行、经办行之间资金汇划及时、准确、安全的主要手段，是会计监督体系的重要组成部分。

各清算行每日营业终了自动将汇划及资金清算明细数据逐级上传进行明细对账。

省区分行收到上传的明细数据后与辖属各清算行汇划业务明细数据及清算信息配对对账。

总行收到传来的明细数据后，与各行在总行的"系统内款项存放"科目有关账户汇划业务明细数据及清算信息配对对账，并将对账结果逐级下传，发现疑问要发出对账差错信息，同时，登记"对账差错登记簿"。

各清算行每日接收总行发出的对账差错信息后，打印差错清单，在五个工作日内必须查清原因，并按规定处理完毕，保证做到上日明细账务五个工作日内查清的要求。

如发出对账差错信息五个工作日后尚未查清，总行重新发出第二次对账差错信息。查询期满仍未查清的，总行予以通报批评。

辖内往来对账由各省区分行、直辖市分行和直属分行负责制定和管理。

（六）资金汇划清算的查询查复

查询查复是保证银行资金汇划清算系统安全运行、防范案件事故的重要手段，各级行处必须予以高度重视，严格按照"有疑速查、查必彻底、有查速复、复必详尽"的原则办理。

1. 查询查复的基本规定

（1）查询、查复时要根据原始凭证填写和录入查询查复书，经会计主管人员签章和授权方可发出。

（2）查询书于当日最迟次日发出，收到查询书后于两个工作日内查清并答复查询行。

（3）处理完毕的查询查复书与有关资料配套专夹装订保管。

（4）查询查复事项必须通过资金汇划系统进行。

（5）各级行根据管理需要，定期或不定期打印查询查复登记簿，以备核查。

2. 查询的处理

（1）录入查询书必须根据手工填制的查询书，对押不符收报清算行自动产生查询书的，必须打印出查询书。

（2）授权人员按规定就录入内容与查询书及原始资料进行核对，确认后授权发送。如果录入内容有误将查询书交由原经办人员修改。

3. 查复的处理

（1）收到发来的查询报文后，打印查询书。

（2）根据查询书认真核对有关原始凭证、查清原因后填制和输入查复书。

（3）授权人员按规定就查复书有关内容与查询书及原始资料进行核对，确认后授权发送。如果录入内容有误，将查复书交由原经办人员修改。

4. 日终处理

营业终了系统统一打印查询业务清单、查复业务清单以备查考。

第二节 中央银行现代化支付系统

我国中央银行（中国人民银行）现代化支付系统是为我国金融机构之间以及金融机构与中央银行之间的支付业务提供最终资金清算的重要的核心业务系统，是各商业银行电子汇兑系统资金清算的枢纽系统，也是金融市场的核心支持系统，对我国经济金融运行发挥着重要作用。该系统保证行内业务处理系统与现代化支付系统的连接，为客户提供低成本、大业务量的支付清算服务，保证跨行支付业务信息的发送、接收处理，保证支付业务信息安全；同时为商业银行提供一个支持跨行小额贷记业务和借记业务的支付清算平台，支撑各种支付工具的应用。

中央银行现代化支付系统包含大额实时支付系统和小额批量支付系统。

一、大额实时支付系统

大额实时支付系统是一个实时全额清算系统，它是为了给银行和广大企事业单位以及金融市场提供快速，高效，安全的支付清算服务，它负责处理同城和异地的、金额在规定起点以上的大额贷记支付业务和紧急的小额贷记支付业务,包括汇兑、委托收款划回、托收承付划回、中央银行和国库部门办理的资金汇划,以及公开市场操作和债务交易的即时转账等。支付指令逐笔实时发送,全额清算资金。

(一)大额实时支付系统的运行程序

(1)发起行收到发起人提交的支付信息(支付纸凭证、磁介质或电子支付信息)经确认无误并借记发起人账户后,应立即将支付信息按规定的格式、标准转换为电子支付指令并逐笔加编地方密押,根据发起人的要求确定加急或普通级的优先级次,以联机或磁介质方式发送发报中心,将纸凭证截留保存。

(2)发报中心收到发起行发来的支付指令,在对支付信息进行法律和技术确认无误后,加编系统密押并按收到时间的先后顺序逐笔实时转发国家处理中心。

(3)国家处理中心收到发报中心发来的支付指令,应对支付信息进行法律和技术确认,在发起行清算账户存款余额或透支限额内进行账务处理,并将支付指令实时转发收报中心。对清算账户余额不足或超过日间透支限额的进行排队处理。

(4)收报中心收到支付指令,应对支付信息进行法律和技术确认,并逐笔加编地方密押,以联机或磁介质方式发送接收行。

(5)接收行收到支付指令,应对支付信息进行法律和技术确认,无误后贷记接收人账户并通知接收人。

(二)大额实时支付系统核算的会计科目设置

(1)商业银行准备金存款:该科目为负债类性质科目,核算商业银行存放在中国人民银行的法定存款准备金和超额存款准备金。可按存款银行设置明细账。

(2)大额支付往来:该科目为资产负债共同类性质科目,核算支付系统发起清算行和接收清算行通过大额支付系统办理的支付结算往来款项。余额轧差反映。年终,本科目余额全额转入"支付清算资金往来"科目,余额为零。该科目可按人民银行分支行的会计营业部门、国库部门等机构设置明细账。

(3)支付清算资金往来:该科目为资产负债共同类性质科目,核算支付系统发起清算行和接收清算行通过大额支付系统办理的支付结算汇差款项。年终,"大额支付往来"科目余额对清后,结转至本科目,余额轧差反映。该科目可按人民银行分支行的会计营业部门、国库部门等机构设置明细账。

(4)汇总平衡科目:该科目是国家处理中心专用科目,不纳入人民银行(库)的核算。用于平衡国家处理中心代理人民银行分支行(库)账务处理。

该科目可按人民银行分支行的会计营业部门、国库部门等机构设置明细账。

（三）大额支付基本业务的核算

1. 发起行（发起清算行）的处理

（1）商业银行发起的大额支付业务的处理。商业银行行内业务处理系统未与前置机直连的，银行根据发起人提交的原始凭证和要求，确定普通或紧急的优先级次（救灾战备款为特急；低于规定的大额金额起点的应设为紧急），并由业务操作员录入、复核，系统自动逐笔加编地方密押后发送发报中心，待国家处理中心清算资金后接收回执。

商业银行行内业务处理系统与前置机直连的，根据发起人提交的原始凭证和要求，行内业务处理系统将规定格式标准的支付报文发送前置机系统，由前置机系统自动逐笔加编地方密押后发送发报中心，待国家处理中心清算资金后接收回执。

（2）人民银行会计营业部门发起的大额支付业务的处理。县级人民银行会计营业部门发起大额支付业务的，在中央银行会计集中核算系统县级网点录入、复核相关业务信息，并发送至地市人民银行会计营业部门。地市人民银行会计营业部门收到县级网点发来的大额支付业务，确认无误后进行账务处理，并逐笔加编地方密押后发送发报中心。待国家处理中心清算资金后接收回执。

地市及以上人民银行会计营业部门发起大额支付业务的，在中央银行会计集中核算系统录入、复核相关业务信息，进行账务处理后，逐笔加编地方密押发送发报中心。待国家处理中心清算资金后接收回执。

（3）人民银行国库部门发起的大额支付业务的处理。县级人民银行国库部门发起大额支付业务的，在国库会计核算系统录入、复核相关业务信息，进行账务处理后发送地市人民银行国库部门。地市人民银行国库部门收到县级人民银行国库部门发来的大额支付业务，确认无误，并逐笔加编地方密押后发送发报中心。待国家处理中心清算资金后接收回执。

地市及以上人民银行国库部门发起大额支付业务的，在国库会计核算系统业务处理系统录入、复核相关业务信息，进行账务处理，逐笔加编地方密押后发送发报中心。待国家处理中心清算资金后接收回执。

2. 发报中心的处理

发报中心收到发起清算行发来的支付信息，确认无误后，逐笔加编全国密押，实时发送国家处理中心。

3. 国家处理中心的处理

国家处理中心收到发报中心发来的支付报文,逐笔确认无误后,分别进行账务处理:

(1) 发起清算行、接收清算行均为商业银行的,会计分录如下:

借:××银行准备金存款——××行户
　　贷:大额支付往来——人民银行××行户
借:大额支付往来——人民银行××行户
　　贷:××银行准备金存款——××行户

(2) 发起清算行为商业银行,接收清算行为人民银行会计营业部门或国库部门的,会计分录如下:

借:××银行准备金存款——××行户
　　贷:大额支付往来——人民银行××行户
借:大额支付往来——人民银行××行(库)户
　　贷:汇总平衡科目——人民银行××行(库)户

(3) 发起清算行为人民银行会计营业部门或国库部门,接收清算行为商业银行的,会计分录如下:

借:汇总平衡科目——人民银行××行(库)户
　　贷:大额支付往来——人民银行××行(库)户
借:大额支付往来——人民银行××行户
　　贷:××银行准备金存款——××行户

(4) 发起清算行、接收清算行均为人民银行会计营业部门或国库部门的,会计分录如下:

借:汇总平衡科目——人民银行××行(库)户
　　贷:大额支付往来——人民银行××行(库)户
借:大额支付往来——人民银行××行(库)户
　　贷:汇总平衡科目——人民银行××行(库)户

(5) 发起清算行为商业银行的,其清算账户头寸不足时,国家处理中心将该笔支付业务进行排队处理。

国家处理中心对以上账务处理完成后,将支付信息发往收报中心。

4. 收报中心的处理

收报中心接收国家处理中心发来的支付信息,确认无误后,逐笔加编地方密押实时发送接收清算行。

5. 接收行(接收清算行)的处理

(1) 当接收行为商业银行时。银行行内业务处理系统与前置机直连的,前置机收到收报中心发来的支付信息,逐笔确认后发送至银行行内业务处理系统,并按规定打印支付信息。

银行行内业务处理系统未与前置机直连的,前置机收到收报中心发来的支付信息,逐笔确认后,使用中国人民银行统一印制的支付系统专用凭证打印支付信息。

(2) 当接收行为人民银行会计营业部门时。人民银行会计营业部门收到大额支付信息时,逐笔确认进行账务处理后使用支付系统专用凭证打印支付信息。接收行为县级人民银行会计营业部门的,通过中央银行会计集中核算系统将支付信息传送县级网点,由县级网点进行相应处理。

(3) 当接收行为人民银行国库部门时。人民银行国库部门收到大额支付信息时,逐笔确认,分别情况处理:

① 接收行为地市人民银行国库部门的,进行账务处理并使用支付系统专用凭证打印支付信息。

② 接收行为县级人民银行国库部门的,通过国库业务处理系统将支付信息发送县级国库部门。县级国库部门进行账务处理并打印支付信息。

(四) 日终及年终的账务处理

1. 日终账务处理

日终未查清的支付业务,发起行、接收行应将未查清金额转入待核销账户,待查清后冲账。

发起行、接收行为商业银行的,以清算账户记载的数据为准,"存放中央银行款项"科目账户余额小于清算账户余额的,会计分录如下:

借(或贷):存放中央银行款项
　　贷(或借):待核销账户

"存放中央银行款项"科目账户余额大于清算账户余额的,会计分录相反。发起行、接收行为中央银行(库)的,以本行管理的清算账户、大额支付往来、小额支付往来科目余额为准。借记(或贷记)待核销账户。

国家处理中心试算平衡后,相邻两节点之间对当日发生的大额支付业务的总笔数、总金额及各类支付报文的总笔数、总金额等进行核对,核对不符的,以国家处理中心的数据为准进行调整,调整一致后,结束当天的工作。

日终处理时间至第二天业务开始期间停止受理各种大额支付业务。

2. 年终账务结转

（1）大额支付往来科目的结转。年度最后一个工作日，国家处理中心完成日终试算平衡，并将日终账务信息下载后，立即将大额支付往来科目余额以中央银行××行(库)为单位，结转到支付清算往来科目。如大额支付往来科目为借方余额的，会计分录如下：

借：支付清算资金往来——××行(库)户
　　贷：大额支付往来——××行(库)户

如大额支付往来科目为贷方余额的，会计分录相反。

国家处理中心将各行(库)支付清算资金往来账户的余额保留，纳入下一年度每一营业日的账务平衡。

人民银行会计营业部门和国库部门接收国家处理中心日终下载的账务信息，进行自身试算平衡后，办理年度账务结转，将"大额支付往来"科目余额结转至"支付清算资金往来"科目。

（2）汇总平衡科目的结转。年终总的试算平衡结束后，国家处理中心以中央银行(库)为单位，将汇总平衡科目借方或贷方余额结转为下年度的期初余额。

（3）清算账户的结转。年终总的试算平衡结束后，国家处理中心分别将每一个清算账户的借方或贷方余额结转为下年度的期初余额。

二、小额批量支付系统

小额批量支付系统是一个净额清算系统，它是为社会提供低成本、大业务量的支付清算服务，支撑各种支付业务的使用，满足社会各种经济活动的需要。它负责处理同城和异地纸凭证截留的商业银行跨行之间的借记支付业务、每笔金额在规定起点以下的小额贷记支付业务以及中央银行会计和国库部门办理的借记支付业务等。系统批量发送支付指令，定时轧差后净额清算资金。

（一）小额批量支付系统处理业务的分类

（1）普通借记支付业务，是指收款行向付款行主动发起的收款业务。收款行应当根据收款人的委托，记载借记回执信息的最长返回时间。付款行收到普通借记支付业务时，审核无误后应当按协议立即办理扣款。付款清算行应当在借记回执信息返回期满前发出回执。普通借记支付业务具体包括中国人民银行机构间的借记业务、国库借记汇划业务等。

(2) 定期借记支付业务，是指收款银行依据当事各方事先签订的协议，定期向指定付款行发起的批量收款业务，具体包括代收水、电、煤气等公用事业费业务，国库批量扣税业务等。收款行应当根据收款人的委托，记载借记回执信息的最长返回时间。付款行收到定期借记支付业务时，审核无误后应当按协议立即办理扣款。付款清算行应当在借记回执信息返回期满前发出回执。

(3) 实时借记支付业务，是指收款行接受收款人委托发起的、将确定款项实时借记指定付款人账户的业务，具体包括个人储蓄通兑业务、对公通兑业务、国库实时扣税业务等。

(4) 普通贷记支付业务，是指付款行向收款行主动发起的付款业务，具体包括汇兑、委托收款（划回）、托收承付（划回）、国库贷记汇划业务、网银贷记支付业务。

(5) 定期贷记支付业务，是指付款行依据当事各方事先签订的协议，定期向指定收款行发起的批量付款业务，具体包括代付工资业务、代付保险金、养老金业务等。

(6) 实时贷记支付业务，是指付款行接受付款人委托发起的、将确定款项实时贷记指定收款人账户的业务，主要为个人储蓄通存业务。

(二) 小额支付系统运行程序

(1) 发起行收到发起人提交的支付信息（支付纸凭证、磁介质或电子支付信息）经确认无误后，对当日发送的小额贷记和事先授权借记支付分别借记、贷记发起人账户；对定期借记支付记入定期借记登记簿，待生效日未被退回时，销记登记簿中相应的支付指令并通知发起人。同时，发起行应立即将支付信息按规定的格式、标准转换为电子支付指令并逐笔加编地方密押，按小额贷记、事先授权借记和定期借记分类以联机或磁介质方式批量发送发报中心。

(2) 发报中心收到发起人发来的支付指令，对收到的定期借记支付指令登记定期借记登记簿，逐笔加编系统密押，按规定的时间批量发送至国家处理中心。

(3) 国家处理中心收到发报中心发来的支付指令，按收报中心所在接收行清分，批量发送收报中心。

(4) 收报中心收到国家处理中心发来的支付指令逐笔加编地方密押，以联机或磁介质方式转发接收行，并对收到的定期借记支付指令登记定期借记登记簿。

(5) 接收行收到小额贷记、事先授权借记、定期借记支付应分别贷记、借记接收人账户,并通知接收人。

(三) 账务核算

小额支付系统处理的支付业务一经轧差即具有支付最终性,不可撤销。付款行收到已轧差的贷记支付业务信息或已轧差的借记支付业务回执信息,审核无误后应当按协议立即办理扣款。付款清算行应当在借记回执信息返回期满前发出回执,并在收款行确定的最长返回时间内对整包借记支付业务进行扣款,扣款成功的,应当立即返回借记业务回执信息。到期未返回借记业务回执的,小额支付系统自动在借记回执信息返回到期日的次日予以撤销。借记支付业务被小额支付系统自动撤销的,收款行可向小额支付系统再次提交该借记业务。

(四) 日终核算

小额支付系统日切时点,国家处理中心通知各城市处理中心进行日切处理,并将当日最后一笔异地业务轧差净额提交清算。

城市处理中心收到日切通知后立即进行日切处理,并将当日最后一笔同城业务的轧差净额提交国家处理中心清算。日切后,小额支付系统进入次日业务处理,继续受理支付业务。国家处理中心与城市处理中心核对当日处理的同城业务轧差净额和异地已清算的支付业务信息。

国家处理中心与城市处理中心核对无误后,城市处理中心与所属直接参与者核对当日同城、异地已清算的支付业务信息。

对核对不符的,直接参与者以城市处理中心的数据为准进行调整。

国家处理中心小额支付系统日终处理完成后,汇总所有清算日期为当日但轧差日期不为当日的小额支付业务轧差净额信息,并按直接参与者分发至各相应的中央银行分支行会计营业部门。

中央银行分支行会计营业部门收妥信息后按照央行超额存款准备金率和延迟清算天数,分别借记或贷记差额计收或计付利息。

(五) 年终核算

每年年终国家处理中心对当日发报中心发出的小额支付信息按借方和贷方进行汇总,将借方数和贷方数分别纳入小额支付往来科目借方余额和贷方余额试算平衡。

平衡后,国家处理中心以中央银行××行(库)为单位,将小额支付往来科目余额结转支付清算往来科目,如小额支付往来科目余额为借方余额的,会计分录如下:

借：支付清算资金往来——××行(库)
　　贷：小额支付往来——××行(库)

如小额支付往来科目余额为贷方余额的,会计分录相反。

国家处理中心将借方数和贷方数单独储存,用于下年度年终小额支付往来科目的试算平衡。

复习思考题

1. 资金汇划清算系统的业务范围和基本做法如何?
2. 汇划款项与资金清算的核算内容包括哪三个部分?
3. 资金汇划清算业务的专用工具是什么?
4. 资金汇划清算查询、查复的基本原则是什么?
5. 中央银行现代化支付系统由哪两个系统组成?

第七章 金融机构往来的核算

学习目标

- 了解金融机构往来的概念、内容与核算要求
- 了解商业银行与中央银行往来业务的主要内容
- 掌握商业银行缴存财政性存款和缴存一般存款的规定、核算内容
- 熟悉票据交换的基本做法
- 掌握提出行的处理、提入行的处理、清算差额的处理
- 了解商业银行与商业银行往来业务的主要内容
- 了解通过商业银行相互间转汇的基本做法、核算程序
- 掌握同业拆借的要求,拆出行的核算,拆入行的核算

第一节 金融机构往来概述

银行是国民经济中资金活动的枢纽,国民经济各部门、各单位间资金的划拨与清算,必须通过银行才能完成。由于我国实行一种多元化金融机构体系,这样国民经济各部门间的货币结算除一部分在同一银行系统间发生外,还有一部分则经常会涉及两个不同系统的银行,进而引起商业银行间资金账户往来,同时各商业银行之间也经常进行资金融通,相互拆借。而且中央银行货币政策工具如公开市场操作、存款准备金、中央银行再贷款、再贴现的运用,也必然会形成中央银行与商业银行之间的资金账务往来,从而形成商业银行与中央银行之间的往来。本章主要介绍中央银行、各商业银行这些金融机构之间由于办理缴存、借贷、资金融通、汇划款项等业务而发生

资金账务往来的核算。

一、金融机构往来的概念

金融机构往来是指各金融机构相互之间的资金账务往来,有广义和狭义之分。广义的金融机构往来包括中央银行与商业银行的往来、各商业银行之间的往来、中央银行与各金融机构之间的往来、商业银行与各金融机构之间的往来、各金融机构之间的往来等,范围较广。狭义的金融机构往来主要包括中央银行与商业银行的往来、各商业银行之间的往来等。本章所涉及的金融机构之间的往来核算,主要指狭义的金融机构往来。

二、金融机构往来的核算要求

金融机构往来是各银行之间的资金账务往来,体现了银行之间的债权债务关系,其核算要求是:

(1)要坚持"资金分开、独立核算"的原则,严格划分各商业银行与中央银行、各商业银行之间的资金界限。

(2)各商业银行在中央银行的存款账户要严格管理,不得透支,要求保留足够的备付金存款便于清算使用,如果备付金不足要及时调入资金,计划内借款不得超过中央银行核定的贷款额,商业银行之间的拆借,应通过双方在中央银行的存款账户办理,不得支取现金。

(3)各商业银行之间临时性的资金占用应及时清算。如临时资金不足,可相互融通资金,进行资金拆借,到期应及时还本付息;相互代收、代付款项的汇划和票据交换的差额应及时办理资金划拨手续。

(4)要体现汇路畅通的要求,核算时必须做到及时、正确、快捷,要迅速传递结算凭证,及时办理转账手续,加速社会资金周转。

第二节 商业银行与中央银行往来的核算

商业银行与中央银行往来进行处理的业务主要有:各商业银行向中央银行发行库领取现金和缴存现金;各商业银行吸收的国家金库款以及财政性存款全部缴存中央银行;各商业银行吸收的一般存款按比例缴存中央银行;各商业银行营运资金不足时,向中央银行申请再贷款、再贴现等。

一、向中央银行存取款项的核算

为加强对金融机构往来的管理,满足各商业银行通过中央银行办理资金划拨清算和适应资金营运的需要,中央银行为各商业银行设置了"××银行准备金存款"科目,用于核算各商业银行存放中央银行的准备金以及用于领缴现金、资金调拨、资金清算和日常支付的款项。

(一)向中央银行存取现金的核算

根据货币发行制度的规定,商业银行需核定各行处业务库必须保留的现金限额,并报开户中央银行发行库备案。当现金超过规定的库存现金限额时,需缴存中央银行发行库;当需用现金时,签发现金支票到开户中央银行发行库提取。

(1)存入现金的处理。商业银行向中央银行缴存现金时,填制现金缴款单一式两联,连同现金一并送缴中央银行,中央银行经点收无误后,在现金缴款单上加盖现金收讫章和经办员名章一联退回给商业银行。商业银行根据退回的缴款单联,填制现金付出传票进行账务处理。其会计分录如下:

借:存放中央银行款项
　　贷:库存现金

(2)支取现金的处理。商业银行向中央银行支取现金时,填制现金支票经中央银行审核后办理取款手续。商业银行取回现金后,填制现金收入传票进行账务处理。其会计分录如下:

借:库存现金
　　贷:存放中央银行款项

(二)向中央银行转账划拨的核算

(1)商业银行由于经办有关业务,将资金存入中央银行准备金存款账户时,根据有关凭证,办理转账。其会计分录如下:

借:存放中央银行款项
　　贷:××科目

中央银行收到商业银行存入款项时,根据有关凭证,处理账务。其会计分录如下:

借:××科目
　　贷:××银行准备金存款

（2）商业银行从准备金存款账户拨付资金时，根据有关凭证，办理转账。其会计分录如下：

借：××科目
　　贷：存放中央银行款项

中央银行受理商业银行支拨资金时，根据有关凭证，处理账务。其会计分录如下：

借：××银行准备金存款
　　贷：××科目

二、缴存存款的核算

缴存存款包括缴存财政性存款和缴存一般性存款，它们的性质不同，应注意严格划分，不得混淆。

（一）缴存财政性存款的核算

1. 财政性存款缴存的范围与有关规定

（1）缴存存款的范围。商业银行缴存财政性存款范围是：商业银行代办的中央预算收入、地方金库存款和代理发行国债款项等财政性存款，属于中央银行的资金来源，应全额就地划缴中央银行。据此，财政性存款的缴存范围是：国家金库款、财政发行的国库券及各项债券款项。

（2）缴存存款的一般规定。具体规定如下：

① 缴存存款的比例。财政性存款，属于中央银行信贷资金，要全额即100%缴存当地中央银行，商业银行不得占用。

② 调整缴存款的时间。商业银行向中央银行缴存存款的时间，除第一次按规定时间外，城市分支行（包括所属部、处）每旬调整一次，于旬后5日内办理；县支行及其所属处所，每月调整一次，于月后8日内办理，如遇调整日最后一天为例假日，则可顺延。

③ 调整缴存款的计算方法。划缴或调整存款时，应按本旬（月）末，根据缴存科目余额总数与上期同类科目旬（月）末余额总数对比，按实际增加或减少数进行调整，计算应缴存金额。缴存（调整）金额以千元为单位，千元以下四舍五入。

2. 调整缴存款的核算

（1）商业银行的处理。商业银行按规定时间向中央银行缴存（或调整）存款时，应根据有关科目余额，填制缴存财政性存款科目余额表（表7-1）一式两联,并按规定比例计算出应缴存金额,填制缴存(或调整)财政性存款划拨凭证(表7-2)一式四联。第一联贷方传票和第二联借方传票由缴存银行代记账传票;第三联贷方传票和第四联借方传票由中央银行代记账传票。

表7-1 缴存财政性存款科目余额表

缴存财政性存款科目余额表

科目代号	余额位数	科目代号	余额位数
合 计			

表7-2 缴存(或调整)财政性存款划拨凭证

缴存(或调整)财政性存款划拨凭证(贷方凭证)

年 月 日

总字第 号
字第 号

收受银行	名 称	中国人民银行××支行	缴存银行	名 称	××银行××市支行
	账 号	××××		账 号	××××
存款类别				缴存比例	应缴存款金额
财政性存款				100%	
1. 合计					
2. 已缴存金额					
3. 本次应补缴金额(1-2)					
4. 本次应退回金额(2-1)					
上列缴存金额或应补缴和应退回金额,已按规定办理划转。		备注:		会计分录: 科目(贷) 对方科目(借) 会计 复核 记账	

如为调增补缴,商业银行以第一、二联划拨凭证进行账务处理,会计分录如下:

借:缴存中央银行财政性存款
　　贷:存放中央银行款项

如为调减退回,则会计分录相反。

转账后,商业银行将缴存款划拨凭证的第三、四联连同缴存财政性存款科目余额表一份,一并交中央银行,另一份余额表留存。

(2) 中央银行的处理。中央银行收到商业银行送来的缴存款划拨凭证和科目余额表,经审查无误,以第三、四联划拨凭证分别代转账贷方、借方传票办理转账。其会计分录如下:

借:××银行准备金存款
　　贷:××银行划来财政性存款

如为调减退回,则会计分录相反。

转账后,对送来的缴存财政性存款科目余额表妥善保存备查。

3. 欠缴存款的核算

商业银行在调整应缴存款时,如果在中央银行存款账户余额不足,必须在规定的时间内及时筹集资金,办理调整缴存存款手续,如果在规定的期限内不能调入资金,其不足支付的部分即构成欠缴存款。对欠缴存款应按如下有关规定进行处理:对本次能实缴的金额和欠缴的金额要分开填制凭证;对欠缴金额待商业银行调入资金后应一次全额收回,中央银行不予分次扣收;对欠缴金额每日按规定比例扣收罚款,中央银行随同扣收的存款一并收取。

(1) 发生欠缴的核算。商业银行发生欠缴存款时,亦应填制各科目余额表,对本次能实缴的金额,按正常调增的核算手续办理,填制财政性存款划拨凭证,但应注意将"划拨凭证"的"本次应补缴金额"栏改填为"本次能实缴金额",并在凭证备注栏内注明本次欠缴金额数。对实缴金额和欠缴金额应分别进行账务处理,实缴部分的会计分录与调增补缴相同。

对欠缴的存款,编制财政性存款欠缴凭证(表7-3)一式四联(各联用途与缴存凭证相同)和待清算凭证表外科目收入传票,逐笔记入待清算凭证登记簿。会计分录如下:

收入:待清算凭证——中央银行户

然后将各科目余额表、第三、四联划拨凭证以及第三、四联欠缴凭证一并送交中央银行;第一、二联欠缴凭证留存专夹保管。

中央银行收到商业银行送来的本次实缴存款的划拨凭证及各科目余额表时,按正常的缴存手续办理,会计分录与调增补缴时相同。

表7-3 财政性存款欠缴凭证

财政性存款欠缴凭证（第三联）

年　月　日

总字第　　　号

字第　　　号

收受银行	名称	中国人民银行××行	缴存银行	名称	商业银行××行
	账号			账号	
欠缴存款类别			欠缴存款金额		
本(上)次(月上旬止)财政性存款欠缴					
上列欠缴金额,请从本行存款账户办理划转。 　　　　缴存银行盖章			备注：	会计分录： 科目(贷) 对方科目(借) 　会计　　复核　　记账	

对收到的欠缴凭证,应通过待清算凭证表外科目核算,记载登记簿,对欠缴凭证第三、四联妥善保管。会计分录如下：

　　收入：待清算凭证——××银行户

（2）扣收欠缴款项的核算手续。中央银行对商业银行的欠缴存款,待商业银行调入资金时,应抽出原保管的欠缴凭证第三、四联代转账贷方、借方传票,将欠缴金额全额收回。会计分录如下：

　　借：××银行准备金存款
　　　　贷：××银行划来财政性存款

转账后,填制待清算凭证表外科目付出传票,销记表外科目和登记簿,会计分录如下：

　　付出：待清算凭证——××银行户

同时,中央银行对商业银行超过期限的欠缴存款,应按规定每天处以0.5‰的罚款,罚款的计算自旬后第5天或月后第8天起至欠款收回日止的实际天数,算头不算尾。计算后,填制特种转账借、贷方传票各两联,以其中特种转账借、贷方传票各一联进行账务处理。会计分录如下：

　　借：××银行准备金存款
　　　　贷：业务收入——罚款收入户

转账后,将另两联特种转账借、贷方传票盖章后转交商业银行。

商业银行收到中央银行转来的扣收欠缴存款的特种转账借、贷方传票后,与原保证的欠缴凭证第一、二联一起办理转账,会计分录如下:

借:缴存中央银行财政性存款(欠缴金额)
　　贷:存放中央银行款项(欠缴金额)
借:营业外支出——罚款支出户
　　贷:存放中央银行款项

转账后,填制"待清算凭证"表外科目,销记表外科目登记簿,会计分录如下:

付出:待清算凭证——中央银行户

(二)缴存一般性存款的核算

缴存一般性存款也称缴存法定准备金。

1. 缴存准备金存款的范围与有关规定

(1)缴存存款的范围。商业银行吸收的一般存款,由商业银行按中央银行存款准备金制度的规定缴存存款准备金,其缴存范围是:单位存款、个人储蓄存款、农村存款、部队存款、基建单位存款、机关团体存款、财政预算外存款和其他一般存款等。

(2)缴存存款的一般规定。

① 缴存存款的比例。大型商业银行存款准备金率目前为 12.5%,中小商业银行存款准备金率为 9.5%,即指商业银行缴存的存款准备金占其吸收的一般存款总额的比例。法定存款准备金率不是固定不变的,其比例由中央银行根据货币政策的运用,可适时加以调整,通过变动存款准备金率,影响货币乘数,进而调控货币供应量和社会信用规模。

② 调整缴存款的时间。各商业银行每旬调整一次,于旬后 5 日内办理。

③ 调整缴存款的计算方法。各商业银行应按每旬增加(或减少)的实际数额,计算调整增加(或减少)准备金存款。

2. 调整缴存款的核算

各商业银行缴存或调整的准备金存款,统一由各商业银行总行(法人)集中向中央银行总行办理调整手续。

(1)商业银行的处理。中央银行的"××银行准备金存款——准备金存款"账户既核算各商业银行总行存放的法定准备金,又核算各商业银行总行的准备金存款。因此,各商业银行总行的法定准备金和准备金存款是同时合并存放在中央银行的。

各商业银行的基层行每旬末编制"一般存款余额表"(格式与"缴存财政性存款科目余额表"相同)报上级行,并按规定的比例计算出应存放的金额,然后与上旬存放的金额进行比较,得出本旬增加(或减少)数。各商业银行总行将汇总全行旬末"一般存款科目余额表"报所在地中央银行,根据汇总的"一般存款科目余额表"的合计数,按规定的比例计算出应存放的金额,即为全行应存放在中央银行的法定准备金的余额。

根据现行规定,各商业银行内部汇划法定准备金的会计处理由各自总行决定,因此,各商业银行的处理方法不完全一样,但最终法定准备金都必须按中央银行规定的比例和时间,汇总到各商业银行总行所在地中央银行的"××银行准备金存款——准备金存款"账户上。中央银行于每日终了按一般存款余额的规定比例考核法定存款准备金。

各商业银行由于未按中央银行规定的比例、时间存放一般存款及报送有关一般存款科目余额的,中央银行将对其不足部分进行处罚。当收到处罚的特种转账借、贷方传票时商业银行对属于少交或迟交存款的罚款,则应通过"利润分配"科目进行处理。

商业银行会计分录如下:

借:利润分配——未分配利润
　　贷:存放中央银行款项

(对属于欠缴准备金存款的罚息则应列入"营业外支出"科目核算)

(2)中央银行的处理。中央银行会计部门根据商业银行的汇划款凭证办理准备金存款账户的收支。存款增加的会计分录如下:

借:联行来账(或同城清算科目或其他有关科目)
　　贷:××银行准备金存款——准备金存款××行户

存款减少的会计分录如下:

借:××银行准备金存款——准备金存款××行户
　　贷:联行来账(或同城清算科目或其他有关科目)

每日日终、旬后5日内,商业银行未按规定比率存入准备金和未及时向中央银行报送有关报表的,中央银行会计部门将填制特种转账借、贷方传票,办理处罚手续,会计分录如下:

借:××银行准备金存款——准备金存款行户
　　贷:业务收入——罚款净收入户

三、再贷款的核算

商业银行在经营中发生营运资金不足,可向中央银行借款。中央银行通过对商业银行发放再贷款,可以支持商业银行的业务发展,又可以通过放松或缩紧贷款起到调节社会信用规模,影响市场货币供给量,实现对信贷资金的宏观调控。

(一)再贷款账户的开立

中央银行对商业银行的贷款实行期限管理,因此,中央银行按贷款种类为商业银行开立贷款账户,通过"××银行贷款"科目进行核算;商业银行为反映向中央银行取得和归还贷款情况,使用"向中央银行借款"科目进行核算。目前再贷款通常设立如下几个账户。

1. 年度性贷款账户

各商业银行因经济合理增长,引起年度性信贷资金不足,而向中央银行申请的贷款,用此账户核算。年度性贷款期限为1年或1年以上,最长不超过2年。

2. 季节性贷款账户

各商业银行因信贷资金先支后收或存款季节性下降,贷款季节性上升等原因引起暂时资金不足,而向中央银行申请的贷款,用此账户核算。季节性贷款期限一般为2个月,最长不超过4个月。

3. 日拆性贷款账户

各商业银行因汇划款项未达和清算资金不足等原因发生临时性资金短缺,而向中央银行申请的贷款,用此账户核算。日拆性贷款期限一般为7至10天,最长不超过20天。

4. 再贴现账户

商业银行因办理票据贴现占用资金,引起资金暂时不足,以已贴现尚未到期的商业汇票向中央银行申请再贴现,用此账户核算。其期限从再贴现之日起至贴现到期日止,最长不超过6个月。

(二)再贷款发放的核算

商业银行根据资金营运情况向中央银行申请再贷款时,应填制一式两份再贷款申请书,经中央银行计划部门批准后,办理借款手续。借款时,商业银行会计部门按照批准的再贷款申请书上有关内容及资金调拨通知单,填制一式五联借款凭证,在借款凭证上加盖预留印鉴后,提交中央银行。

1. 中央银行的处理

借款凭证经中央银行计划部门签订后,留存第四联贷款记录卡,其余四联转送会计部门。

会计部门收到四联借款凭证并审查手续齐全,以借款凭证第一、二联分别作转账借方和贷方传票,办理转账,并登记借款商业银行的存、贷款分户账。会计分录如下:

借:××银行贷款——××行贷款户
  贷:××银行准备金存款——准备金存款

第三联借款凭证盖章后,退还借款的商业银行。第五联借款凭证按到期日顺序排列妥善保管,并定期与贷款分户账核对,以保证账据一致。

2. 商业银行的处理

商业银行会计部门收到中央银行退回的第三联借款凭证,以此代转账借方传票,另编制转账贷方传票,办理转账,会计分录如下:

借:存放中央银行存款
  贷:向中央银行借款——××借款户

(三) 再贷款到期收回的核算

1. 中央银行的处理

中央银行会计部门应经常检查借据的到期情况,以监督商业银行按期偿还贷款。

贷款到期,商业银行应主动办理贷款归还手续。由会计部门填制一式四联还款凭证,加盖预留印鉴后提交中央银行。

中央银行会计部门审查还款凭证上的印鉴无误,抽出原借款凭证第五联核对内容一致后,以第一、二联还款凭证分别代转账借方、贷方传票,原借款凭证第五联做贷方传票附件,办理转账。会计分录如下:

借:××银行准备金存款——准备金存款
  贷:××银行贷款——××行贷款户
    利息收入——金融机构利息收入户

转账后,分别登记借款的商业银行的存、贷款分户账,并将第四联还款凭证退还借款的商业银行,第三联还款凭证送计划部门保管。

再贷款到期,如借款的商业银行未主动办理还款手续,而存款账户又有足够余额归还贷款时,中央银行会计部门在征得商业银行同意后也可主动填制特种转账借、贷方传票各两联,收回贷款。特种转账借、贷方传票的使用与还款凭证相同。

2. 商业银行的处理

商业银行收到中央银行退回的还款凭证第四联,以其代存放中央银行存款账户的贷方传票,同时另编制贷款账户的转账借方传票办理转账。会计分录如下:

借:向中央银行借款——××借款户
　　金融企业往来支出——中央银行往来支出户
　贷:存放中央银行款项

四、再贴现的核算

再贴现是指商业银行由于办理票据贴现引起资金不足,而以未到期的已办理贴现的票据向中央银行融通资金的一种方式。中央银行通过这一货币政策的实施,可以促进商业银行票据贴现业务的开展,搞活资金,引导资金流向,提高资金使用效益。

(一) 受理再贴现的核算

商业银行持未到期的商业汇票向中央银行申请再贴现时,应根据汇票填制一式五联再贴现凭证,在第一联上按照规定签章后连同已贴现的商业汇票一并送交中央银行计划部门审查。

1. 中央银行的处理

中央银行会计部门接到计划部门转来审批同意的再贴现凭证和商业汇票,应审查再贴现凭证与所附汇票的面额、到期日等有关内容是否一致,确认无误后,按规定的贴现率计算出再贴现利息和实付再贴现金额,将其填入再贴现凭证之中,以第一、二、三联再贴现凭证代传票,办理转账。会计分录如下:

借:再贴现——××银行汇票户
　贷:××银行准备金存款——准备金存款户
　　　利息收入——再贴现利息收入户

再贴现凭证第四联退还商业银行,第五联到期卡按到期日顺序排列并妥善保管,并定期与再贴现科目账户余额核对。

2. 商业银行的处理

商业银行收到中央银行第四联再贴现凭证,即填制特种转账借、贷方传票,办理转账。会计分录如下:

借：存放中央银行款项
　　金融企业往来支出——中央银行往来支出户
　贷：向中央银行借款——再贴现户

（二）再贴现到期收回的核算

再贴现的汇票到期，再贴现银行（中央银行）作为持票人向付款人收取票款。在收到款项划回时，会计分录如下：

借：联行科目
　贷：再贴现——××银行再贴现户

再贴现申请银行（商业银行）在贴现到期时，其会计分录如下：

借：向中央银行借款——再贴现户
　贷：存放中央银行款项

（三）再贴现到期未收回的核算

再贴现中央银行收到付款人开户行或承兑银行退回的委托收款凭证、汇票和拒绝付款理由书或付款人未付票据通知书后，追索票款时，可从再贴现商业银行账户收取，并将汇票和拒绝付款理由书或付款人未付票款通知书交给再贴现商业银行。

1. 中央银行的处理

中央银行编制特种转账借方传票两联，以其中一联借方传票与再贴现凭证办理转账处理。会计分录如下：

借：××银行准备金存款——准备金存款
　贷：再贴现——××银行再贴现户

转账后将另一联特种转账借方传票交再贴现商业银行。

2. 商业银行的处理

商业银行收到中央银行从其存款户中收取再贴现票据的通知（特种转账借方传票），审核无误后，进行账务处理。会计分录如下：

借：向中央银行借款——再贴现户
　贷：存放中央银行款项

第三节　商业银行往来的核算

商业银行往来又称为同业往来，就是商业银行之间由于办理跨系统汇划款项、相互拆借资金等业务所引起的资金账务往来。

一、商业银行跨系统汇划款项的核算

各商业银行跨系统的汇划款项，应通过人民银行清算资金和转汇，但在实际工作中，一般做法是，规定一个限额（目前为 50 万元），汇划款项在此限额以上的应通过中央银行清算资金和转汇，在限额以下的仍采取相互转汇的办法。现介绍以下三种转汇方式。

（一）汇出地为双设机构地区的转汇采取"先横后直"的方式办理

汇出地为双设机构是指同一地区设有跨系统的汇入行系统的银行机构。在这种情况下，必须采取"先横后直"的方式办理转汇。即由汇出行根据客户提交的汇款凭证，按照不同系统的汇入行逐笔填制转汇清单，并根据转汇清单汇总编制划款凭证，通过同城票据交换划转汇入行在当地的转汇行，转汇行再通过系统内联行或电子汇划清算系统将款项划入收款人开户行。其基本处理程序如图 7-1 所示。

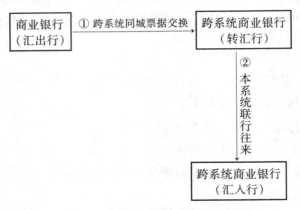

图 7-1　"先横后直"方式转汇程序图

1. 汇出行的处理

汇出行根据客户提交的汇款凭证，按不同系统的汇入行逐笔填制转汇清单，汇总后，通过同城票据交换提交同城跨系统行。划收款的会计分录如下：

　　借：单位活期存款——付款人户
　　　　贷：同业存放款项——××银行户
　　　　或　同城票据清算（票据交换地区）

如系划付款项，会计分录相反。

2. 转汇行的处理

转汇行收到汇出行转划的凭证和转汇清单经审查无误,通过本系统联行或电子汇划清算系统将款项划往异地的汇入行。划收款项的会计分录如下:

借:存放同业款项——××银行户
　或　同城票据清算(票据交换地区)
　　贷:清算资金往来(或本系统联行科目)

如系划付款项,会计分录相反。

3. 汇入行的处理

汇入行收到本系统划来的联行报单及有关汇划凭证,经审核无误,为收款(或付款)单位入账。划收款项的会计分录如下:

借:清算资金往来(或本系统联行科目)
　　贷:单位活期存款——收款人账户

如系划付款项,会计分录相反。

(二)汇出地为单设机构地区的转汇采取"先直后横"的方式

汇出地为单设机构是指同一地区没有跨系统的汇入行系统的银行机构。在这种情况下,必须采取"先直后横"的方式在汇入地办理转汇。即由汇出行将款项通过本系统联行或电子汇划清算系统办理划转。汇入地联行机构(转汇行)收到有关凭证后通过同城票据交换提交汇入行。其基本处理程序如图 7-2 所示。

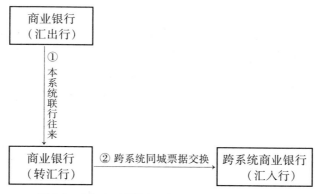

图 7-2　"先直后横"方式转汇程序图

1. 汇出行的处理

汇出行发生业务后凭客户提交的汇款凭证通过本系统联行或电子汇划清算系统将款项划转汇入地本系统的转汇行。划收款项的会计分录如下:

借：单位活期存款——付款人户
    贷：清算资金往来（或本系统联行科目）

如系划付款项，会计分录相反。

2. 转汇行的处理

汇入地本系统转汇行收到本系统汇出行划来的联行报单及汇划凭证，经审查无误，直接通过同城票据交换，向跨系统汇入行办理转汇。划收款项的会计分录如下：

借：清算资金往来（或本系统联行科目）
    贷：同业存放款项——××银行户
    或 同城票据清算（票据交换地区）

如系划付款项，会计分录相反。

3. 汇入行的处理

汇入行收到本地区跨系统转汇行划转的款项，为收款单位入账。划收款项的会计分录如下：

借：同业存放款项——××银行户
    或 同城票据清算（票据交换地区）
    贷：单位活期存款——收款人户

如系划付款项，会计分录相反。

(三) 汇出地、汇入地均为单设机构地区的转汇采取"先直后横再直"的方式

汇出地、汇入地均为单设机构的地区，必须采取"先直后横再直"的方式办理转汇。即要选择就近设有双系统银行机构的地区作为转汇地，首先通过本系统联行或电子汇划清算系统将款项划至转汇地的本系统联行机构（代转行）由其通过同城票据交换将汇划款项转至当地的跨系统转汇行，再由其通过系统内联行或电子汇划清算系统将款项汇至跨系统的汇入行。其基本处理程序如图7-3所示。

1. 汇出行的处理

汇出行发生业务后，凭客户提交的汇划凭证填制本系统联行报单，通过本系统联行或电子汇划清算系统将款项划至转汇地区的本系统联行机构（代转行）。划收款项的会计分录如下：

借：单位活期存款——付款人户
    贷：清算资金往来（或本系统联行科目）

如系划付款项,会计分录相反。

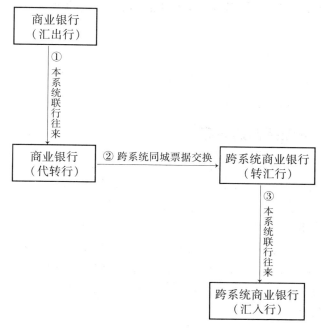

图 7-3 "先直后横再直"方式转汇程序图

2. 代转行的处理

代转行收到本系统联行汇出行划来的联行报单及汇划凭证,经审查无误,直接通过同城票据交换,向转汇行办理转划。划收款项的会计分录如下:

借:清算资金往来(或本系统联行科目)
　　贷:同业存放款项——××银行户
　　或　同城票据清算(票据交换地区)

如系划付款项,会计分录相反。

3. 转汇行的处理

转汇行收到本地区跨系统代转行划转的汇划凭证,经审查无误,即通过本系统联行或电子汇划清算系统划转汇入行。划收款项的会计分录如下:

借:存放同业款项——××银行户
　　或　同城票据清算(票据交换地区)
　　贷:清算资金往来(或本系统联行科目)

如系划付款项,会计分录相反。

4. 汇入行的处理

汇入行收到本系统联行报单和汇划凭证,经审核无误后办理转账。会计分录如下:

借:清算资金往来(或本系统联行科目)
　　贷:单位活期存款——收款人户

如系划付款项,会计分录相反。

二、同业拆借的核算

同业拆借是指商业银行之间临时融通资金的一种短期资金借贷行为。主要用于解决清算票据交换差额、系统内调拨资金不及时等原因引起的临时性资金不足。通过相互融通资金,充分发挥横向调剂作用,有利于搞活资金,提高资金的使用效益。

同业拆借可以在中央银行组织的资金市场进行,也可以在同城商业银行间进行,或在异地商业银行间进行,但都必须通过中央银行划拨资金。拆出与拆入的商业银行,应商定拆借条件,如拆借金额、利率、期限等,并签订协议,由双方共同履行。

(一)同城银行资金拆借的核算

1. 资金拆出的处理

(1)拆出行的处理。拆出行开出中央银行存款账户的转账支票,提交开户的中央银行,办理资金划拨手续。会计分录如下:

借:拆放同业——××拆入行户
　　贷:存放中央银行款项

(2)中央银行的处理。中央银行收到拆出行提交的转账支票,经审核无误,办理款项划转。会计分录如下:

借:××银行准备金存款——拆出行户
　　贷:××银行准备金存款——拆入行户

(3)拆入行的处理。拆入行接到收账通知办理转账。会计分录如下:

借:存放中央银行款项
　　贷:同业拆入——××拆出行户

2. 拆借资金归还的处理

(1)拆入行的处理。拆借资金到期,拆入行签发中央银行转账支票,提交

开户的中央银行,办理本息划转手续。会计分录如下:

借:同业拆入——××拆出行户
　　金融企业往来支出
　贷:存放中央银行款项

(2)中央银行的处理。中央银行收到拆入行提交的转账支票,会计分录如下:

借:××银行准备金存款——拆入行户
　贷:××银行准备金存款——拆出行户

办理转账后,通知拆出行。

(3)拆出行的处理。拆出行接到收账通知,办理转账,会计分录如下:

借:存放中央银行款项
　贷:金融企业往来收入
　　　拆放同业——××拆入行户

(二)异地银行资金拆借的核算

异地同业拆借业务发生时,拆出行通过其所在地的中央银行将款项汇往拆入行所在地开户的中央银行,并由拆入行开户的中央银行转入拆入行账户;归还时,由拆入行主动将款项归还拆出行并通过中央银行办理转账。

第四节　同城票据交换与清算

随着市场交易范围的不断扩大,同城结算业务日益增加,其中大量的与结算业务有关的收付款单位都不在同一行处开户,它们之间的结算如果每笔票据业务都采用逐笔送交对方行转账或逐笔清偿存欠款的做法,不仅增加核算工作量,而且手续过繁,影响及时入账,不利于社会资金周转。因而,同城各行处间的资金账务往来都采取票据交换的办法,即定时定点,集中交换代收、代付的票据,然后轧计差额,清算存欠的办法。集中交换票据的场所称为票据交换所,由中央银行主办(称为主办清算行),参加票据交换的银行(称为清算行)须经中央银行批准并颁发交换行号,方可按规定时间参加交换。

一、同城票据交换的基本做法

参加票据交换的银行均应在中央银行开立备付金存款账户,由中央银行负责对各银行之间的资金存欠进行清算。票据交换分为提出行和提入行两个系统。向他行提出票据的是提出行,提回票据的是提入行。而参加票据交换的银行一般既是提出行又是提入行。各行提出交换的票据可分为代收票据和代付票据两类。凡是由本行开户单位付款,他行开户单位收款的各种结算凭证,称为代收票据(贷方票据);凡是由本行开户单位收款,他行开户单位付款的各种结算凭证,称为代付票据(借方票据)。提出行提出代收票据则表示为本行应付款项,提出代付票据则表示为本行应收款项;提入行提入代收票据则表示为本行应收款项,提入代付票据则表示为本行应付款项。各行在每次交换中当场加计应收和应付款项,最后由票据交换所汇总轧平各行处的应收、应付差额,由中央银行办理转账,清算差额。

(一) 提出行的处理

提出行将提出的票据,按代收票据、代付票据清分,分别登记"代收票据交换登记簿"和"代付票据交换登记簿",并结出金额合计数。同时,按代收、代付票据所属行别的交换号(即提入行的交换代号)整理,汇总加计票据的张数、金额,填制"代理收款计数清单"和"代理付款计数清单"并将代收、代付票据附在后面。同时,加计代收、代付计数清单的笔数、金额,登记"清算总数表"的"提出代收款"和"提出代付款"栏。

提出行经上述处理后,即可由交换员将清算总数表,连同代收、代付计数清单和提出的票据带到票据交换所进行交换。

(二) 提入行的处理

交换员在票据交换所提回本行票据时,将票据和计数清单分开,分别代收、代付汇总加计票据笔数和金额,经核对相符,登记"清算总数表"的"收回代收款"和"收回代付款"栏,然后结出收入和付出的合计。

(三) 清算差额的处理

各参加票据交换的银行在票据交换结束后,根据本行的"清算总数表"收入和付出合计数,轧算应收或应付差额,若应收金额大于应付金额则为应收差额;反之则为应付差额。交换结束后还应根据清算总数表中的应收、应付差额填制"票据清算差额专用凭证",将资金差额向当地中央银行清算。

若本次交换为应收差额,会计分录如下:

  借:存放中央银行款项
    贷:同城票据清算(或待清算票据款项)

若本次交换为应付差额,会计分录如下:

借：同城票据清算（或待清算票据款项）
　　贷：存放中央银行款项

中央银行根据参加票据交换各行应收、应付差额情况，进行转账，其会计分录如下：

借：××银行准备金存款——应付差额行
　　贷：××银行准备金存款——应收差额行

二、同城票据交换退票的核算

票据交换业务要坚持"先付后收，收妥抵用，银行不垫款"的原则。当提入行提入有错误的票据如账号与户名不符、大小写金额不一致、付款人账户资金不足支付等均要办理退票。

（一）退票行的核算

退票行（提出退票的行）即原提入行。当提入的票据由于各种原因不能办理转账，需要退票时，应在规定的退票时间内打电话通知原提出行，并将待退票据视同提出票据列入下次清算。由于待退票据款项已列入本次清算差额，为保持本次"待清算票据款项"余额与清算差额一致，便于账务平衡和核查，对待退票款项应列入应收或应付科目核算。退票时，填制"退票理由书"一式三联。一联留存本行作应收或应付科目的转账凭证，另两联附退票票据于下次票据交换时退回原提出行。退回借方票据的会计分录如下：

借：同城票据清算（或待清算票据款项）
　　贷：其他应收款——退票专户

退回贷方票据的会计分录如下：

借：其他应付款——退票专户
　　贷：同城票据清算（或待清算票据款项）

（二）原提出行的核算

原提出行接到退票行的电话通知或退回的票据后，根据票据交换登记簿查明确属本行提出的票据，在登记簿中注明退票的理由和时间，再作账务处理。退回的票据视同提入票据处理。根据退票行提交的"退票理由书"填制特种转账凭证办理转账。对于退回的借方票据，其会计分录如下：

借：其他应付款——退票专户
　　贷：同城票据清算（或待清算票据款项）

对于退回的贷方票据,其会计分录如下:

借:同城票据清算(或待清算票据款项)
　　贷:单位活期存款——原付款人户

（各地同城票据交换的具体核算手续不尽相同,使用的会计科目也有区别,但是,就其基本原理来说,还是一样的)

三、计算机处理交换票据的基本做法

目前,我国一些大中城市为了改进票据交换的做法,提高票据交换的效率,引进了相应的计算机设备,对原手工操作的票据交换做法进行了根本性的变革。现将计算机处理交换票据的基本做法概述如下:提出行将要提出交换的票据先经打码机打码处理。这些数码根据票据或凭证填写的有关要素打印,其中包括票据号码、交换行号、单位账号、借(贷)方代码及金额,打在每张票据或凭证的末端,并由打码机打印出提出交换的票据的明细清单(即主清单)。为了便于分批处理提出交换票据,在每批(不超过100张)票据打码处理后,另打制"批控卡"用于控制该批票据金额是否平衡。提出行根据"批控卡"的借方(贷方)总额填入"交换提出报告单",结计总数并与打码机的总数核对相符,连同本场交换提出的全部票据及主清单,一并装袋送交换场。交换场工作人员在规定的交换时间将交换凭证陆续投入清分机进行清分,由清分机自动按提回行进行清分、读数,打印出票据清单,直至最后把提回的票据、凭证输送各提回行的箱夹,由各提回行取回进行账务处理,同时由交换场计算机打印出"交换差额报告表"送中央银行营业部办理资金清算。

现将票据交换使用的表和单说明如下:

(1)主清单:是提出行通过打码机输入每批票据(最多100笔)结束后,打印出该批票据的明细清单。主清单一式两联,一联由提出行保存,另一联送交换场。

(2)批控卡:是提出行在票据打码批处理结束后打印该批票据借、贷方金额小计数的卡片。提出交换时,此卡必须放在该批票据的最前面,用于控制该批票据金额是否平衡,也是提出行交换资金清算的重要依据之一。

(3)交换提出报告单:是提出行根据批控卡借、贷方小计数按批填制,并分别加计提出交换票据的借、贷方合计数的记录。交换提出报告单一式两联,一联经交换场核对盖章后退提出行备查,另一联由交换场留存。

(4)提出行票据清单:是交换场清分票据后对提出行提出票据的详细记

录。该表由交换场编制,交提出行。

(5) 提回行票据清单：是交换场清分票据后对提回行提回票据的详细记录。该表由交换场编制,交提回行。

(6) 交换差额报告表：是轧计各交换单位提出、提回票据清算资金差额的报表。该表由交换场编制,一式两联,一并交提回行。

复习思考题

1. 什么是金融机构往来？金融机构往来的核算要求有哪些？
2. 简述缴存财政性存款和缴存一般性存款的范围、基本规定与核算手续。
3. 商业银行之间跨系统相互转汇有哪几种做法？其核算程序如何？
4. 简述票据交换的基本做法,提出行与提入行的处理。
5. 什么是同业拆借？商业银行拆出行、拆入行如何核算？
6. 如何进行票据清算？

第八章 现金出纳与货币发行业务

学习目标
- 了解现金出纳的任务和原则
- 掌握现金收付的核算
- 了解货币发行业务的基本概念
- 熟悉发行基金调拨的处理
- 掌握货币发行与回笼的核算
- 了解损伤票币的相关处理

第一节 现金出纳业务概述

现金是指具有现实购买力或清偿力的货币,我国法定的货币为人民币。银行通过支付工资、奖金、个人劳务报酬和其他零星支出等将现金付出,又通过单位将商品销售和劳务收入款项缴存银行以及财政回笼和储蓄等方式将流向社会各界的现金收回。这样,银行一方面付出现金,另一方面又将现金收回,构成了银行的现金出纳活动。

银行的现金出纳工作是银行的一项基础性工作,与国民经济各部门、各单位乃至广大人民群众有着密切的联系。做好现金出纳及核算工作,对于贯彻我国的金融法规和现金管理,满足市场的现金需要,调节市场货币流通,服务客户,加速现金周转,监督现金合理使用,保护国家财产安全等方面都具有十分重要的意义。

一、现金出纳工作的任务

银行的现金出纳工作,是实现银行基本职能的重要环节,它的工作任务是:

(1)按照国家金融法规和银行制度,办理现金的收付、整点、调运以及损伤票币的回收兑换和回笼。

(2)根据市场货币流通的需要,调节市场各种票币的比例,做好现金回笼和供应工作。

(3)办理有价证券的监制、发行和销毁业务。

(4)按照金银管理的要求,办理金银收购、配售业务,开展金银回收和节约代用工作。

(5)保管现金、金银、外币和有价单证,做好现金运送的安全保护。

(6)负责人民币票样管理,宣传爱护人民币,组织反假票、反破坏人民币的工作。

二、现金出纳工作的原则

现金出纳工作有着特殊的性质,为确保现金出纳工作任务的完成,必须建立手续严密、责任分明、准确及时、库款安全的制度,并坚持以下原则:

(1)钱账分管原则。钱账分管原则就是指管钱的不管账,管账的不管钱。从组织上做到分工明确、责任清楚,有利于会计出纳各自发挥不同的专业职能,并便于相互核对和制约,确保账款相符和库款安全。

(2)双人经办原则。双人经办原则就是指在日常现金及库款调运中,要坚持双人调款、双人押运;在日常库房管理中,要坚持双人管库、双人守库。这样,可以相互复核、互相监督,防止差错事故的发生。

(3)收付分开原则。收付分开原则就是指收款业务与付款业务分开经办,收付两条线,不能由一人既管收款又管付款,避免以收抵支及舞弊现象的发生。并且坚持现金收入业务应先收款后记账,现金付出业务应先记账后付款。

(4)换人复核原则。换人复核原则就是指无论收款还是付款都必须换人复核。收款人员收款后必须交复核人员复点。付款人员配好款项后必须在复核人员复点后才能付款。这样可以避免发生差错,不至于给银行信誉和财产造成损失。

(5)交接手续和查库原则。就是指款项交换或出纳人员调换时,须办理交接手续,分清责任。对库房管理除坚持双人守库、双人管库外还必须坚持定期或不定期查库,确保账款相符。

三、现金收入的核算

(一) 到人民银行提取现金的处理

商业银行到人民银行提取现金,必须填写人民银行的现金支票,在人民银行开立存款账户余额内提现,不得透支。其会计分录如下:

借:库存现金
　　贷:存放中央银行款项

(二) 客户缴存现金的处理

商业银行的客户在向银行缴存现金时,应填制一式两联的现金缴款单,连同现金交银行出纳部门,收款员收到缴款单和现金后,应先审查凭证日期、账号、户名、款项来源填写是否齐全,大小写金额是否一致。审核无误后,即当面点收款项,先点大数,再清点全部细数。现金收妥后,收款员在两联缴款单上分别加盖名章,然后交复核员进行复点。经复核无误后,在凭证上加盖"现金收讫"章及复核员名章。然后,将第一联(回单联)退还客户,第二联由收款员登记现金收入日记簿后按有关规定程序送有关会计专柜代现金收入传票。会计部门收到第二联缴款单后,凭以记入缴款单位分户账。其会计分录如下:

借:库存现金
　　贷:单位活期存款——××单位存款户

四、现金付出的核算

(一) 向人民银行缴存现金的处理

商业银行将超过库存限额的现金缴存人民银行时,应填写人民银行的现金缴款单,连同现金交人民银行。然后根据人民银行退还的第一联回单(已加盖现金收讫章)记账,会计分录如下:

借:存放中央银行款项
　　贷:库存现金

(二) 客户提取现金的处理

客户在提取现金时,应填写本行的现金支票,或其他现金付款凭证到银行会计专柜办理取款手续交到会计部门的有关专柜办理手续。会计人员收到支款凭证后,应审查日期、账号、户名以及背书是否齐全,款项用途是否符合有关规定,大小写金额是否相符等。经审核无误后,将现金支票右下角的"出纳对号单"撕下或将铜牌交取款人,凭以向出纳部门领取款项。然后,会计部门将留下的现金支票(或其他支款凭证)代替现金付出传票做账务处理。会计分录为:

借:单位活期存款——××单位存款户
　　贷:库存现金

记账经复核无误,再将现金支票按有关规定程序传送到出纳部门。

出纳部门付款员接到会计部门传来的现金支票,按规定审核无误后,凭以登记现金付出日记簿,并予以配款,在支款凭证上填明券别明细、加盖现金付讫章和名章,将凭证、现金付出日记簿连同现金一并交复核员复核。复核员复核无误后,叫号、问清取款额、收回对号单或铜牌,将款项当面交给取款人清点。最后支款凭证分批送回会计部门。

五、营业终了现金收付的汇总核对

每日营业终了时,收款员应将当日所收的现金,按票币种类进行汇总,计算出现金总数,并同现金收入日记簿的总数和会计部门的现金科目的借方发生额核对相符,然后填写入库票,登记款项交接登记簿,将现金交管库员审核入库。

付款员应当根据当日领取的备付现金总数,减去未付的剩余现金,轧出当日实付现金总数,并同现金付出日记簿总数和会计部门的现金科目的贷方发生额核对相符,再填写入库票,登记款项交接登记簿,交管库员审核入库。

管库员收到收款员和付款员交来的现金,经同现金收付登记簿及入库票核对相符后,将现金入库保管,同时登记现金库存簿。将昨日库存加减今日收付的现金总数,结出今日库存,并同业务库的实存现金核对相符。会计部门现金科目的总账余额,应同出纳部门的现金库存登记簿余额核对相符。

六、出纳错款的核算

出纳错款是指在办理现金收付过程中发生的现金多缺,导致账款不符的现象。出纳错款处理原则是:长款不得溢库,短款不得空库,长短款不能互补;长款不报以贪污论处,短款不报以违反制度论处。因此,发生长款应及时查明原因,退还原主。如确实无法查明原因,也应按规定记入其他应付款账待查,不能侵占。发生短款不能自补上报,应及时查找收回,力求挽回损失,如确实无法收回,应根据实际情况区别对待,正确处理。

（一）出纳长款的处理

发生出纳长款,当天应及时查找原因,力争退还原主。如当天未能查明原因,应先由出纳部门出具证明,经会计主管批准后,由会计部门填制现金收入传票暂列"其他应付款"科目。其账务处理的会计分录如下：

借：库存现金
　　贷：其他应付款——待处理出纳长款户

查明原因后,若系客户多交或银行少付的,应及时退还原主,会计分录如下：

借：其他应付款——待处理出纳长款户
　　贷：库存现金

经查找无法确定原因的,经批准,可将此款作银行收益处理,会计分录如下：

借：其他应付款——待处理出纳长款户
　　贷：营业外收入——出纳长款收入

（二）出纳短款的处理

若发生出纳短款,银行应及时查找收回。如当天未能查清收回的,可先由出纳部门出具证明,经批准,会计部门填制现金付出传票,通过"其他应收款"科目处理,其账务处理的会计分录如下：

借：其他应收款——待处理出纳短款户
　　贷：库存现金

经查明原因,收回短款时,会计分录如下：

借：库存现金
　　贷：其他应收款——待处理出纳短款

若确实无法查明原因,无法收回的,按规定的制度报损,作银行损失处理,会计分录如下：

借：营业外支出——出纳短款支出
　　贷：其他应收款——待处理出纳短款户

如属有章不循、玩忽职守而造成短款,应追究责任,给予适当的纪律处分；如属监守自盗、侵吞巨款,应按贪污论处,并追回全部赃款。

七、票币兑换业务

办理人民币存取款业务的金融机构应当按照中国人民银行的规定,无偿为公众兑换残缺、污损的人民币,挑剔残缺、污损的人民币,并将其交存当地中国人民银行。

(一)残损人民币兑换标准

残损人民币包括污损人民币和残缺人民币两大类。污损人民币是指因自然或人为磨损、侵蚀,造成外观、质地受损,颜色变暗,图案不清晰,防伪功能下降,不宜再继续流通使用的人民币。

1. 残损人民币全额兑换的标准

(1)票面残缺不超过五分之一,其余部分的图案、文字能照原样连接者。

(2)票面污损、熏焦、水湿、变色,但能辨别真假,票面残缺不超过五分之一,其余部分的图案、文字能照原样连接者。

2. 残损人民币半额兑换的标准

票面残缺五分之一至二分之一,其余部分的图案、文字能照原样连接者,应照原票面半额兑换,但不得流通使用。

3. 不予兑换的票币

凡残损人民币属下列情况之一者,不予兑换。

(1)票面残缺二分之一以上者。

(2)票面污损、熏焦、水湿、油浸、变色不能辨别真假者。

(3)故意挖补、涂改、剪贴、拼凑、揭去面者应予以没收。

4. 因火灾、虫蛀、鼠咬、霉烂等特殊原因的票币兑换

可由持票人所在单位或乡政府街道办事处或居民委员会出具证明,经调查情况属实、来源正当,能分清票面种类,能计算出票面张数、金额,经审批后可予以照顾兑换,证明应附于票币之后。

5. 残缺人民币内部掌握兑换标准

(1)票面缺去八分之二,保留面积不少于八分之六者兑换全额。

(2)票面缺去八分之五,保留面积不少于八分之三者兑换半额。

(3)正十字形缺少四分之一者只能兑换半额。

(二)残缺人民币兑换的会计处理

客户来银行兑换残缺票币,基层经办行经办人员应该坚持先收后付,并按《残缺人民币兑换办法》以及内部掌握兑换标准兑换。经兑换的残币除加盖全额、半额章外,还应加盖兑换人名章。当向人民银行存款时,将残缺票币交存

人民银行,由人民银行统一组织销毁(将在本章第五节介绍)。会计分录如下:

借:存放中央银行款项
 贷:库存现金

八、假币管理

(一)假币的种类

假币包括伪造币和变造币两种。

伪造币是指仿照真币的图案、形状、色彩等,采用各种手段制作的假币。

变造币是指在真币的基础上,利用挖补、揭层、涂改、拼凑、移位、重印等多种方法制作,改变真币原形态的假币。

(二)管理规定

(1)假币管理执行《中国人民银行假币收缴、鉴定管理办法》。

(2)办理现金业务的人员必须经过反假培训,考核合格后颁发"反假货币上岗资格证书",做到持证上岗。

(3)一旦确认为假币不得再退还持有人,不得以判定不准为由退还假币,更不准将盖有"假币"字样的假币退还持有人。

(4)已收缴假币营业终了入库保管,定期上缴人民银行。

(5)网点在收缴假币过程中有下列情形之一的,应当立即报告当地公安机关,提供有关线索:

① 一次性发现假人民币 20 张(枚)(含 20 张、枚)以上、假外币 10 张(枚)(含 10 张、枚)以上的;

② 属于利用新的造假手段制造假币的;

③ 有制造贩卖假币线索的;

④ 持有人不配合金融机构收缴行为的。

第二节 货币发行业务概述

中国人民银行是我国的中央银行,掌管货币发行业务是它的重要职责之一。货币发行业务,包括发行基金的保管、调拨、货币的发行与回笼以及损伤票币的回收销毁。在我国,货币发行按照高度集中统一的原则办理,中国人民银行是全国唯一的货币发行机关,未经中国人民银行总行的批准,任何地区、任何部门、任何人都无权动用国家的货币发行基金,无权增加对市场的货币投放额。中国人民银行按照国民经济的发展以及对商品生产和商品流通的需要,合理安排和调拨发行基金,有计划地发行和回笼货币,调节市场货币流通,为稳定金融、物价,安定人民生活,促进生产发展和扩大流通服务。发行业务的会计核算通过真实、准确、完整、及时地记录和计算发行基金的调拨、销毁、库存、货币发行、货币回笼以及流通中的货币情况,为考核计划、研究货币政策的执行情况提供依据。因此,做好货币发行业务的核算工作,对于实现稳定通货的货币政策,发挥中央银行在国民经济中的宏观调控作用具有重要意义。

一、发行基金与发行库

发行基金是指中国人民银行代替国家保管的尚未投放市场的票币,是调节市场货币流通的准备基金。由印制厂印制完成进入发行库但尚未进入流通领域或者从流通领域退出回到发行库的票币均为发行基金。

发行库是负责保管、调拨发行基金的保管库,是中国人民银行代国家保管未发行货币的保管库,是中国人民银行机构的组成部分。按中国人民银行的管理体制,分别在总行、分行、中心支行和支行设立总库、分库、中心支库和支库四级发行库机构。同时,为了灵活调拨发行基金,总库还在若干分库设立总行的重点库和后备库,代总库接受新票币入库,并保管和运送发行基金。

发行库的管理,实行垂直领导,各级发行库的主任均由同级人民银行行长兼任。总行重点库主任由所在分行行长兼任。发行库的任务主要是:

(1) 根据国务院核定的货币发行额度,统一调度发行基金。

(2) 根据国务院发行货币的决定,具体办理货币发行工作和损伤票币的收回、销毁工作。

(3) 保管、调运发行基金,调剂市场各种票币的流通比例。

(4) 办理全国发行业务的会计核算,提供发行基金的分布及市场货币流通的数据。

二、发行业务的核算特点

(一) 会计账务自成系统,专设科目,独立核算

发行基金属于尚未发行的票币,在未进入流通领域前,并不构成人民银行的资金来源,不纳入人民银行的账务系统。当发行或回笼货币时,既涉及发行基金的增减,又引起银行资金的变化,因此要同时纳入人民银行的账务系统。发行基金与流通中货币,发行专用科目与银行统一会计科目既分别进行又对

应统一的核算特点,反映了发行业务的全貌。

(二) 发行基金的核算采用单式记账方法

调入发行基金及商业银行或本行业务库交来现金记收入,表示发行基金的增加;调出发行基金、商业银行或本行业务库提取现金以及销毁票币记付出,表示发行基金的减少。

(三) 采用逐级负责制

各级发行库的发行基金,是总库发行基金的一部分,其发生的发行基金的增减变动都必须坚持集中统一、分级管理、逐级核算的原则。对发行基金的调拨变动,要采取逐级负责的办法。总库负责分库的调拨,分库负责中心支库的调拨,中心支库负责支库的调拨。上级发行库一方面设立本身的发行基金账户,反映其本身发行基金的增减变动;另一方面还要为下级发行库设立账户,反映下级库发行基金的增减变动。这样在上级库的账户上就可以了解本身及辖属库发行基金的增减变动及其库存情况。

三、会计科目和账表设置

(一) 会计科目

1. 表外科目

为了全面反映和监督发行基金的分布、调运和保管情况,发行库账务系统设置以下表外科目:

(1) "发行基金"科目。本科目由各级发行库使用,记载本身和所辖发行库发行基金的变动情况。印钞厂交来票币、由其他库调入发行基金、商业银行交存回笼货币时,记收入;销毁损伤票币、向其他库调出发行基金、商业银行支取发行货币时,记付出;其余额在收入方,表示本身和所辖发行库的发行基金实际库存。在此科目下,按本身和所辖发行库设立明细账户。

(2) "总行重点库发行基金"科目。本科目由总行重点库、后备库及代总库保管发行基金的分库使用,记载重点库发行基金的变动情况。调入发行基金时记收入;调出发行基金时记付出;其余额在收入方,表示重点库发行基金的实际库存。

(3) "印制及销毁票币"科目。本科目由总库专用,记载历年印制和销毁票币的情况。印制厂交来票币时记收入;销毁票币时记付出;余额在收入方,表示各发行库保管的发行基金和流通中货币之和。为统计历年印刷和销毁票币数,年终过入新账时,应将历年收付累计数同时过入新账。

2. 表内科目

为了全面反映和监督发行基金往来货币的发行、回笼以及流通中货币的情况,设置以下表内科目。

(1)"发行基金往来"科目。本科目由中国人民银行(中央银行)各级行使用,用于对商业银行或本行业务库向发行库支取或解缴现金的核算。基层人民银行在货币发行时记贷方;货币回笼时记借方;余额双方反映。人民银行总行在收到分库货币发行电报时记借方;收到货币回笼电报时记贷方;总行以"流通中货币"科目与本科目对转。用于记载货币的发行和回笼情况。

(2)"流通中货币"科目。本科目由人民银行总行专用,用于记载流通中货币的变动情况。其贷方反映发行货币金额,借方反映回笼货币金额。余额反映在贷方,反映流通中的货币总量。

(二)账簿设置

发行会计采用单式收付记账法进行记录,以反映发行基金数量及其增减变动情况,设置的账簿主要有以下两种。

(1)发行基金分户账,一般是上级库按直属库和下级库立户。总库各户的合计数就是全国发行基金总数,支库、分库则分别反映本身户及辖内各户发行基金总数。

(2)发行基金券别保管登记簿,按券别(版别)分户或专栏记载,登记簿格式及其设置要求与发行基金分户账虽不相同,但两者的余额合计必须一致。

(三)发行业务报表

(1)发行基金对账单。它是上下级库对账的工具,各分库根据所辖发行库每月发行基金的调拨、发行、回笼及销毁数额报总库,格式与发行基金分户账相同。

(2)发行基金库存月报。中心支库月终根据发行基金券别保管登记簿各户余额编报中心支库,中心支库编制辖内汇总发行基金库存月报上报分库。

(3)发行基金券别季报。分库根据中心支库报送的发行基金库存月报,在每季末月汇总编制全辖发行基金券别季报,经与发行基金分户账数额核对相符后上报总库。

第三节 发行基金保管和调拨的核算

发行基金分散保管在总行重点库和各级行保管库中。各级行根据辖内不同地区实际需要,经上级行签发调拨命令,可以在各保管库间调拨发行基金,以保证市场对现金的需要。

一、印制厂交来票币的核算

印制厂印制完成的票币是发行基金的最初来源，一定要全部交入总库，或交由总库指定的发行库保管。合格票币解缴入库时，应由印制厂填制"印制票币成品入库单"一式四联，加盖公章后，连同票币送交指定的总行重点库。

总行重点库验收无误后，将第一联凭证做回单，盖章后退交印制厂；第二联凭证代发行基金入库单，凭以记账；第三联凭证盖章后退交印制厂，由印制厂凭以向总行办理印制费用结算；第四联凭证寄报总行。

总行重点库记账的会计分录如下：

收入：总行重点库发行基金——本身库户

同时电告总库，总库收到盖有重点库印章的成品入库单第四联验收无误后，代印制及销毁票币收入传票，同时填制发行基金收入传票，会计分录如下：

收入：印制及销毁票币——××券别户
收入：总行重点库发行基金——总行××重点库户

二、发行基金调拨的核算

发行基金调拨是组织货币投放的准备工作。通过在发行库之间转移发行基金，可以合理安排发行基金库存，保证货币能按需要及时发行，以及调剂市场各种券别的比例。发行基金的调拨既可以在上、下级库之间进行，也可以在同级库之间进行。不论采用哪种形式，都必须采取逐级负责的办法，一律凭上级库的调拨命令办理调拨手续。发行基金调拨命令一式三联：第一联存查联，由签发库作记账凭证；第二联调出命令，由调出库作付款凭证；第三联调入命令，由调入库作收款凭证。

（一）调出库向调入库运送发行基金的核算

调出库根据上级库（或本身库）下达的发行基金调拨命令，填制发行基金调拨凭证一式五联：第一联代出库凭单，第二联调出库记账凭证，第三联调入库记账凭证，第四联代入库凭单，第五联作调入报告或电报底稿附件。

1. 调出库的核算

调出库以第一联调拨凭证记载发行基金库存簿，第二、第三联调拨凭证加盖发行库及主任印章后，与第四、第五联调拨凭证连同发行基金一并送调入库。同时，暂凭调拨命令第二联记账，其会计分录为：

付出：总行重点库发行基金——本身库户

（或 付出：发行基金——本身库户）

2. 调入库的核算

调入库收到调拨凭证及发行基金，经验收后，在调拨凭证第二、第五联加盖发行库及主任印章，将第二联调拨凭证交调出库送款员带回；第五联寄上级库或作为向上级库拍发电报的底稿附件。在第三、第四联调拨凭证上加盖发行基金收讫章和经手人章，以第三联调拨凭证记账，其会计分录如下：

收入：总行重点库发行基金——本身库户

（或 收入：发行基金——本身库户）

同时，以第四联调拨凭证登记发行基金登记簿。

调出库送款员将第二联调拨凭证带回后，经与原调出命令核对无误，补做正式记账凭证，并补盖有关人员印章。原调拨命令作凭证附件。

（二）调入库到调出库提取发行基金的核算

1. 调出库的核算

调入库根据上级库（或本身库）签发的发行基金调拨命令，开具盖有发行库及主任印章的取款介绍信（应写明调拨命令号码、提取发行基金金额和取款人姓名），连同调入命令及取款人工作证一起提交调出库。

调出库经查验后，填制"发行基金调拨凭证"，并在第一、第二联调拨凭证上加盖发行基金付讫章及经手人章。第一联调拨凭证用以办理出库并登记发行基金库存簿，第二联由调入库取款人核点发行基金无误后，签章作为调出库记账凭证，调出命令及介绍信作为附件。其会计分录如下：

付出：总行重点库发行基金——本身库户

（或 付出：发行基金——本身库户）

记账后，在第三联调拨凭证上加盖调出库及主任印章，与第四、第五联调拨凭证连同发行基金一并交调入库取款人带回。

2. 调入库的核算

调入库将第三、第四、第五联调拨凭证与调入命令核对，并点验发行基金无误后，在第三、第四联调拨凭证上加盖发行基金收讫章及经办人章，以第三联调拨凭证附调入命令办理收账，其会计分录如下：

收入：总行重点库发行基金——本身库户

（或 收入：发行基金——本身库户）

第四联调拨凭证用以登记发行基金库存簿，第五联加盖发行库及主任章后,寄上级库或做向上级拍发电报底稿的附件。

(三)上级库的核算

上级库收到调入库寄报的调拨凭证(如系电报应补制发行基金收入传票),经与调拨命令第一联核对无误后,以调拨凭证代收入传票,调拨命令代付出传票,处理账务。

(1)总库调拨总行重点库、分库代总库保管或分库的发行基金,会计分录如下:

收入:总行重点库发行基金——××调入库户

(或 收入:发行基金——××调入库户)

付出:总行重点库发行基金——××调出库户

(或 付出:发行基金——××调出库户)

(2)分库、中心支库的辖内调拨,只记调出库与调入库账户,不在总库账户中反映。会计分录如下:

收入:发行基金——××调入库或本身库户

付出:发行基金——××调出库或本身库户

调拨库收到上级库下达的调拨命令,应在半月内联系执行,不得拖延。

第四节 货币发行与回笼的核算

货币发行是指发行基金进入流通领域,引起发行基金的减少和流通中货币的增加。货币回笼是指货币从流通领域中退出,重新回到发行基金保管库内,引起发行基金的增加和流通中货币的减少。货币发行与回笼主要是通过人民银行发行库与各商业银行之间的现金往来业务实现的。商业银行在人民银行开立存款户,支取现金即为货币发行;存入现金即为货币回笼。同时,人民银行为其他金融机构存取现金需要而设立了业务库,当其他金融机构提取现金时,若业务库库存不足可向发行库提取现金;当业务库收到存入的现金超过限额时,即及时交回发行库。

一、货币发行业务的核算

货币发行除少部分通过中国人民银行业务库办理外,大部分是通过商业银行现金投放实现的。商业银行或中国人民银行业务库的现金如低于限额,可在中国人民银行存款账户余额内向中国人民银行发行库支取现金。

(一) 商业银行向人民银行支取现金的核算

商业银行向人民银行支取现金,应签发现金支票,经人民银行会计部门审核无误记账,另填制发行基金往来科目现金收入传票,加盖记账员、复核员印章,一并交发行部门。会计分录如下:

借:××银行存款——××行户
　　贷:发行基金往来

发行部门收到现金支票和传票后,经核对商业银行取款人工作证与预留取款印鉴,并凭会计部门已审核记账和签章的现金支票,填制发行库出库凭证一式四联。然后分别在现金支票上加盖"现金付讫"章及经手人章,并付出现金。在发行基金往来科目现金收入传票上加盖"现金付讫"章及经手人章;在发行库出库凭证第一、二联加盖"现金付讫"章及经手人章;第一联凭证记载发行基金账,第二联库房留记发行基金库存簿,第三联加盖"现金付讫"章附发行基金往来科目现金收入传票,连同现金支票一并送交会计部门,第四联加盖发行库及库主任章寄上级库或作电报底稿附件。发行库核算的会计分录如下:

付出:发行基金——本身库户

(二) 人民银行业务库向发行库领取现金的核算

业务库库存现金不足,向发行库领取现金时,应填制两联领取发行库现金凭单,经行长或出纳主管人员签章后,第一联留存,第二联送会计部门。

会计部门根据第二联领取发行库现金凭单填发行基金往来科目现金收入传票。会计分录如下:

借:库存现金
　　贷:发行基金往来

然后将传票和第二联领取发行库现金凭单送交业务库。业务库将传票暂存,持第二联领取发行库现金凭单由出纳人员向发行库领取现金。

发行库经审核无误,应填制四联发行基金出库凭证并签章后将现金交出纳人员,将发行基金出库凭证第三联交会计部门,将第一、二、四联留作发行账务处理,其处理手续同前。但应将业务库送来的第二联领取发行库现金凭单作发行基金往来科目现金收入传票附件。会计分录如下:

付出:发行基金——本身库户

业务库收到现金后,应在留存的传票上加盖"现金收讫"戳记和有关人员名章,并登记现金收入日记簿后退会计部门。

会计部门收到第三联发行基金出库凭证后应将其补作发行基金往来科目现金收入传票的附件。

二、货币回笼业务的核算

中国人民银行业务库或商业银行业务库如库存现金数量超过核定的库存限额,应将超出限额的部分缴存中国人民银行发行库。

(一)商业银行向人民银行缴存现金的核算

商业银行向发行库缴存现金时,应填制"现金缴款单"一式两联,连同现金交发行库,发行库将款项收妥无误后,在"现金缴款单"上加盖"现金收讫"章及经手人名章,将回单联退缴款行。同时填制发行基金入库凭证一式四联,然后在发行基金入库凭证第一、二联加盖发行基金收讫章及经手人章,第一联交发行会计做账务处理;第二联库房留记发行基金库存簿;第三联加盖"现金收讫"章及经手人章,连同现金缴款单交会计部门;第四联加盖发行库及库主任章寄上级库或作电报底稿附件。发行库核算的会计分录如下:

收入:发行基金——本身库户

人民银行会计部门接到了发行库转来的商业银行"现金缴款单"和发行基金入库凭证第三联,凭以填制发行基金往来科目现金付出传票,将入库凭证作附件,其会计分录如下:

借:发行基金往来
　　贷:××银行存款——××行户

(二)人民银行业务库向发行库缴存现金的核算

业务库因超过库存现金限额缴回发行库现金时,应填制两联"缴回发行库现金凭单",经出纳主管人员签章后送会计部门,会计部门根据"缴回发行库现金凭单"填制发行基金往来科目现金付出传票,并登记账册。会计分录如下:

借:发行基金往来
　　贷:库存现金

然后将传票和两联"缴回发行库现金凭单"一并交业务库,业务库经登记现金付出日记簿后将两联"缴回发行库现金凭单"和现金送交发行库。

发行库经审核,点收现金无误后,应填制四联发行基金入库凭证,并在凭证上签章和办理入库手续,将发行基金入库凭证第三联交会计部门,将第一、二、四联留作发行账务处理,其处理手续同前。但应将"缴回发行库现金凭单"第二联作发行基金往来科目现金付出传票附件。第一联盖章退业务库。会计分录如下:

  收入:发行基金——本身库户

  业务库将收到的第一联"缴回发行库现金凭单"留存,并在传票上加盖"现金付讫"戳记和有关人员名章后将传票退会计部门。

  会计部门收到第三联发行基金入库凭证应将其补计发行基金往来科目现金附出传票附件。

三、逐级上报发行、回笼数的核算

  每日营业终了,各级发行库应汇总当日货币发行、回笼数额,逐级电报上级库。

（一）中心支库和分库的处理

  中心支库或分库收到下级库上报发行、回笼的电报,应分别填制发行基金收入、付出传票(电报作附件),登记发行基金账。其会计分录为:

  收入:发行基金——××库或本身库(回笼)
  付出:发行基金——××库或本身库(发行)

  同时汇总全辖货币发行与回笼款,并在当日向上级库电告。

（二）总库的处理

  总库收到分库上报货币发行、回笼的电报后,分别处理如下:

  (1) 收到货币发行电报时,会计部门编制转账借方、贷方传票各一联(电报作发行基金往来科目传票附件)办理转账。其会计分录为:

  借:发行基金往来
    贷:流通中货币

  发行库编制发行基金付出传票办理转账,其会计记录为:

  付出:发行基金——××分库户

  (2) 收到货币回笼电报时,会计部门编制转账借方、贷方传票各一联(电报作发行基金往来科目传票附件)办理转账。其会计分录为:

  借:流通中货币
    贷:发行基金往来

  发行库编制发行基金收入传票办理转账,其会计记录为:

  收入:发行基金——××分库户

(三) 上报整理期

中国人民银行按月统计货币发行与回笼的数字。为正确反映各月的发行、回笼情况,在上报时规定了上报整理期。上报整理期是各级库在逐级上报当期(月或年)货币发行、回笼数额时的跨期上报期限。制度规定大区分库于次月 5 日(不含 5 日)前作为上月的月度整理期(节假日顺延)。在整理期中,应将上月与本月发行与回笼数分别上报,不得混淆。月度整理期后,如再收到下级库上报的上月发行、回笼数,一律记入本月数内。为了保证本年度发行基金往来科目余额与发行库出入库差额的一致,年度整理期延长到次年 1 月 10 日。

在整理期内发行、回笼的核算,按照上述有关办法处理。

四、发行基金往来年度余额的上划

(一) 发行基金往来账务的划分

为了正确反映当年实际货币发行、回笼的发生额核轧差数,便于核对当年货币发行与回笼的数额,各行于年度终了时,应将"当年发行基金往来"科目账户余额不通过分录过入"发行基金往来"科目上年户,以示与新年度的发行基金往来账务区分开来。新年度开始后,中心支库、分库和总库收到上年度的货币发行、回笼电报,则记入其上年户,收到本年度的货币发行、回笼电报,则记入本年户,两者不得混淆。

(二) 发行基金往来上年户余额的上划

新年度开始后,各行于新年 1 月上旬前,将会计部门"发行基金往来"科目上年户余额与发行库有关账项核对无误后,逐级汇总上划总行。

1. 基层行的处理

基层行如发行基金往来上年户为借方余额,其上划会计分录如下:

借:大额支付往来(或联行往账)
　　贷:发行基金往来——上年户

如发行基金往来上年户为贷方余额,上划会计分录则相反。

2. 管辖行的处理

管辖行收到支行或中心支行上划发行基金往来上年户借方余额的报单,经审核无误后,办理转账,其会计分录如下:

借:发行基金往来——上年户
　　贷:大额支付往来(或联行来账)

如收到上划发行基金往来上年户贷方余额的报单,转账会计分录则相反。

管辖行俟收齐处理辖内各行上划发行基金往来上年户余额的报单,经核对无误后,再逐级汇总上划。

上划发行基金往来上年户借方余额,其会计分录如下:

借:大额支付往来(或联行往账)
　　贷:发行基金往来——上年户

上划发行基金往来上年户贷方余额,会计分录相反。

3. 总行的处理

总行收到各分行上划发行基金往来上年户借方余额的报单,经审核无误后,办理转账,其会计分录如下:

借:发行基金往来——上年户
　　贷:大额支付往来(或联行来账)

如收到上划发行基金往来上年户贷方余额的报单,转账会计分录相反。

至此,总行"发行基金往来"科目上年户余额,也必将自行结平。

第五节　损伤票币销毁的核算

损伤票币是指流通中的货币因经久使用或其他原因发生破旧、残缺而不能继续流通使用的票币。当其退出流通领域时应缴回发行库,由发行库根据销毁命令组织销毁后,发行基金总量则相应减少。中国人民银行对商业银行和基层行上缴的损伤票币都应复点,无误后才能销毁。损伤票币销毁的各个环节,必须手续严密,妥善安排,严防事故发生。

我国损伤票币销毁权属于中央总库,具体办理则授权分库负责。各分库可集中销毁,也可根据辖内的具体情况,指定若干中心支库为销毁点具体办理销毁工作,并报总行备案。

损伤票币的出入库和调运集中手续同发行基金调拨相同。销毁前,对各行送来的损伤票币要进行复点。复点后,要对1角以上的票币打孔切角,销毁时,要指定有关负责人主持该项工作,并由有关人员进行监销。对销毁的变价收入,列入营业外收入,不得挪作他用。

一、中心支库的核算

中心支库销毁损伤票币,应凭分库签发的销毁命令办理。销毁命令一式两联(以调拨命令第一、第二联代),第一联分库留存,第二联中心支库凭以填制损伤票币销毁凭证一式两联(以发行基金调拨凭证第一、第二联代),加盖发行基金付讫章及经办人章后,第一联由发行库记发行基金库存簿,第二联附销毁命令交会计部门凭以记发行基金出库账。其会计记录如下:

　　付出:发行基金——本身户

如分日出库销毁,应逐日核算。

损伤票币销毁后,编制损伤票币销毁表一式四联,加盖负责销毁及监销人员章后,一联发行库留存,一联作票币销毁凭证附件,两联报分库。

二、分库的核算

分库接到中心支库上报的两联损伤票币销毁报告表后,以一联据以填制发行基金付出传票,并作为传票附件,凭以转账。其会计记录如下:

　　付出:发行基金——××中心支库户

另一联按月汇总填制全辖销毁报告表,附各中心支库销毁报告表,上报总库。

三、总库的核算

总库接到分库销毁报告表与其附件核对无误后,填制两联发行基金付出传票同时转销发行基金账和印制及销毁票币账。其会计记录如下:

　　付出:发行基金——××分库
　　付出:印制及销毁票币——××券别户

复习思考题

1. 现金出纳工作的原则是什么?
2. 现金收入和现金付出各包括哪些内容?
3. 什么是发行基金和发行库?发行库如何设置?
4. 货币发行业务的核算特点是什么?
5. 什么是货币发行和货币回笼?货币发行与回笼的账务处理是怎样进行的?
6. 什么是损伤票币?损伤票币的销毁权属于谁?

第九章 外汇业务的核算

学习目标

- 了解外汇会计的对象、任务及特点
- 掌握外汇买卖业务的核算
- 掌握外汇存贷款业务的核算
- 熟练掌握国际贸易与非贸易业务的核算

外汇业务是我国金融工作的重要组成部分。办理外汇业务,既涉及国内各单位和个人,又同国外银行发生关系,既要严格遵守国内银行的有关制度规定,又要尊重他国的习惯,尽量适应国际惯例,因此外汇业务核算较其他银行业务的核算有其自身的特点。本章旨在介绍外汇业务的具体种类及其基本核算方法。

第一节 外汇业务核算概述

一、外汇与汇率的含义

(一) 外汇

外汇是国际金融领域里最常见、最普遍使用的概念。外汇具有动态的和静态的两种含义。动态的外汇是国际汇兑的简称,是指一种行为,即把一国货币兑换成另一国货币,借以清偿国际债权、债务关系的一种专门性的经营活动。静态的外汇是指一种以外币表示的支付手段,用于国际结算。IMF(国际货币基金组织)曾对外汇下过明确的定义:"外汇是货币行政当局(中央银行、货币管理机构、外汇平衡基金组织及财政部)以银行券、国库券、长短期政府债券等形式所持有的在国际收支逆差时可以使用的债权。"外汇的内涵,随着国际交往的扩大和信用工具的发展而日益增多。根据《中华人民共和国外汇管理条例》规定,外汇的具体内容有:

(1) 可以自由兑换的外国货币,包括纸币和铸币;
(2) 外币支付凭证,包括票据、银行存款凭证、邮政储蓄凭证等;
(3) 外币有价证券,包括政府债券、公司债券、股票等;
(4) 国际货币基金组织的特别提款权(现为欧元);
(5) 其他外汇资产。日常生活中,人们所说的外汇是指静态意义上的外汇。

由上可知,作为外汇必须符合两个条件,其一是以外国货币表示,其二是可自由兑换。根据 IMF 提供的资料,目前全世界有 45 个国家和地区的货币是可自由兑换货币,但主要的可自由兑换货币是美元、英镑、日元、瑞士法郎、欧元、加拿大元、港元、澳大利亚元等。

(二) 汇率

汇率又称汇价,是指一个国家的货币折算成另一个国家货币的比率,即两国货币交换时量的比例关系,或者说两国货币进行买卖的比价。它反映一国货币的对外价值。折算两种货币的比率,首先要确定以哪一国货币作为标准,这称为汇率的标价方法。直接标价法又称应付标价法,是指以一定单位的外国货币为标准,折算为若干单位本国货币的表示方法。间接标价法又称应收标价法,是指以一定单位的本国货币为标准,折算为若干单位外国货币的表示方法。

汇率从不同的角度出发,可以划分为不同的种类。以制定汇率的不同方法来区分,可分为基本汇率与套算汇率;按银行买卖外汇的角度区分,可分为买入汇率和卖出汇率;按汇兑方式划分,可分为电汇汇率、信汇汇率、票汇汇率;按汇率制度划分,可分为固定汇率和浮动汇率;根据国家对外汇管制的宽严程度划分,可分为官方汇率与市场汇率;按政府允许存在的汇率种类划分,可分为单一汇率与多重汇率;按外汇资金的性质来划分,可分为贸易汇率与金融汇率;按银行营业时间划分,可分为开盘汇率与收盘汇率;从衡量货币价值的角度划分,可分为名义汇率、真实汇率和有效汇率;按外汇买卖交割时间来划分,可分为即期汇率和远期汇率。

二、外汇业务核算的特点

处理外汇业务的银行作为国内外资金清算的中介、信用中介和外币出纳中心,它所经营的业务涉及面广、内容复杂。在业务处理时,既要严格遵守国内的有关规章制度,又要适应国际惯例,因此,外汇业务核算形成了自己的特点。

(一) 实行外汇分账制

外汇业务涉及的币种有本币和外币。本币和外币之间,外币与外币之间货币单位和币值都不相同。因此,在会计核算上,要求分别以本、外币同时核算和监督各种不同货币业务的收付及结存情况,必须采用专门的核算方法,即外汇统账制和外汇分账制。各家商业银行现行采用外汇分账制。

外汇统账制,也称本位币记账法。这是以本国货币为记账单位,各种外国货币的收支均按照一定的折价标准,折合为本国货币再行入账。

外汇分账制,也称原币记账法。这是除了以人民币为记账单位外,同时还分别使用各种外币记账。具体内容如下:

(1) 采用分账制的核算方法,即按币别分别建立独立的账务系统。所谓分账,即对各种外币(凡有本位币牌价的货币)的收支,平时都以原币为记账货币、填制凭证、登记账簿、编制报表,各种货币各自成立账务系统,各有一整套会计账簿和会计报表。

(2) 遇有买卖外汇涉及两种不同货币时,通过外汇买卖科目进行核算。外汇买卖科目是实行外汇分账制的一个特定科目,在账务中对不同货币之间的账务起联系和平衡作用。

(3) 同一种货币,由于其清算方式不同可分为现汇和记账外汇。现汇清算是进出口双方通过办理国际业务的银行以可兑换货币,逐笔通过两国银行间往来账户进行的清算,所用的外汇叫现汇。记账外汇也称双边外汇,是国际贸易协定国双方根据支付协定,贸易双方各以本国政府名义分别在对方国家指定的银行开立记账清算账户,在一定时间内办理清算。它在清算前不能自由流通,不能自由兑换成其他货币,也不能转让给第三国使用,从而可以节省自由外汇的使用。因为它只是记载在双方银行账户上,所以叫记账外汇。

(4) 年终决算时,各种分账货币,应按货币种类分别编制决算报表,再根据各货币决算报表,按总行规定的年终决算牌价分别折成人民币后,汇总编制"汇总人民币决算报表"。实行外汇分账制,各种不同货币分设账务报表,因而能完整反映各类外币资金的变化情况,有利于外汇资金运用和管理。

（二）兼用单、复式凭证

外汇会计的一个特点即以单式凭证为主，同时兼用复式凭证。

使用单式凭证，对每一笔业务所涉及的会计科目均按各个科目分别编制传票，各经办不同科目的人员可以同时办理审核、收付、记账编制科目日结单等手续。不仅凭证传递迅速、方便，而且也便于综合整理和装订保管。我国银行由于业务量大、分工细，在经营外汇业务过程中，原则上都采用单式凭证进行核算。但根据权责发生制的要求，对反映某些"或有资产""或有负债"经济业务有固定对应关系的会计科目为了确切反映权责关系同时发生、同时解除，使用复式凭证比较合理，可以在同一凭证上完整地反映一笔业务的全貌，并可简化编制传票手续。

第二节 外汇买卖的核算

一、外汇买卖含义

外汇买卖是商业银行外汇业务的重要组成部分。银行在办理外汇业务过程中，特别是国际结算，由于进出口双方不在同一国家和地区，使用的货币币种也不相同，需要将一种货币兑换成另一种货币才能了结双方的债权债务。这种按一定汇率卖出一种货币或买入一种货币的行为，称为外汇买卖。

二、外汇买卖价格

银行在买卖外汇时，本国货币与外国货币相互折算，必须要有一定的比价，作为买卖的依据，这种比价就是汇率。汇率即汇价，习惯上又称人民币汇价或外汇牌价。它有汇买价、汇卖价（钞卖价）、钞买价、中间价 4 种。汇买价是指银行买进外汇现汇的价格，钞买价是指银行买入外币现钞的价格。银行的钞买价与汇买价有一个差额，这是因为外币现钞只有在支付一定的运输保险费用运往货币发行国变成现汇后才能用于国际结算支付，故银行钞买价比汇买价低。汇卖价是指银行卖出外汇现汇的价格，卖出外币现钞的价格与卖出外汇现汇的价格相同。中间价是汇买价与汇卖价的平均价。在我国，商业银行与中央银行之间的外汇买卖有时也用中间价。

现今国际上大多数国家的外汇汇价采取两档汇价制，即买入价（Buying Rate）和卖出价（Selling Rate）。买卖间的差价一般为 5‰。

三、外汇买卖科目

外汇买卖科目是实行外汇分账制的一个特定科目。通过这个科目将人民币和外币联系起来,使全部外汇交易汇总反映在外汇买卖账簿上,既有利于保持人民币与外币金额的平衡性,又有利于考察各种外汇资金增减变化和余缺情况。

外汇买卖科目是资产负债共同性质科目。当买入外汇时,银行借记有关科目(外币),贷记外汇买卖科目(外币),相应付出人民币,借记外汇买卖科目(人民币),贷记有关科目(人民币)。卖出外汇时,银行借记外汇买卖科目(外币),贷记有关科目(外币),相应借记有关科目(人民币),贷记外汇买卖科目(人民币)。

[例9-1] 某银行从国内居民手中买入100美元现钞,给付人民币①。其分录如下:

借:库存现金　　　　　　　　　　　　　　　　US $ 100
　贷:外汇买卖　　　　　　　　　　　　　　　US $ 100
借:外汇买卖　　　　　　　　　　　　　　　　￥624.25
　贷:库存现金　　　　　　　　　　　　　　　￥624.25

又如:某进口公司同意从其账户中汇出购买进口货物货款1 000美元。其分录如下:

借:进出口企业活期存款　××企业　　　　　￥6 271.90
　贷:外汇买卖　　　　　　　　　　　　　　　￥6 271.90
借:外汇买卖　　　　　　　　　　　　　　　　US $ 1 000.00
　贷:汇出汇款　　　　　　　　　　　　　　　US $ 1 000.00

四、外汇买卖凭证

银行发生外汇买卖业务时,均应填制外汇买卖传票(表9-1)。外汇买卖科目传票系一式两联套写传票:一联是借方传票,一联是贷方传票;一联是外币,一联是人民币。传票内容包括货币名称、外币、人民币金额和外汇牌价等。

---

① 假设当日钞买价为624.25%,当日汇卖价为627.19%。

表 9-1　外汇买卖借方传票(外币)

外汇买卖借方传票(外币)

传票
编号

（借）　　外汇买卖　　　　　年　月　日　　　　（对方科目）

外汇金额	牌价	人民币金额
（百亿位）		（百亿位）
摘　要		

会计　　　　复核　　　　记账　　　　制票

外汇买卖凭证分为三种：外汇买卖借方传票、外汇买卖贷方传票和外汇买卖套汇传票(表 9-2)。外汇买卖借方传票和外汇买卖贷方传票一般各由三联组成：一联是外币的外汇买卖传票，一联是人民币的外汇买卖传票，一联是外汇买卖统计卡。外汇买卖套汇传票一般由五联组成：两联是外汇的外汇买卖的传票，两联是人民币的外汇买卖传票，一联是两种外汇套汇的统计卡。

表 9-2　外汇买卖套汇贷方传票(外币)

外汇买卖套汇贷方传票(外币)　　　　日期_____

（贷）　　　外汇买卖　　
　　　　（对方科目：　　）

摘要
↓

外汇金额	人民币金额	牌价	外汇金额

附件　张

会计　　　　复核　　　　记账　　　　制票

各种外币以其个位记账单位,小数点以下视该货币的辅币进位而定。外汇业务凭证应按规定表明各种货币的简写符号,如表9-3所示。

表 9-3　各种常用外币简写符号和辅币进位表

外币名称	简写符号	单位和辅币进位办法
英镑	£（GBP）	1镑=100便士
港元	HK＄（HKD）	1元=100分
美元	US＄（USD）	1元=100分
欧元	€（EUR）	1元=100分
瑞士法郎	SF(CHF)	1法郎=100分
新加坡元	S＄（SGD）	1元=100分
荷兰盾	FLS(NLG)	1盾=100分
瑞典克朗	SKR(SEK)	1克朗=100欧尔
丹麦克朗	DKR(DKK)	1克朗=100欧尔
挪威克朗	NKR(NOK)	1克朗=100欧尔
日元	J￥（JPY）	1元=100钱 记账时小数点以下不计
加拿大元	CAN＄（CAD）	1元=100分
澳大利亚元	A＄（AUD）	1元=100分
澳门元	PAD(MOP)	1元=100分

注:简写符号栏前面的符号为制度规定的简写符号,括号内系国际标准化组织规定的简写符号。

五、外汇买卖科目账簿

（一）外汇买卖分户账

外汇买卖分户账(表9-4)是一种特定格式的账簿。它把人民币和外币的买卖科目分户账合并在同一账页上。账簿格式由买入、卖出和结余三栏组成,买入、卖出栏内各由外币、牌价和人民币三栏组成,结余栏则设借或贷、人民币两栏。

表 9-4　外汇买卖分户账

××行

外汇买卖分户账

货币：　　　　　　　　账户：

年		摘要	买入			卖出			结余		
			外币(贷)	牌价	人民币(借)	外币(借)	牌价	人民币(贷)	借或贷	外币	借或贷	人民币
月	日		(十亿位)		(十亿位)	(十亿位)		(十亿位)		(十亿位)		(十亿位)

核算时,根据外汇买卖传票记载分户账。人民币和外币的换算可按以下算式进行：

买入外币(贷方)×牌价＝人民币借方

卖出外币(借方)×牌价＝人民币贷方

结余栏则为买入和卖出栏数额之差,人民币和外币数额分别结计,同时反映。

(二) 外汇买卖科目总账

每天营业终了,根据各种货币的外汇买卖科目日结单借贷方发生额填制外币科目总账,人民币的外汇买卖科目总账则根据人民币的外汇买卖科目日结单借贷方发生额填记,然后根据上日余额分别求出本日外币和人民币的余额,记入余额栏。

六、外汇买卖账务处理

(一) 买汇的处理

买汇是指银行支付人民币买进外汇(含外钞)。买汇时会计分录如下：

借：××科目　　　　　　　　　　　　　　　　(外币)

　　贷：外汇买卖(汇买价或钞买价)　　　　　　(外币)

借：外汇买卖　　　　　　　　　　　　　　　　(人民币)

　　贷：××科目　　　　　　　　　　　　　　(人民币)

(二) 卖汇的处理

卖汇是指银行收取人民币卖出外汇(含外钞)。卖汇时会计分录如下：

借：××科目　　　　　　　　　　　　　　　　　　(人民币)
　　贷：外汇买卖　　　　　　　　　　　　　　　　(人民币)
借：外汇买卖(汇卖价)　　　　　　　　　　　　　　(外币)
　　贷：××科目　　　　　　　　　　　　　　　　(外币)

(三) 套汇的处理

一种外汇(币)向另一种外汇(币)的转换称之为套汇。套汇的原则是通过人民币核算，即对收入的一种外币按买入价折成人民币填制外汇买卖科目传票，然后将折合的人民币按另一种外币的卖出价折算出另一种外汇金额，填制外汇买卖科目传票。套汇时会计分录如下：

借：××科目　　　　　　　　　　　　　　　　　　(买入外币)
　　贷：外汇买卖(汇买价或中间价)　　　　　　　　(买入外币)
借：外汇买卖　　　　　　　　　　　　　　　　　　(人民币)
　　贷：外汇买卖　　　　　　　　　　　　　　　　(人民币)
借：外汇买卖(汇卖价或中间价)　　　　　　　　　　(卖出外币)
　　贷：××科目　　　　　　　　　　　　　　　　(卖出外币)

对于资金调拨性质的大额套汇，为便于分析套汇业务的实际盈亏可以不通过人民币套汇而设立套汇专户记账办法办理，到年终决算时，再将各户余额分别按规定牌价折算成人民币，填制外汇买卖传票，转入各该货币的外汇买卖账户内，结平套汇专户。转账时发生的人民币额通过汇兑损益科目外汇买卖收益账户或汇兑损益科目外汇买卖损失账户处理。以上这种套汇活动，我们称之为直接套汇。直接套汇的会计分录如下：

借：××科目　　　　　　　　　　　　　　　　　　(买入外币)
　　贷：外汇买卖(国际市场汇率)　　　　　　　　　(买入外币)
借：外汇买卖　　　　　　　　　　　　　　　　　　(卖出外币)
　　贷：××科目　　　　　　　　　　　　　　　　(卖出外币)

[例9-2]　20世纪80年代末期，国际市场上美元汇价步步上升，英镑汇价趋于疲软，中国银行总行当即决定委托其伦敦分行抛出500万英镑购买1 000万美元，中国银行伦敦分行办成了这笔交易分别收付总行账户，根据伦敦分行发来的借贷记报单转账。

借：港澳及国外联行往来——伦敦分行　　　　US $ 10 000 000.00
　　贷：外汇买卖——套汇专户　　　　　　　　　US $ 10 000 000.00
借：外汇买卖——套汇专户　　　　　　　　　　£ 5 000 000.00
　　贷：港澳及国外联行往来——伦敦分行　　　　£ 5 000 000.00

设当时汇率为 US $ 100.00 = ￥Y370.00，£ 100 = ￥740.00，到决算时，按决算日牌价，转销套汇专户。

借：外汇买卖——套汇专户　　　　　　　　　　US $ 10 000 000.00
　　贷：外汇买卖　　　　　　　　　　　　　　　US $ 10 000 000.00
借：外汇买卖　　　　　　　　　　　　　　　　￥37 000 000.00
　　贷：汇兑损益——外汇买卖收益户　　　　　　￥2 000 000.00
　　　　外汇买卖　　　　　　　　　　　　　　￥35 000 000.00
借：外汇买卖　　　　　　　　　　　　　　　　£ 5 000 000.00
　　贷：外汇买卖——套汇专户　　　　　　　　　£ 5 000 000.00

第三节　外汇存款业务的核算

一、外汇存款的种类

外汇存款是指单位和个人将其所持有的外汇资金存入银行，并在以后随时或约期支付的一种存款。它是银行聚集外汇资金的主要来源。外汇存款可按存款对象划分为甲种外币存款、乙种外币存款和丙种外币存款三种。

甲种外币存款对象是驻华机构和我国境内机关、团体、学校及企事业单位与三资企业等。有活期外汇存款和定期外汇存款两种。活期外汇存款分为单位经常项目外汇存款账户和单位资本项目外汇账户，起存金额为人民币1 000元的等值外汇。定期存款为记名式存单，机关单位存款期限分为3个月、6个月、1年和2年四档，三资企业及国内金融机构存款分为7天、1个月、3个月、6个月和1年五档。定期存款起存金额为不低于人民币10 000元的等值外汇。

存款的货币种类，根据现行的规定外币存款业务币种主要有美元、英镑、欧元、日元、港元、澳大利亚元、加拿大元、瑞士法郎、新加坡元九种，其他可自由兑换的外币，不能直接存入账户，需由存款人自由选择上述货币的一种，按存入日的外汇牌价折算存入。

乙种外币存款对象是居住在国外或我国港澳地区的外国人、外籍华人、华侨、港澳同胞和短期来华人员,以及居住在中国境内的外国人。乙种外币存款有活期外汇存款和定期外汇存款两种。活期外汇存款为存折户,可随时支取,起存金额为不低于人民币 100 元的等值外汇。定期外汇存款为记名式存单,有 1 个月、3 个月、6 个月、1 年和 2 年五档,起存金额为不低于人民币 500 元的等值外汇。存款的货币种类与甲种相同。目前对个人外汇管理进行了调整和改进,不再区分现钞和现汇账户,对个人非经营性外汇收支统一通过外汇储蓄账户进行管理。

丙种外币存款的对象是中国境内的居民。定期外汇存款分为 3 个月、6 个月、1 年和 2 年四档,定、活期外汇起存金额和存款货币种类与乙种外币存款相同。

需要注意的是,虽然现钞和现汇的界限已取消,但是由于现钞和现汇的成本费用不一样,各家银行在日常操作上还会有区分,现钞和现汇仍执行两种不同的汇率,进行独立核算。

二、外汇存款的核算

外汇存款的会计核算分存入、支取、计息三个环节。

1. 外汇存款的开户及存入的核算

外汇存款开户时,应由开户单位或个人填写开户申请书提交银行。开立存折户,需填制存入凭条(表 9-5);开立往来账户,需填制送款单(表 9-6)。境内机构原则上只能开立一个经常项目外汇账户。定期存款的开户申请书上应填明户名、地址、存款种类、存款期限等内容,连同外汇或外钞一并提交银行。银行经审核无误后,办理开户及存入手续,如存款人要求凭印鉴支取,应预留银行印鉴,银行分别不同情况进行账务处理。其存入会计分录如下:

借:库存现金(或其他科目)　　　　　　　　　　　(外币)
　　贷:外汇买卖　　　　　　　　　　　　　　　　(外币)
借:外汇买卖　　　　　　　　　　　　　　　　　　(人民币)
　　贷:外汇买卖　　　　　　　　　　　　　　　　(人民币)
借:外汇买卖　　　　　　　　　　　　　　　　　　(外币)
　　贷:定期外汇存款(或其他科目)　　　　　　　　(外币)

表 9-5 存入凭条

存 入 凭 条
PAYING-IN SLIP

☐（贷）活期外汇存款
☐（贷）外汇专户活期存款

	日期 DATE 20××年 5 月 7 日
请贷记账户第　　号 Please credit account No.	51421
金额 Amount　港币伍仟元整	
小写金额 In figures　HKD 5 000	存款人：李×× Depositor

表 9-6 送款单

送 款 单
PAYING-IN SLIP

请贷记我账户 Please credit Our account	户名 of account 账号 Account No.	日期 Date

摘要 Particulars	小写金额 Amount in figures
共计 Total	

大写金额
Amount in words

银行盖章
BANK SEAL

2. 存款支取的核算

活期存款的支取，存折户须凭存折和支取凭条，往来户要填具支票，加盖预留印鉴送交银行。定期存款的支取，应将定期存单提交银行，经银行审核无误后予以办理支取手续。取款时的会计分录如下：

　　借：定期外汇存款（或其他科目）　　　　　　　　（外币）
　　　　贷：库存现金（或其他科目）　　　　　　　　（外币）

3. 计息时的核算

规定每季末月 20 日为结息日，利息转入存款人活期存款账户。计息分录如下：

　　借：利息支出　　　　　　　　　　　　　　　　（外币）
　　　　贷：活期外汇存款　　　　　　　　　　　　　（外币）

定期存款到规定日期支取本金与利息。定期存款未到期,如客户提前支取,则利息以活期存款利息计算。存款期间利率如有变动,存期内仍以原利率计算利息。调整后的利率,只有在定期日满后,方可予用。计息分录如下:

计息时:

借:利息支出　　　　　　　　　　　　　　　　　　　　　（外币）
　　贷:应付利息　　　　　　　　　　　　　　　　　　　　（外币）

存款到期付息时:

借:应付利息　　　　　　　　　　　　　　　　　　　　　　（外币）
　　利息支出　　　　　　　　　　　　　　　　　　　　　　（外币）
　　贷:定期外汇存款(或其他)　　　　　　　　　　　　　　（外币）

[例 9-3] 某商业银行分行于某年 6 月 22 日收到日本某代理行(设其总行在该行开立"存放国外同业"日元账户,集中记账)划来某外事企业非贸易项下款项J￥18 500 000,于当日转存该行"外贸企业定期存款"现汇户。存期 1 年,年息3.6%。存款到期时,该外事单位既未提取,又未办理续存手续。按规定,逾期部分按到期日活期外汇存款利率年息 1%计付逾期息。次年 9 月 28 日,存户来存款行办理取息和转期续存手续。全部利息按当日牌价兑取人民币现金,本金转期续存 1 年,年息仍为 3.6%。

（1）该年 6 月 22 日存款分录如下:

借:全国联行外汇往来——总行　　　　　　　　J￥18 500 000
　　贷:外事企业定期存款——×企业　　　　　　J￥18 500 000

（2）总行收到借记报单时转账分录如下:

借:存放国外同业——日行　　　　　　　　　　J￥18 500 000
　　贷:全国联行外汇往来——分行　　　　　　　J￥18 500 000

（3）该年 12 月 20 日结息转账分录如下:

借:利息支出（本年度）　　　　　　　　　　　J￥331.986
　　贷:应付利息　　　　　　　　　　　　　　　J￥331.986

(18 500 000×3.6%÷365×182 天)＝J￥331.986

（4）次年 9 月 28 日转存及利息付现分录如下:

借:外事企业定期存款——×企业　　　　　　　J￥18 500 000
　　贷:外事企业定期存款——×企业　　　　　　J￥18 500 000

借：应付利息   J￥331.986
　　利息支出（次年）   J￥334.014
　　利息支出（逾期）   J￥49 495
　　贷：外汇买卖   J￥715.495
借：外汇买卖（汇买价 817.14%）   ￥5 846.60
　　贷：库存现金   ￥5 846.60

第四节　外汇贷款业务的核算

一、外汇贷款的种类

外汇贷款是以外币为计算单位的放款业务。商业银行利用各种信用方式筹集的外汇资金予以贷放，支持国家经济建设。

商业银行的外汇贷款按照不同标准划分，可以分为不同种类的贷款。将外汇贷款按照贷款期限划分，可分为短期外汇贷款、中期外汇贷款和长期外汇贷款三种。短期外汇贷款的期限一般为1—3年，中期外汇贷款的期限一般为3—5年，5年以上的为长期贷款。外汇贷款中一般以短期贷款为主。

将外汇贷款按资金来源划分，可分为现汇贷款、买方信贷和银团贷款。现汇贷款又称自由外汇贷款。它是商业银行以吸收的外汇存款或其他自营业务方式吸收的外汇资金向企业或单位发放的贷款。现汇贷款按利率特点划分，又可分为浮动利率外汇贷款、优惠利率外汇贷款、特优利率外汇贷款、贴息外汇贷款等。

其他的外汇贷款种类还有：特种外汇贷款、出口押汇、贴现、外汇抵押人民币贷款、投资性贷款等。现将商业银行常用的外汇贷款分述如下。

二、短期外汇贷款的核算

（一）贷款的发放

单位来行申请贷款，应填具外汇贷款申请书，经银行审批同意，发出批准文件，并与借款单位订立外汇贷款契约，注明贷款的金额、期限、利率等，明确银行与企业应负担的经济责任，然后开立外汇贷款账户。

借款单位一般委托外贸公司代办进口并使用信用证或进口代收等方式进行结算。当发生实际付汇时，借款单位填制短期外汇贷款借款凭证一式五联

(表9-7)提交银行。第一联为短期外汇贷款科目借方传票;第二联为备查卡片,由经办银行留存;第三联为支款通知,交借款单位;第四联为支款通知副本,交负责归还外汇额度的有关单位;第五联为支付通知副本,交代办进口的外贸公司。银行审核借款凭证有关内容与借款契约规定相符后进行账务处理,其会计分录如下:

借:短期外汇贷款　　　　　　　　　　　　　　　　（外币）
　　贷:存放国外同业或有关科目　　　　　　　　　（外币）

贷款与对外支付的货款不是同一种货币时,如借美元,对外支付英镑,其会计分录如下:

借:短期外汇贷款　　　　　　　　　　　　　　　　（美元）
　　贷:外汇买卖　　　　　　　　　　　　　　　　（美元）
借:外汇买卖　　　　　　　　　　　　　　　　　　（人民币）
　　贷:外汇买卖　　　　　　　　　　　　　　　　（人民币）
借:外汇买卖　　　　　　　　　　　　　　　　　　（英镑）
　　贷:存放国外同业或有关科目　　　　　　　　　（英镑）

表9-7　短期外汇贷款借款凭证

银行(××行)短期外汇贷款借款凭证(代传票)

借:短期外汇贷款　　　　　　　　　　　　　　　　20××年5月18日

借款单位	微型电机厂	借款契约号码	92425	负责偿还贷款额度的机械单位名称	机械进出口公司
账　　号	217131409	借款期限	自20××年5月18日 至20××年5月18日	起息日	20××年5月18日
借款金额(大写)美元叁万捌仟元整　　　US $ 38 000.00					
借款用途				借款单位或代办进口公司(盖章)	备注
进口货物及数量	实际支付外币金额	汇买/汇卖	折成美元金额		
合同92012	US $ 38 000.00				
预收国外银行费用					
合　计					

　　　　　会计　　　　　　　　复核　　　　　　　记账

(二)贷款的计息

短期外汇贷款因利率的不同,分为优惠利率贷款和浮动利率贷款两种。

优惠利率贷款是按低于伦敦银行同业拆放利率所发放的贷款,按优惠利率计息。浮动利率贷款则是参照伦敦银行同业拆放率,浮动计息,由银行不定期公布利率。浮动档次有1个月浮动、3个月浮动、6个月浮动及1年浮动四种。企业按贷款契约规定的浮动利率档次向银行贷款,在该档次内无论利率有无变动,都按贷款日确定的该档次利率计算利息,该档次期满后再按新利率计算。

[**例9-4**] 银行1月13日发放一笔短期贷款,约期1年,确定按3个月的浮动利率计息,1月8日利率为8.28%,2月24日变为8.55%,3月3日变为8.82%,4月11日变为8.52%,6月3日又变为9%。分段计息时,自1月13日至4月12日应按8.28%计息,4月13日起按8.52%计息,其余类推。

短期外汇贷款,每季结息一次。结息日填制短期外汇贷款结息凭证一式两联,一联作借方传票,另一联作结息通知单交借款单位。其分录如下:

  借:短期外汇贷款　　　　　　　　　　　　　　　(外币)
   贷:利息收入——外汇贷款利息收入　　　　　　(外币)

(三)贷款的收回

短期外汇贷款应按期归还,也可以提前全部或分批偿还。如不直接以外汇偿还,而用人民币购买外汇归还,借款单位必须将外贸公司签发的还汇凭证和填制的短期外汇贷款还款凭证一并提交银行。还汇凭证是外贸公司为借款单位偿还外汇额度的证明文件。还汇凭证一式两份,一份交借款单位待向银行办理还款手续,另一份由签证的外贸公司送交银行。借款单位归还贷款后,还汇凭证由经办银行留存,一份作短期外汇贷款贷方传票附件,另一份银行签章后交外贸公司作为已扣外汇额度的通知。短期外汇贷款还款凭证由一式七联组成,其中一联为贷款收账通知交借款单位,一联为卖出外汇统计联银行留存,其余五联为下列会计分录的传票。最后一个结息期至还款日尚未计算的利息与本金一并收回。其分录如下:

  借:进出口企业活期存款或其他科目　　　　　　　(人民币)
   贷:外汇买卖　　　　　　　　　　　　　　　　(人民币)
  借:外汇买卖　　　　　　　　　　　　　　　　　(外币)
   贷:短期外汇贷款　　　　　　　　　　　　　　(外币)
    利息收入——外汇贷款利息收入　　　　　　(外币)

借款单位如使用现汇偿还,直接减少其外汇存款即可。

三、买方信贷的核算

进口买方信贷需事先与国外签订协议,总协议由总行统一对外谈判签订,通知各分行或有关部门执行。总协议项下各个项目的具体分协议可由总行对外签订,也可以总行授权分行谈判签订。不论是总行或是分行签订,均由总行按协议商定的金额,集中使用"买方信贷用款限额"表外科目进行控制。

（一）贷款的使用

买方信贷项下的进口支付方式,一般使用信用证,各地分行接到国外银行寄来我信用证项下有关单据,经审核无误,对外办理支付时,填制全国联行外汇往来贷方报单划收总行。其分录如下：

借：买方信贷外汇贷款——进口单位户　　　　　　（外币）
　　贷：全国联行外汇往来　　　　　　　　　　　（外币）

总行收到全国联行外汇往来报单后,其分录如下：

借：全国联行外汇往来　　　　　　　　　　　　　（外币）
　　贷：借入买方信贷款　　　　　　　　　　　　（外币）
　　（付出）买方信贷用款限额　　　　　　　　　（外币）

如果由总行营业部直接贷出,则不必通过联行划转。

（二）贷款本息的偿还

买方信贷项下借入款的本息,由总行统一偿还,总行按照协议规定计算利息。对国外贷款行寄来的计息清单,应认真进行核对,及时偿还。其分录如下：

借：借入买方信贷款　　　　　　　　　　　　　　（外币）
　　利息支出——借入款利息支出　　　　　　　　（外币）
　　贷：存放国外同业或有关科目　　　　　　　　（外币）

对国内借款单位,应按照借款契约规定计算利息并按期收回。各口岸分行收回贷款本息,如借款单位有外汇额度或交来外贸还汇凭证以人民币办理结汇。其分录如下：

借：进出口企业活期存款或其他科目　　　　　　　（人民币）
　　贷：外汇买卖　　　　　　　　　　　　　　　（外币）
借：外汇买卖　　　　　　　　　　　　　　　　　（外币）
　　贷：买方信贷外汇贷款——进口单位户　　　　（外币）
　　　　利息收入——买方信贷外汇贷款利息收入　（外币）

借款单位如以自有外汇偿还贷款本息,则不通过外汇买卖,直接以现汇偿还。

如借款单位不能按期归还,按规定于到期日将本息转入"短期外汇贷款"科目核算,并采取有效措施催收。

四、特种外汇贷款的处理

使用特种外汇贷款的借款单位,应按照短期外汇贷款办法的规定向银行提出申请,经银行审核同意后,双方要签订特种外汇贷款契约。

(一) 特种甲类外汇贷款

经信贷部门审核同意发放的甲类贷款,由借款单位向银行兑换成人民币,银行买入这类外汇以"专项兑换"科目核算,它是用以控制和反映即期和远期外汇买卖头寸状况的专用科目。贷款发放时,其分录如下:

借:特种外汇贷款——借款单位户　　　　　　　　(外币)
　　贷:专项兑换　　　　　　　　　　　　　　　　(外币)
借:专项兑换　　　　　　　　　　　　　　　　　(人民币)
　　贷:外事企业活期存款或其他科目　　　　　　　(人民币)

贷款到期归还,其分录如下:

借:外汇专户活期存款或其他科目　　　　　　　　(外币)
　　贷:特种外汇贷款——借款单位户　　　　　　　(外币)
　　　　利息收入——特种外汇贷款利息收入　　　　(外币)

(二) 特种乙类外汇贷款

办理乙类外汇贷款应于对外付汇时发放,按照实际支付的外汇金额,连同有关外汇费用作为实际发放贷款的金额,并以实际对外付汇的日期作为贷款的起息日期。发放贷款日银行除对贷款进行核算外,还要作出远期外汇的核算分录,以反映卖出远期外汇情况。

贷款发放时,其分录如下:

借:特种外汇贷款——借款单位户　　　　　　　　(外币)
　　贷:港澳及国外联行往来或有关科目　　　　　　(外币)

同时,为了避免汇率变动的风险,按发放贷款日的汇卖价,作卖出远期外汇的处理,其分录如下:

借：期收款项　　　　　　　　　　　　　　　　（人民币）
　　　　贷：专项兑换　　　　　　　　　　　　　　（人民币）
　　借：专项兑换　　　　　　　　　　　　　　　　（外币）
　　　　贷：期付远期外汇　　　　　　　　　　　　（外币）

　　到期还款时，银行内部先按原卖出价金额冲回专项兑换及期付远期外汇科目，会计分录与卖出时相反。同时按还款日卖出价售给借款单位偿还本息外汇。其分录如下：

　　借：进出口企业活期存款或其他科目　　　　　　（人民币）
　　　　贷：专项兑换　　　　　　　　　　　　　　（人民币）
　　借：专项兑换　　　　　　　　　　　　　　　　（外币）
　　　　贷：特种外汇贷款——借款单位户　　　　　（外币）
　　　　　　利息收入——特种外汇贷款利息收入　　（外币）

五、进出口押汇的会计处理

　　进口押汇是银行接受国外银行开来信用证项下的出口跟单汇票，经本行议付买单向进口单位的融资贷款。

　　出口押汇是本行开出信用证后，接到国外议付行的议付通知，需要立即付款，经本行垫付的款项（先从出口单位应收货款扣除一定外币利息，将货款交出口单位，然后向开证行索偿）。银行设进出口押汇科目并按进口、出口押汇及客户设明细账。

　　银行办理进口押汇时（扣除开立信用证时存入的保证金），其分录如下：

　　借：进出口押汇——进口押汇××单位户　　　　（外币）
　　　　存入保证金　　　　　　　　　　　　　　　（外币）
　　　　贷：存放国外同业或其他科目　　　　　　　（外币）

　　进口单位偿还本息时，其分录如下（假定以外汇偿还）：

　　借：外汇专户活期存款或其他科目　　　　　　　（外币）
　　　　贷：进出口押汇　　　　　　　　　　　　　（外币）
　　　　　　利息收入　　　　　　　　　　　　　　（外币）

　　如需要结汇处理，还应通过外汇买卖科目。银行办理出口押汇时，其分录如下（假定通过结汇）：

借：进出口押汇——出口押汇××户 　　　　　　　　　（外币）
　　贷：利息收入（贴现利息） 　　　　　　　　　　　　（外币）
　　　　外汇买卖 　　　　　　　　　　　　　　　　　　（外币）
借：外汇买卖（汇买价） 　　　　　　　　　　　　　　　（人民币）
　　贷：进出口企业活期存款或其他科目 　　　　　　　　（人民币）

收到国外议付行划收头寸报单，收回出口押汇款，其分录如下：

借：存放国外同业或其他科目 　　　　　　　　　　　　（外币）
　　贷：进出口押汇——出口押汇××户 　　　　　　　（外币）

六、银团贷款的核算

（一）银团贷款概述

国际银团贷款是一种由一家或几家银行牵头，多家国际商业银行或商人银行作为贷款人，向某个企业或政府提供一笔金额较大的中期贷款，期限一般为7—10年，这是一种结构较为复杂的，并具有一定规模的商业贷款业务。这种融资方式的优点是使借款人在相对较快的时间内筹到金额较大的、单位成本较低的资金，使贷款人在每笔业务中共享权益，分担风险。

参加银团贷款的银行，按其在银团中发挥的作用，可分为牵头行、副牵头行、代理行、参加行。参加行的账务处理比较简单，可比照一般贷款核算手续处理。本部分则主要介绍我国商业银行作为牵头行或代理行的银团贷款会计核算账务处理方法。

（二）银团贷款的会计核算

为单独反映银团贷款资金往来的资金收付，应开设"银团贷款资金往来"和"银团贷款收益"两个账户。凡办理银团贷款的资金往来用前者科目核算，该科目余额应借贷双方反映，借方余额反映银行对借款单位的债权，贷方余额反映银行对参加银团贷款各存款行的负债。该科目按银团贷款协议规定的借款单位和参加银团贷款各存款行分设账户。凡银行办理银团贷款所得的利息手续费、承担费等均用"营业收入——银团贷款收益"账户核算。收到借款单位的利息及费用时贷记此账户，支付参加银团贷款各存款行利息和费用时借记此账户。

银团贷款的转账步骤及分录如下：

（1）收到参加银团贷款各存款行拨来的资金时，分录如下：

借：存放国外同业或其他科目
　　贷：银团贷款资金往来——××行

(2) 费用收取和支付。

银团贷款费用包括管理费、代理行费、安排行费、法律费、杂费、承担费、利息等均按协议规定收取和支付，管理费、安排费、法律费、杂费均一次性支付。管理费、安排费、代理行费分配由牵头行、代理行掌握，对银团不公开。承担费通常3个月或6个月收一次。代理行费每年收取一次，至贷款本息全部偿清止。

收取银团贷款手续费、承担费等，按份额分配给参加银团贷款各存款行时，分录如下：

借：××存款——借款单位外币存款户
　　贷：营业收入——银团贷款收益
借：营业收入——银团贷款收益
　　贷：存放国外同业或其他科目

(3) 按贷款合约发放银团贷款给借款单位时，分录如下：

借：银团贷款资金往来——借款单位户
　　贷：××存款科目——借款单位外币存款户

(4) 借款单位按贷款合约规定归还贷款本息时，应将贷款利息按比例分拨各银团贷款存款行。

① 收回贷款本金时，分录如下：

借：××存款科目——借款单位外币存款户
　　贷：银团贷款资金往来——借款单位户

收回贷款本金后应将其中部分拨还参加银团贷款各存款行，分录如下：

借：银团贷款资金往来——××行
　　贷：存放国外同业或其他科目

② 收取贷款利息时，分录如下：

借：××存款科目——借款单位外币存款户
　　贷：营业收入——银团贷款收益户
借：营业收入——银团贷款收益户
　　贷：存放国外同业和其他科目

如贷款合约规定贷款利息与本金一并分数次收回时，应注意按合约规定的每次偿还的本金和利息金额，分别按上述分录，贷记"银团贷资款金往来——借款单位户"和"银团贷款收益账户",及借记"银团贷款资金往来"各存款行户和"银团贷款收益账户"。

第五节 国际贸易结算业务的核算

一、信用证(L/C)结算方式的核算

(一) L/C 业务概述

国际贸易结算的基本方法有三种,即汇款、托收、信用证。汇款方式和托收方式都属于商业信用性质,风险的负担过于偏重一方。这种由单方面承担风险的支付方式,不能促进对外贸易的开展。信用证是一种以银行居间、由银行承担一定风险和进行资金融通的结算方式。由于银行居间授信,出口商可免除出运货物后,收不到货款的后顾之忧,进口商也无需把货款先付给出口商造成资金积压。因此,信用证是国际贸易中使用最为广泛的结算方式。

一笔信用证业务,从发生到终结,大体要经过六个环节:即进口商申请开证、进口方银行开证、出口方银行通知信用证、出口商受证出运、出口方银行议付及索汇、进口商赎单提货。上述六个环节可以通过图 9-1 简单地表示出来。

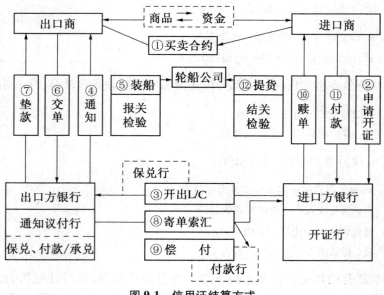

图 9-1 信用证结算方式

1. 进口商申请开证(Application for Credit)

在进出口贸易中,进出口双方经过询价、发价、还价、返还价,直到确认接受,一笔业务最后成交,进出口商订立贸易合同。进口商根据合同的规定,向银行申请开立信用证。

作为开证申请人的进口商,在提出开证申请时,应填具一份开证申请书,并缴纳相应押金。开证申请书是申请人与开证行的契约,它是银行开立信用证的依据,这份申请书包括两部分内容:第一部分,是信用证内容,即申请人依据合同主要条款,要求银行在信用证上加列的条款内容,是银行凭信用证对议付行或出口商付款的依据;第二部分,进口商对开证银行的声明,声明的内容,多为保障银行利益的内容。

2. 开证行开立信用证(Issuance of Credit)

银行在进口商送来申请书时,应认真进行审核。审核的内容主要有:所填项目是否完备无误,有无遗漏和矛盾的地方。例如,在 FOB 的价格条件下,注意运费、保险费应由谁负担,如规定运费由卖方负担,则产生矛盾。例如,货物数量与单价是否有误,两者相乘是否与信用证的总金额相符。对于比较复杂的信用证,如可转让、可循环,以及货物出口地不在受益人所在地,可能发生转运转开以及多边贸易等情况时,更应特别注意审查。对申请人的资信、经营能力、所购货物销路、市场起落、国外经济情况,对进出口管制及外汇管制等情况,也要在申请开证时认真审查。在条款掌握上,一般应注意开证行的物权有关保障。条款要易于执行,对银行与所有各方做到平等互利。

银行开出信用证,实际上是银行对进口商的一种授信行为,是资金融通的一种方式,是一种"进口押汇"。因此,银行为了保障自身资金安全,要采取一定的措施。这些措施包括对客户资金的调查,以及要求客户开证时提供一定的担保。担保内容有时是收取押金,有时是对存款账进行扣存备付,有时以不动产作抵押,有时要求第三者作担保。收取押金是最常见的一种方法。押金的多少,往往与进口商的资信、市场的动向、货物的营销情况、银根松紧、利率和汇率趋势有关。世界各国银行,对于开证押金的掌握不一致,对于不同客户、不同商品、不同时期的开证押金也有不同的规定。我国对于申请人申请开证,首先,注意其有无外汇额度,其次,依据不同情况,收取人民币保证金。

开证银行开出的信用证,可直接寄给出口商,或经进口商寄给出口商,也可通过作为开证行国外代理的出口地银行通知或转递信用证给出口商。最后一种做法是较常见的。因为通过出口地银行通知信用证给出口商,可以鉴定信用证的真伪。

3. 出口方银行通知信用证(Notification of Credit)

出口方银行收到信用证后,首先,做好信用证上签字(或密押)核对工作。因为通知行必须使信用证表面真实、可靠。如印鉴核对不符或无法核对,通知行或不通知、或声明该信用证仅供参考,不负责任。待通知行与开证行交涉后,证实印鉴相符时,再正式通知受益人。如果通知行在通知信用证时不核对印鉴或将不符印鉴误以印鉴相符通知受益人,通知行应负工作疏忽失职的责任。其次,对开证行、偿付行及保兑行的资信态度作风进行审查,对付款方法,以及与付款有关的货币汇率、利率条款进行审核,对L/C性质、种类进行审核,以决定是否接受来证。若接受来证,应根据信用证的要求,将信用证通知或转递给出口商。

对于以通知行为收件人的信用证,系开证行要求出口方银行将信用证内容通知受益人,出口方银行应以自己的信用证通知书格式,照录全文通知受益人。对于以受益人为收件人的信用证,系开证行要求出口方银行将信用证转递给受益人,出口方银行只需将原证转给受益人即可。

信用证开立后,开证方或受证方有时对信用证条款要求修改。信用证修改出于受益人要求的,常见的有信用证与合约不符,或信用证条款受益人无法办到。也有的由于政治、经济上的原因,不能按信用证条款办理。出于进口商方面要求的,主要是由于进口地或国际上某种情况的变化,必须修改信用证条款,方能进口。

信用证条款的修改,因涉及信用证有关方面权利和义务的改变,所以,必须征得有关各方同意。如进口商提出修改,则经开证行同意后,由开证行以正式修改通知书,或用"加押"电报通知通知行,再由通知行转告出口商,出口商同意接受方能有效。如出口商拒绝接受修改,则修改不能成立,信用证仍以原条款为准。如果修改通知书内容涉及两个以上条款,受益人只能全部接受或全部拒绝,不能随意接受其中一部分,拒绝另一部分。

4. 出口商受证出运(Acceptance of Credit and Shipment of Goods)

出口商收到信用证,根据信用证条款与买卖双方所确认的合同内容进行核对,如价格和价格条件、品质和规格要求、运输方式、装运和转运条件、保险条款、信用证有效期、货物数量、信用证金额等。如出口商核对无误,必须马上接受L/C,随即备货刷唛、订立保险、商检报关,并要在L/C规定的装运期限内和按照L/C规定的装运方式,把货物装上运输工具,并缮制和取得L/C所规定的装运单据,连同签发的汇票和L/C正本、修改通知书,送交信用证规定的议付行或付款行,或保兑行,或任何愿意议付该L/C项目单据的银行。

5. 出口方银行议付及索汇(Negotiation of Credit and Claim for Reimbursement)

出口商在货物出运后,在 L/C 有效期内,将全套单据送交议付行议付。议付银行根据单证一致、单单一致的原则,对 L/C 项目单进行审核。然后分别情况,对外贸公司进行出口押汇或收妥结汇。

议付行在对外贸易公司办理结汇的同时,向有关方索汇。为使出口外汇安全、及时地收回,必须掌握以下几点:

(1) 正确理解各类偿付条款(Method of Reimbursement)。L/C 偿付条款包括两个内容:一是偿付对象,二是偿付方式。从偿付对象看,有开证行、付款行、偿付行;从偿付方式看,有见单付款、主动借记、授权借记、授权索偿。

① 开证行见单付款。

Upon receipt of the documents, we shall remit the proceeds to us.

开证行见单无误后,将款项交我有关账户行收账。

② 议付行主动借记。

Please debit our account with your H. O, Beijing, under advice to us.

议付行议付后,可立即借记开证行在议付总行的账户。

③ 授权议付行借记。

You are authorized to debit our account with you, under advice to us.

开证行在收到正确单据后,授权议付行借记其账。

④ 授权议付行索偿。

You are authorised to reimburse your selves through A Bank.

开证后,在单证、单单一致的情况下,授权议付行向第三家银行取得偿付。

(2) 熟悉有关账户的分布情况。账户的分布情况,主要有存放国外同业、国外同业存款、联行外汇往来等。常见的有:

① 我国在国外联行和代理行开立的账户。

向此类国外联行或代理行索汇时,通常不要求其将款项交给另外的账户行,而是将款项直接收账。

② 国外代理行在我总行开立账户。

对于此类银行,索汇条款可规定为主动借记或授权借记。

③ 国外代理行在我国外账户开立账户。

对于此类银行,通常可要求国外代理行将款项交给我国外账户行,并由我国外账户行直接将款项收入在我国外账户行开立的账户内。

(3) 充分运用现代化通信工具。现代化通信工具,诸如电子网络电传机、电报等,传递单据、收取款项既安全,又迅速,可使卖方早收汇、多收汇。

6. 进口商赎单提货（Retirement of Documents and Take Delivery of Goods）

议付行付款后，开证行应立即通知进口商备款赎单。进口商将开证行所垫票款及发生的费用一并付清。开证行和进口商之间开立信用证所构成的权利、义务关系即告终结。如进口商发现单证不符，亦可拒绝赎单。从而开证行有可能负担资金损失，因为开证行的付款是终局性的，它不能向议付行要求退款。

进口商付款赎单后，可凭装运单据提货。如发现货物数量、品质、规格等与合同规定不符，不能向开证行提出要求，只能根据有关当事人，如出口商、轮船公司、保险公司索赔，甚至可以提起诉讼或仲裁。若进口商无力赎单，愿意接受单据，在这种情况下，可要求开证行凭其出立的信托收据（Trust Receipt），先取得单据凭以提货。所谓信托收据，是立据人（即进口商）承认收到质押权属于开证行的单据，同意以受托人身份提取、储藏和出售有关货物，并保证出售货物的所得价款，全部无条件地交与开证行。

（二）信用证业务账务处理

L/C 结算方式的全部结算过程分进口信用证结算和出口信用证结算两个方面。

1. 出口 L/C 业务核算

信用证项下的出口结汇，有通知、修改、议付和结汇四个环节。

（1）信用证的通知和修改，以表外科目核算。通知时：

收：国外开来保证凭信　　　　　　　　　　　　　　　　　外币

修改信用证要求增加原金额：

收：国外开来保证凭信　　　　　　　　　　　　　　　　　外币增额

（2）修改信用证，要求减少原金额：

收：国外开来保证凭信　　　　　　　　　　　　　　　　　外币减额

（3）议付信用证时：

借：应收即（远）期信用证款项　　　　　　　　　　　　　（外币）
　　贷：代收即（远）期信用证款项　　　　　　　　　　　（外币）

同时转销表外科目，

付：国外开来保证凭信　　　　　　　　　　　　　　　　　（外币）

（4）结汇时：

借：代收即期（远期）信用证款项　　　　　　　　　　　　（外币）
　　贷：应收即（远）期信用证款项　　　　　　　　　　　（外币）

借：存放国外同业（或其他） （外币）
　　贷：其他营业收入——银行费用（议付时费用支出） （外币）
　　　　外汇买卖 （外币）
借：外汇买卖 （人民币）
　　贷：外贸外事企业存款 （人民币）
　　　　手续费收入 （人民币）

[例 9-5] 中国银行上海分行接到伦敦巴克莱银行（可分散记账）开来即期信用证，出口商品茶叶一批，信用证受益人是茶叶公司，金额为￡25 000。11月5日，中国银行上海分行收到该信用证，立即把该证通知给茶叶公司。11月30日，茶叶公司交来全套出口单据向沪中行办理议付。沪中行于当日办理。12月20日，沪中行收到伦敦巴克莱银行已贷记报单，贷款及银行费均收妥。共计￡25 150，银行当天对公司办理人民币结汇，并收取人民币结汇手续费0.2%。分录如下：

11/5：

收：国外开来保证凭信　　　　　　　　　　　　　　　￡25 000

11/30：

借：应收即期信用证款项　　　　　　　　　　　　　　￡25 000
　　贷：代收即期信用证款项　　　　　　　　　　　　￡25 000
同时，付：国外开来保证凭信　　　　　　　　　　　　￡25 000

11/30：

借：代收即期信用证款项　　　　　　　　　　　　　　￡25 000
　　贷：应收即期信用证款项　　　　　　　　　　　　￡25 000
借：存放国外同业——巴克莱银行　　　　　　　　　　￡25 150
　　贷：其他营业收入——银行费用　　　　　　　　　￡150
　　　　外汇买卖　　　　　　　　　　　　　　　　　￡25 000
借：外汇买卖　　　　　　　　　　　　　　　　　　￥194 830
　　贷：外贸外事企业存款——茶叶公司　　　　　　￥194 440.34
　　　　手续费收入　　　　　　　　　　　　　　　￥389.66
注：当时汇价为￡100=￥779.32%
　　￡25 000×英镑买入价779.32%=￥194.830

上面讲的只是收妥结汇的做法。1984年以来，外汇银行已对绝大多数即期信用证业务承做押汇。出口押汇是指银行垫付资金的买入汇票及票据的议付。外汇银行一经承做押汇业务，贷款所有权即转移至银行，从而增加了银行的风险。外贸单位可提单收汇，有利于资金周转，经济效益的提高，在押汇的情况下，除议付与结汇部分和收妥结汇有所不同外，其余做法基本一致。

(1) 信用证通知和修改时：

通知收：国外开来保证凭信　　　　　　　　　　（外币）

修改增额：收：国外开来保证凭信　　　　　　　（外币）增额

修改减额：收：国外开来保证凭信　　　　　　　（外币红字）减额

(2) 押汇时：

借：应收即期信用证款项　　　　　　　　　　　（外币）
　　贷：代收即期信用证款项　　　　　　　　　（外币）
付：国外开来保证凭信　　　　　　　　　　　　（外币）
借：出口押汇　　　　　　　　　　　　　　　　（外币）
　　贷：利息收入——押汇息　　　　　　　　　（外币）
　　　　外汇买卖　　　　　　　　　　　　　　（外币）
借：外汇买卖　　　　　　　　　　　　　　　　（人民币）
　　贷：外贸外事企业存款×公司　　　　　　　（人民币）
　　　　手续费收入　　　　　　　　　　　　　（人民币）

$$押汇息 = 押汇金额 \times 押汇时间 \times 押汇利率$$

(3) 收妥时：

借：存放国外同业(或其他)　　　　　　　　　　（外币）
　　贷：出口押汇　　　　　　　　　　　　　　（外币）
　　　　其他营业收入——银行费用　　　　　　（外币）

同时转销双科目：

借：代收即期信用证款项
　　贷：应收即期信用证款项

[**例 9-6**]　中国银行上海分行收到某外贸公司出口押汇申请书，要求银行叙做一笔 US＄30 000 的出口押汇，经审单证、单单完全一致，银行同意做出口押汇。押汇息 US＄50，银行费 US＄105，于当日结汇。不收结汇手续费。

通知时：

收：国外开来保证凭信　　　　　　　　　　　　US＄30 000

押汇时：

付：国外开来保证凭信	US $ 30 000
借：应收即期信用证款项	US $ 30 000
贷：代收即期信用证款项	US $ 30 000
借：出口押汇	US $ 30 000
贷：利息收入——押汇息	US $ 50
外汇买卖	US $ 29 950
借：外汇买卖	￥141 073.48
贷：外贸外事企业存款——×公司	￥141 073.48

注：当时汇价为 US $ 100＝￥471.03%

　　US $ 29 950×471.03%（美元买入价）＝￥141 073.48

收妥时：

借：存放国外同业（或其他）	US $ 30 105
贷：出口押汇	US $ 30 000
其他营业收入——银行费用	US $ 105

同时转销双科目：

借：代收即期信用证款项	US $ 30 000
贷：应收即期信用证款项	US $ 30 000

2. 进口 L/C 业务核算

信用证项下的进口业务，一般有以下几个步骤：进口单位提出申请→外汇银行开立信用证→外汇银行收到国外寄来单据，通知进口公司承付→外汇银行对外付款、对内结汇。

（1）开立信用证时：

借：应收开出信用证款项	（外币）
贷：应付开出信用证款项	（外币）

（2）信用证修改时：

修改增加金额：

借：应收开出信用证款项	（外币）
贷：应付开出信用证款项	（外币）

修改减少金额：

借：应付开出信用证款项　　　　　　　　　　　　　（外币）
　　　　贷：应收开出信用证款项　　　　　　　　　　　（外币）
（3）承兑时：
（专指远期信用证情况，即期信用证不存在这一过程）
　　借：应付开出信用证款项　　　　　　　　　　　　　（外币）
　　　　贷：应收开出信用证款项　　　　　　　　　　　（外币）
　　借：应收承兑汇票款　　　　　　　　　（外币承兑金额）
　　　　贷：应付承兑汇票款　　　　　　　　（外币承兑金额）
承兑金额＝货款＋利息＋银行费用
（4）对外付款、对内结汇时：
　　借：应付承兑汇票款　　　　　　　　　（外币承兑金额）
　　　　贷：应收承兑汇票款　　　　　　　（外币承兑金额）
　　借：外贸外事企业存款 ×公司　　　　　　　　　（人民币）
　　　　贷：外汇买卖　　　　　　　　　　　　　　　（人民币）
　　借：外汇买卖　　　　　　　　　　　　　　　　　（外币）
　　　　贷：存放国外同业（或其他）　　　　　　　　（外币）
　　　　　　手续费收入　　　　　　　　　　　　　　（外币）

[**例 9-7**]　上海化工进出口公司向日本某化学公司进口一批化肥，委托中国银行上海分行通过日本三和银行（可分散记账）开出信用证一份。信用证金额为 J￥1 800 000。1 月 20 日，沪中行根据化工进出口公司要求开出信用证一份。3 月 10 日，收到三和银行寄来全套单据，货款为 J￥1 800 000，其他费用 J￥2 000。3 月 13 日，上海化工进出口公司确认付款。

1/20：

　　借：应收开出信用证款项　　　　　　　　　　J￥1 800 000
　　　　贷：应付开出信用证款项　　　　　　　　J￥1 800 000

3/10：

　　通知公司确认付款。

3/13：

　　借：应付开出信用证款项　　　　　　　　　　J￥1 800 000
　　　　贷：应收开出信用证款项　　　　　　　　J￥1 800 000
　　借：外贸外事企业存款　　　　　　　　　　　￥582 087.44
　　　　贷：外汇买卖　　　　　　　　　　　　　￥582 087.44

借：外汇买卖   J￥1 802 000
　　贷：存放国外同业——三和银行   J￥1 802 000
注：当时汇价 J￥100 000=￥3 230.23%
　　1 802 000×3 230.23%（日元卖出价）=￥582 087.44

[**例 9-8**]　上海设备进出口公司向美国进口设备一台，委托中国银行上海分行开出远期信用证一份，信用证的通知和议付行为麦加利银行，信用证金额为 US＄65 000。承兑后 60 天付款。8 月 3 日，沪中行开出信用证，9 月 4 日，麦加利银行寄来单据 US＄65 000 货款、远期利息 US＄1 950，银行费用 US＄150。9 月 4 日办理承兑手续（可分散记账，结汇手续费不计）。

8/3 开证：

借：应收开出信用证款项   US＄65 000
　　贷：应付开出信用证款项   US＄65 000

9/4 承兑：

借：应付开出信用证款项   US＄65 000
　　贷：应收开出信用证款项   US＄65 000
借：应收承兑汇票款   US＄67 100
　　贷：应付承兑汇票款   US＄67 100

11/3：

借：应付承兑汇票款   US＄67 100
　　贷：应收承兑汇票款   US＄67 100
借：外贸外事企业存款——设备进出口公司   ￥317 450.10
　　贷：外汇买卖   ￥317 450.10
借：外汇买卖   US＄67 100
　　贷：存放国外同业——麦加利银行   US＄67 100

二、托收和代收结算方式的核算

（一）出口托收业务核算

出口托收是我出口单位根据买卖双方签订的贸易合约，在规定期限内备货出运后，将货运单据连同以进口买方为付款人的汇票一并送交银行，由银行委托境外代理行向进口买方代为交单和收款的一种出口贸易结算方式。托收出口款项，一般经过两个过程：一是托收过程，二是收妥过程。

(1) 托收时：

借：应收出口托收款项　　　　　　　　　　　　　　（外币）
　　贷：代收出口托收款项　　　　　　　　　　　　　（外币）

(2) 收妥时：

借：代收出口托收款项　　　　　　　　　　　　　　（外币）
　　贷：应收出口托收款项　　　　　　　　　　　　　（外币）

借：存放国外同业（或其他）　　　　　　　　　　　　（外币）
　　贷：外汇买卖　　　　　　　　　　　　　　　　　（外币）

借：外汇买卖　　　　　　　　　　　　　　　　　　（人民币）
　　贷：外贸外事企业存款　　　　　　　　　　　　（人民币）
　　　　手续费收入　　　　　　　　　　　　　　　（人民币）

[例9-9]　某分行受工艺品进出口公司委托向伦敦米兰银行（设该分行在其开有"存放国外同业"账户）办理出口托收，金额26 000英镑，收到已贷记报单后办理结汇。当日汇买价￡100＝¥953.60。其分录如下：

借：存放国外同业　　　　　　　　　　　　￡26 000.00
　　贷：应收出口托收款项　　　　　　　　￡26 000.00
借：代收出口托收款项　　　　　　　　　　￡26 000.00
　　贷：外汇买卖　　　　　　　　　　　　￡26 000.00
借：外汇买卖　　　　　　　　　　　　　　¥247 936.00
　　贷：外贸外事企业存款——工艺品进出口公司　¥247 936.00

（二）进口代收业务核算

进口代收是指国外出口商根据贸易合同规定，于装运货物后，通过国外托收银行寄来单据，委托我银行向进口单位收取款项的一种结算方式。

若进口业务通过代收方式进行，则银行一般在收到国外银行寄来的单据时，代进口单位办理对外付款业务。

(1) 收到国外单据时：

借：应收进口代收款　　　　　　　　　　　　　　　（外币）
　　贷：进口代收款　　　　　　　　　　　　　　　（外币）

(2) 代公司办理对外付款时：

借：进口代收款　　　　　　　　　　　　　　　　　（外币）
　　贷：应收进口代收款　　　　　　　　　　　　　（外币）

借：外贸外事企业存款　　　　　　　　　　　　　（人民币）
　　贷：外汇买卖　　　　　　　　　　　　　　　（人民币）
借：外汇买卖　　　　　　　　　　　　　　　　　（外币）
　　贷：存放国外同业（或其他）　　　　　　　　（外币）

三、汇款结算方式的核算

（一）汇出进口货款

汇出进口货款是指商业银行接受汇款人的委托，签发信用工具，委托境外代理行或异地银行解付汇款的一种结算方式。

如果商品进口货款，是通过汇款的方式结算，这种汇款一般称为汇出进口货款。

（1）汇出时：

借：外贸外事企业存款　　　　　　　　　　　　　（人民币）
　　贷：外汇买卖　　　　　　　　　　　　　　　（人民币）
借：外汇买卖　　　　　　　　　　　　　　　　　（外币）
　　贷：汇出汇款　　　　　　　　　　　　　　　（外币）

（2）解付时：

借：汇出汇款　　　　　　　　　　　　　　　　　（外币）
　　贷：存放国外同业（或其他）　　　　　　　　（外币）

（二）汇入出口货款

汇入出口货款是指汇入行根据境外代理行和国内联行的电汇、信汇委托，以及受益人（收款人）提示的汇票，把汇入的汇款解付给收款人的过程。

如果国外进口商以汇款的形式，将出口货款汇给我出口商，其货款流转一般有两个过程：一是从国外进口地银行汇入我外汇银行，二是由我外汇银行将汇入款项解付给出口单位。

（1）汇入时：

借：存放国外同业（或其他）　　　　　　　　　　（外币）
　　贷：汇入汇款　　　　　　　　　　　　　　　（外币）

（2）解付时：

借：汇入汇款　　　　　　　　　　　　　　　　　（外币）
　　贷：外汇买卖　　　　　　　　　　　　　　　（外币）

借：外汇买卖　　　　　　　　　　　　　　　　　　（人民币）
　　　　贷：外贸外事企业存款　　　　　　　　　　　　　（人民币）

第六节　国际非贸易结算业务的核算

一、国际汇兑业务核算

　　银行在不需运送现金的原则下,利用各种信用工具的传递,使处在不同国家或我国港澳地区的债权人和债务人了结其相互间债款的方法,称为国际汇兑业务。国际汇兑业务,可分为汇入汇款和汇出汇款两类。

　　(一)汇入汇款

　　我国港澳地区和国外联行及代理行,委托我银行解付的汇入款项,称为汇入汇款。"汇入汇款"是负债类科目,余额在贷方。从会计核算角度讲,借方表示负债的减少,贷方表示负债的增加。从业务角度讲,借方表示汇入汇款业务的结束,贷方表示业务的成立。汇入汇款会计分录如下。

　　汇入时：

　　借：存放国外同业(或其他科目)　　　　　　　　　　（外币）
　　　　贷：汇入汇款　　　　　　　　　　　　　　　　　（外币）

　　解付时：

　　借：汇入汇款　　　　　　　　　　　　　　　　　　　（外币）
　　　　贷：外汇买卖　　　　　　　　　　　　　　　　　（外币）
　　借：外汇买卖　　　　　　　　　　　　　　　　　　　（人民币）
　　　　贷：现金(或其他科目)　　　　　　　　　　　　　（人民币）

　　上面讲的是"头寸"已到的情况；若遇"头寸"未到,则需通过"应收及暂付款"科目过渡。

　　汇入时：

　　借：应收及暂付款　　　　　　　　　　　　　　　　　（外币）
　　　　贷：汇入汇款　　　　　　　　　　　　　　　　　（外币）

　　头寸未到垫付解付时：

　　借：汇入汇款　　　　　　　　　　　　　　　　　　　（外币）
　　　　贷：外汇买卖　　　　　　　　　　　　　　　　　（外币）

借：外汇买卖　　　　　　　　　　　　　　　　　（人民币）
　　贷：现金（或其他科目）　　　　　　　　　　　（人民币）

头寸收到时：

借：存放国外同业（或其他科目）　　　　　　　　　（外币）
　　贷：应收及暂付款　　　　　　　　　　　　　　（外币）

若遇"头寸"未到，又不能垫款解付时，银行应将"汇款通知书"专类保管，待日后"头寸"到时再做分录。

当遇有收到国外汇入汇款的收款人在外地的情形下，应办理转汇业务。委托收款人所在地银行办理解付。

（1）若转汇行与解付行同属外汇分账行，则

转汇行转汇时：

借：存放国外同业（或其他科目）　　　　　　　　　（外币）
　　贷：全国联行外汇往来——解付行　　　　　　　（外币）

解付行收到转来的汇款时：

借：全国联行外汇往来——转汇行　　　　　　　　（外币）
　　贷：汇入汇款　　　　　　　　　　　　　　　　（外币）

（2）若转汇行是外汇分账行，解付行为非外汇分账行，则

转汇行转汇时：

借：存放国外同业　　　　　　　　　　　　　　　　（外币）
　　贷：外汇买卖　　　　　　　　　　　　　　　　（外币）
借：外汇买卖　　　　　　　　　　　　　　　　　（人民币）
　　贷：辖内往来　　　　　　　　　　　　　　　（人民币）

解付行收到转来的汇款时：

借：辖内往来　　　　　　　　　　　　　　　　　（人民币）
　　贷：汇入汇款　　　　　　　　　　　　　　　（人民币）

转汇的解付分录同不转汇的情形一样。

[例9-10]　接我国香港汇丰银行（可分散记账）委解通知，付给上海服装进出口公司货款 US ＄ 15 000。

（1）委解通知书和"头寸"报单同时收到；
（2）委解通知书收到，但"头寸"报单未到，按规定可以垫款；

(3) 委解通知书收到,但"头寸"报单未到,按规定不可垫款。

当时美元与人民币的比价为:US $ = ￥3.712 7 ~ ￥3.731 4,要求根据上述情况作出会计分录。

(1) 收到"头寸"报单时:

借:存放国外同业——汇丰　　　　　　　　　US $ 15 000.00
　　贷:汇入汇款　　　　　　　　　　　　　　US $ 15 000.00

解付时:

借:汇入汇款　　　　　　　　　　　　　　　US $ 15 000.00
　　贷:外汇买卖　　　　　　　　　　　　　　US $ 15 000.00
借:外汇买卖　　　　　　　　　　　　　　　￥55 690.50
　　贷:外贸外事企业存款——服装　　　　　　￥55 690.50

(2) 汇入时("头寸"未到):

借:应收暂付款　　　　　　　　　　　　　　US $ 15 000.00
　　贷:汇入汇款　　　　　　　　　　　　　　US $ 15 000.00
借:汇入汇款　　　　　　　　　　　　　　　US $ 15 000.00
　　贷:外汇买卖　　　　　　　　　　　　　　US $ 15 000.00

解付时:

借:外汇买卖　　　　　　　　　　　　　　　￥55 690.50
　　贷:外贸外事企业存款——服装　　　　　　￥55 690.50

(3) "头寸"未到,按规定又不能垫款。不作分录,凭证专夹保管。

(二) 汇出汇款

汇出汇款是负债类科目,余额反映在贷方。从业务角度讲,借方表示业务结束、贷款解付,贷方表示业务成立、款项汇出。从会计角度讲,借方表示负债减少、贷方表示负债增加。汇出汇款会计分录如下:

汇出时:

借:外汇专户存款(或其他科目)
　　贷:汇出汇款

解付时:

借:汇出汇款
　　贷:存放国外同业(或其他科目)

[**例 9-11**] 某年 1 月 24 日,日本友人松田茂先生以 ¥400 000(现钞)要求信汇东京松田茂夫人。我行通过东京银行(可分散记账)解付(汇费扣收外币 1%、电费 J¥24 收取现钞)。2 月 10 日,接到东京银行借记报单,款已解讫。当时的外汇牌价,买入价:J¥100 000 = ¥882.80,卖出价:J¥100 000 = ¥887.22,现钞价:J¥100 000 = ¥851.90。

借:库存现金　　　　　　　　　　　　　　　　　　　　　　J¥400 000
　　贷:手续费收入——电费　　　　　　　　　　　　　　　　　　　J¥24
　　　　外汇买卖　　　　　　　　　　　　　　　　　　　　　　J¥399 976
借:外汇买卖　　　　　　　　　　　　　　　　　　　　　　　¥3 407.40
　　贷:外汇买卖　　　　　　　　　　　　　　　　　　　　　　¥3 407.40
借:外汇买卖　　　　　　　　　　　　　　　　　　　　　　　J¥384 054
　　贷:汇出汇款　　　　　　　　　　　　　　　　　　　　　　J¥383 670
　　　　其他营业收入——汇费　　　　　　　　　　　　　　　　　J¥384

2/10:

借:汇出汇款　　　　　　　　　　　　　　　　　　　　　　　J¥383 670
　　贷:存放国外同业——东京　　　　　　　　　　　　　　　　　J¥383 670

二、买入汇款及非贸易外汇托收业务核算

(一) 买入汇款

买入汇款,是指银行将外币票据买入,当场付现金给客户的外币买卖。票据的所有权在银行,由银行承担风险、垫付"头寸"。银行买入非贸易外币票据,应遵循以下原则:

(1) 签发外币票据的是信誉较好的我国港澳地区银行,且与我行建立往来关系的;

(2) 提示的外币票据,是属于我国订有外汇牌价,且可转入我外汇银行账户的票据;

(3) 代办行具备鉴别票据真伪和核对印鉴的条件。

我银行办理非贸易外币票据的范围有:信用卡、旅游支票、本票、国际定额汇票、资信较好的银行为付款行的汇票、旅行信用证和其他票据(邮局汇票、财政部支票、私人限额汇票)。

买入汇款的核算程序,通常有:客户填写"买入票据申请书",银行填写"票据托收委托书"。买入票据时,用"买入外币票据"科目进行核算,先扣减

贴息7.5‰，然后折成人民币给客户。

买入时：

借：买入外币票据　　　　　　　　　　　　　　（外币）
　　贷：利息收入——贴息　　　　　　　　　　（外币）
　　　　外汇买卖　　　　　　　　　　　　　　（外币）
借：外汇买卖　　　　　　　　　　　　　　　（人民币）
　　贷：库存现金　　　　　　　　　　　　　（人民币）

收受票据款项时：

借：存放国外同业（或其他）　　　　　　　　　（外币）
　　贷：买入外币票据　　　　　　　　　　　　（外币）

[例9-12] 3月5日，客户将国外发行的旅行支票 US＄500 来我中国银行兑付。我中行作买入票据处理，收取贴息7.5‰，同时向国外托收。4月20日，收到国外贷记报单。

3月5日：

借：买入外币票据　　　　　　　　　　　　　US＄500
　　贷：利息收入——贴息　　　　　　　　　US＄3.75
　　　　外汇买卖　　　　　　　　　　　　US＄496.25
借：外汇买卖（×汇买价471.03%）　　　　　　￥2 337.49
　　贷：库存现金　　　　　　　　　　　　　￥2 337.49

（二）非贸易外汇托收业务

它是指由银行收下票据，向国外银行办理托收，待收到款项后，再向客户办理付款的业务。在此类业务情况下，票据所有权在客户手中，银行不承担风险，不垫付"头寸"。非贸易外汇托收业务的范围有：凡不能以买入外币票据处理的各种外币票据，未列入我外管局公布的外钞收兑牌价的各种外钞。或虽列入外钞收兑牌价表，但无法鉴别真伪，或破旧不能立即收兑的外钞；国外有市价的外币有价证券的出售，或收取息金，以及过去在华外商企业所发行的有价证券的出售或收息。这类业务的会计分录为：

发出托收时：

借：应收非贸易托收款　　　　　　　　　　　（外币）
　　贷：代收非贸易托收款　　　　　　　　　　（外币）

托收款项收妥时：

借：代收非贸易托收款　　　　　　　　　　　　　（外币）
　　　　贷：应收非贸易托收款　　　　　　　　　　　　　（外币）
　　借：存放国外同业（或其他）　　　　　　　　　　　（外币）
　　　　贷：应付暂收款　　　　　　　　　　　　　　　　（外币）
　　借：应付暂收款　　　　　　　　　　　　　　　　　（外币）
　　　　贷：外汇买卖　　　　　　　　　　　　　　　　　（外币）
　　借：外汇买卖　　　　　　　　　　　　　　　　　（人民币）
　　　　贷：库存现金　　　　　　　　　　　　　　　　（人民币）
　　　　　　手续费收入　　　　　　　　　　　　　　　（人民币）

三、外币兑换业务核算

外币兑换是指以外国货币按公布的外钞汇率兑成人民币，或以人民币兑成外币的一种兑换业务。

（一）兑入外币

1. 鉴别外钞问题

兑入外币时，首先应鉴别外钞的真伪，鉴别的内容有：发行机构的名称；标记及负责人鉴章、法律有效词句；外钞面值、币别、印制年份、连续编号；装饰票面的风景、人物、花纹、图案；然后作会计分录。

2. 兑入外钞的核算

兑换时应填写"外币兑换水单"。若经办行直接兑入，则

　　借：库存现金　　　　　　　　　　　　　　　　　（外币）
　　　　贷：外汇买卖　　　　　　　　　　　　　　　　　（外币）
　　借：外汇买卖　　　　　　　　　　　　　　　　　（人民币）
　　　　贷：库存现金　　　　　　　　　　　　　　　　（人民币）

若委托联行兑入，则

① 受托行收到委托行寄来的外币经鉴别可兑入时：

　　借：库存现金　　　　　　　　　　　　　　　　　（外币）
　　　　贷：全国联行外汇往来——委托行　　　　　　　（外币）

② 委托行分录：

　　借：全国联行外汇往来——受托行　　　　　　　　（外币）
　　　　贷：外汇买卖　　　　　　　　　　　　　　　　　（外币）
　　借：外汇买卖　　　　　　　　　　　　　　　　　（人民币）
　　　　贷：库存现金　　　　　　　　　　　　　　　　（人民币）

（二）兑出外币

首先填写"外币兑换水单"。兑出时：

借：库存现金　　　　　　　　　　　　　　　（人民币）
　　贷：外汇买卖　　　　　　　　　　　　　（人民币）
借：外汇买卖　　　　　　　　　　　　　　　（外币）
　　贷：库存现金　　　　　　　　　　　　　（外币）

值得注意的是，在兑入外币业务时，使用外汇买卖的牌价是"现钞价"；在兑出外币业务时，使用"卖出价"。这是因为只有"现钞买入价"，没有"现钞卖出价"。

复习思考题

1. 简述外汇分账制的特点及基本内容。
2. 简述外汇会计的特点。
3. 外汇买卖科目分户账如何登记？
4. 简述外汇存款的种类及其包括的内容。

第十章

金融工具

第一节 金融工具概述

金融工具,是指形成一方的金融资产并形成其他方的金融负债或权益工具的合同。合同可能是书面形式,也可以不采用书面形式。并非基于合同的资产和负债不属于金融工具,比如由于法定原因所应缴纳的税费形成的应交税费不属于金融工具。

商业银行作为经营货币和货币资本的营利性机构,所持有的资产中,绝大部分是金融资产。其资金来源中,吸收存款是主要的资金来源,形成了商业银行的金融负债,需要承担还本付息的义务。所有者投入的资本形成了商业银行的权益资本。

金融工具可以划分为基本金融工具、衍生金融工具和混合金融工具,基本金融工具包括:现金、银行存款、应收应付款项、债券(不含转股权和赎回权)、股票等,其基本特征是未来需要用货币资金结算,或者本身就是货币资金。衍生工具,是指属于《企业会计准则第22号——金融工具确认和计量》范围并同时具备下列特征的金融工具或其他合同:

(1)其价值随特定利率、金融工具价格、商品价格、汇率、价格指数、费率指数、信用等级、信用指数或其他变量的变动而变动,变量为非金融变量的,该变量不应与合同的任何一方存在特定关系。

(2)不要求初始净投资,或者与对市场因素变化预期有类似反应的其他合同相比,要求较少的初始净投资。

(3)在未来某一日期结算。

衍生工具都是远期经济合同,包括远期合同、期货合同、互换和期权,以及具有远期合同、期货合同、互换和期权中一种或一种以上特征的工具。常见的金融衍生品包括金融期货、金融期权、金融互换、金融远期等。交易目的是套期保值或者投机套利。

一、金融资产

金融资产是指商业银行持有的现金、其他方发行的权益工具以及符合下列条件之一的资产：

（1）从其他方收取现金或其他金融资产的合同权利。

（2）在潜在有利条件下，与其他方交换金融资产或金融负债的合同权利，比如期权。

（3）将来须用或可用企业自身权益工具进行结算的非衍生工具合同，且企业根据该合同将收到可变数量的自身权益工具。

（4）将来须用或可用企业自身权益工具进行结算的衍生工具合同，但以固定数量的自身权益工具交换固定金额的现金或其他金融资产的衍生工具合同除外。其中，企业自身权益工具不包括应当按照《企业会计准则第37号——金融工具列报》分类为权益工具的可回售工具或发行方仅在清算时才有义务向另一方按比例交付其净资产的金融工具，也不包括本身就要求在未来收取或交付企业自身权益工具的合同。

商业银行持有的金融资产主要包括：现金、存放中央银行款项、存放同业或系统内款项、拆出资金、应收账款、贷款、股权投资、债权投资等。

二、金融负债

金融负债，是指企业符合下列条件之一的负债：

（1）向其他方交付现金或其他金融资产的合同义务。

（2）在潜在不利条件下，与其他方交换金融资产或金融负债的合同义务。

（3）将来须用或可用企业自身权益工具进行结算的非衍生工具合同，且企业根据该合同将交付可变数量的自身权益工具。

（4）将来须用或可用企业自身权益工具进行结算的衍生工具合同，但以固定数量的自身权益工具交换固定金额的现金或其他金融资产的衍生工具合同除外。企业对全部现有同类别非衍生自身权益工具的持有方同比例发行配股权、期权或认股权证，使之有权按比例以固定金额的任何货币换取固定数量的该企业自身权益工具的，该类配股权、期权或认股权证应当分类为权益工具。其中，企业自身权益工具不包括应当按照《企业会计准则第37号——金融工具列报》分类为权益工具的可回售工具或发行方仅在清算时才有义务向另一方按比例交付其净资产的金融工具,也不包括本身就要求在未来收取或交付企业自身权益工具的合同。

混合金融工具是在基本金融工具基础上嵌入衍生工具,比如可转换债券,是在基本金融工具(普通债券)嵌入了转换普通股的权利(买入期权)。可转换优先股,是在基本金融工具(优先股)嵌入了转换普通股的权利(买入期权)。

商业银行的金融负债主要包括:存款、向中央银行借款、同业或系统内存放款项、拆入资金、交易性金融负债、长期借款、应付债券、长期应付款、应付款项等。

三、权益工具

权益工具代表了对发行方净资产的索取权,是一种剩余权利,在发行方破产清算时,权益工具的清偿次序排在债务工具之后,基本的权益工具是企业发行的普通股,普通股股东享有依法参与发行方重大决策的权力。

权益工具,是指能证明拥有某个企业在扣除所有负债后的资产中剩余权益的合同。同时满足下列条件的,发行方应当将发行的金融工具分类为权益工具:

(1) 该金融工具不包括交付现金或其他金融资产给其他方,或在潜在不利条件下与其他方交换金融资产或金融负债的合同义务;

(2) 将来须用或可用企业自身权益工具结算该金融工具的,如该金融工具为非衍生工具,不包括交付可变数量的自身权益工具进行结算的合同义务;如为衍生工具,企业只能通过以固定数量的自身权益工具交换固定金额的现金或其他金融资产结算该金融工具。

四、金融负债和权益工具的区分

1. 通过交付现金、其他金融资产或交换金融资产或金融负债结算

如果企业不能无条件地避免以交付现金或其他金融资产来履行一项合同义务,则该合同义务符合金融负债的定义。有些金融工具虽然没有明确地包含交付现金或其他金融资产义务的条款和条件,但有可能通过其他条款和条件间接地形成合同义务。

如果发行的金融工具将以现金或其他金融资产结算,那么该工具导致企业承担了交付现金或其他金融资产的义务。如果该工具要求企业在潜在不利条件下通过交换金融资产或金融负债结算(例如,该工具包含发行方签出的以

现金或其他金融资产结算的期权），该工具同样导致企业承担了合同义务。在这种情况下，发行方对于发行的金融工具应当归类为金融负债。

2. 通过自身权益工具结算

如果发行的金融工具须用或可用企业自身权益工具结算，需要考虑用于结算该工具的企业自身权益工具，是作为现金或其他金融资产的替代品，还是为了使该工具持有人享有在发行方扣除所有负债后的资产中的剩余权益。如果是前者，该工具是发行方的金融负债；如果是后者，该工具是发行方的权益工具。

3. 对于将来须用或可用企业自身权益工具结算的金融工具的分类，应当区分衍生工具还是非衍生工具

对于非衍生工具，如果发行方未来没有义务交付可变数量的自身权益工具进行结算，则该非衍生工具是权益工具；否则，该非衍生工具是金融负债。对于衍生工具，如果发行方只能通过以固定数量的自身权益工具交换固定金额的现金或其他金融资产进行结算，则该衍生工具是权益工具；如果发行方以固定数量自身权益工具交换可变金额现金或其他金融资产，或以可变数量自身权益工具交换固定金额现金或其他金融资产，或在转换价格不固定的情况下以可变数量自身权益工具交换可变金额现金或其他金融资产，则该衍生工具应当确认为金融负债或金融资产。

第二节 金融资产和金融负债分类

一、金融资产分类依据

商业银行应当根据其管理金融资产的业务模式和金融资产的合同现金流量特征，对持有的金融资产进行分类。

（一）管理金融资产的业务模式

商业银行管理金融资产的业务模式，是指企业如何管理其金融资产以产生现金流量。业务模式决定商业银行所管理金融资产现金流量的来源是收取合同现金流量、出售金融资产还是两者兼有。

商业银行管理金融资产的业务模式，应当以商业银行关键管理人员决定的对金融资产进行管理的特定业务目标为基础确定。商业银行确定管理金融资产的业务模式，应当以客观事实为依据，不得以按照合理预期不会发生的情形为基础确定。

（二）金融资产的合同现金流量特征

金融资产的合同现金流量特征是指金融工具合同约定的、反映相关金融资产经济特征的现金流量属性。

相关金融资产在特定日期产生的合同现金流量仅为对本金和以未偿付本金金额为基础的利息的支付，其中，本金是指金融资产在初始确认时的公允价值，本金金额可能因提前还款等原因在金融资产的存续期内发生变动；利息包括对货币时间价值、与特定时期未偿付本金金额相关的信用风险以及其他基本借贷风险、成本和利润的对价。其中，货币时间价值是利息要素中仅因为时间流逝而提供对价的部分，不包括为所持有金融资产的其他风险或成本提供的对价，但货币时间价值要素有时可能存在修正。

在货币时间价值要素存在修正的情况下，企业应当对相关修正进行评估，以确定其是否满足上述合同现金流量特征的要求。此外，金融资产包含可能导致其合同现金流量的时间分布或金额发生变更的合同条款（如包含提前还款特征）的，企业应当对相关条款进行评估（如评估提前还款特征的公允价值是否非常小），以确定其是否满足上述合同现金流量特征的要求。

二、金融资产分类

（一）以摊余成本计量的金融资产

金融资产同时符合下列条件且并未指定该金融资产为以公允价值计量且其变动计入当期损益的，分类为以摊余成本计量的金融资产：

（1）管理该金融资产的业务模式是以收取合同现金流量为目标；

（2）该金融资产的合同条款规定，在特定日期产生的现金流量，仅为对本金和以未偿付本金金额为基础的利息的支付。

商业银行以摊余成本计量的金融资产包括："现金及存放中央银行款项""存放同业款项""拆出资金""买入返售金融资产""发放贷款与垫款"和"债权投资"。持有期间应采用实际利率法计算该资产的利息收入并列报为"利息收入"。

只有债权类资产有合同约定的现金流，在符合上述条件后才能划分为摊余成本计量的投资，在我国的会计报表中计入"债权投资"项目。

（二）以公允价值计量且其变动计入其他综合收益的金融资产

金融资产同时符合下列条件的，应当分类为以公允价值计量且其变动计入其他综合收益的金融资产：

（1）企业管理该金融资产的业务模式既以收取合同现金流量为目标又以

出售该金融资产为目标。

（2）该金融资产的合同条款规定，在特定日期产生的现金流量，仅为对本金和以未偿付本金金额为基础的利息的支付。

以公允价值计量且其变动计入其他综合收益的金融资产包括以公允价值计量且其变动计入其他综合收益的债务工具和指定以公允价值计量且其变动计入其他综合收益的权益工具。

商业银行在初始确认时，企业可以将非交易性权益工具投资指定为以公允价值计量且其变动计入其他综合收益的金融资产，该指定一经做出，不得撤销。比如对结算机构的权益投资和交易所的非交易性权益证券投资（会员席位）指定为以公允价值计量且其变动计入其他综合收益，但是一旦指定再处置时，该投资的公允价值变动不再重分类至损益。

持有期间应采用实际利率法计算该资产的利息收入并列报为"利息收入"。

（三）以公允价值计量且其变动计入当期损益的金融资产

除了分类为以摊余成本计量的金融资产和以公允价值计量且其变动计入其他综合收益的金融资产之外的金融资产，企业应当将其分类为以公允价值计量且其变动计入当期损益的金融资产，报表上列为交易性金融资产。

商业银行持有的他行浮动收益型理财产品、基金投资、信托计划和资产管理计划等资产，无法通过合同现金流量仅为对本金和以未偿付本金金额为基础的利息的支付的测试，因此分别从应收款项类和其他债权投资重分类为以公允价值计量且其变动计入当期损益的金融资产。交易性金融资产的期间损失或利得计入损益，并在损益表中列报为"投资收益"和"公允价值变动损益"。

企业在非同一控制下的企业合并中确认的或有对价构成金融资产的，该金融资产应当分类为以公允价值计量且其变动计入当期损益的金融资产，不得指定为以公允价值计量且其变动计入其他综合收益的金融资产。

三、金融负债分类

金融资产或金融负债满足下列条件之一的，表明企业持有该金融资产或承担该金融负债的目的是交易性的：

（1）取得相关金融资产或承担相关金融负债的目的，主要是为了近期出售或回购。

（2）相关金融资产或金融负债在初始确认时属于集中管理的可辨认金融工具组合的一部分，且有客观证据表明近期实际存在短期获利模式。

（3）相关金融资产或金融负债属于衍生工具。但符合财务担保合同定义的衍生工具以及被指定为有效套期工具的衍生工具除外。

除了交易性金融负债外,其他负债分类为摊余成本计量的负债。商业银行其他金融负债主要包括向中央银行借款、同业及其他金融机构存放款项、拆入资金、卖出回购金融资产款、吸收存款和已发行债务证券。

第三节 交易性金融资产核算

一、交易性金融资产的初始计量

商业银行取得金融资产分类为交易性金融资产,应当按照公允价值计量。相关交易费用应当直接计入当期损益。交易费用是指可直接归属于购买、发行或处置金融工具新增的外部费用。新增的外部费用是指企业不购买、发行或处置金融工具就不会发生的费用。交易费用包括支付给代理机构、咨询公司、券商等的手续费和佣金及其他必要支出。

商业银行取得交易性金融资产所支付价款中包含的分期付息债券应计利息或已宣告但尚未发放的债券利息或现金股利等,单独确认为应收项目,计入应收股利或者应收利息。在随后期间收到这部分股利或利息时,再冲减应收项目金额。

二、交易性金融资产后续计量

以公允价值计量且其变动计入当期损益的金融资产持有期间被投资单位宣告发放的现金股利,或在资产负债表日按分期付息、一次还本债券投资的票面利率计算的利息,计入当期损益。

在资产负债表日,以公允价值计量且其变动计入当期损益的金融资产的公允价值与其账面余额的差额,计入当期公允价值变动损益。

三、账户设置及核算

(一) 账户设置

1. 交易性金融资产

商业银行应设置"交易性金融资产"科目,核算本行为交易目的所持有的债券投资、股票投资、基金投资等交易性金融资产的公允价值。银行持有的直接指定为以公允价值计量且其变动计入当期损益的金融资产,也在本科目核算。本科目可按交易性金融资产的类别和品种,设置"成本""公允价值变动"等进行明细核算。本科目期末借方余额,反映商业银行持有的交易性金融资产的公允价值。

2. 公允价值变动损益

商业银行应设置"公允价值变动损益"科目,核算本行划分为交易性金融资产的公允价值的期末波动。

(二)主要账务处理

(1)银行取得交易性金融资产,按其公允价值,借记"交易性金融资产——成本"科目,按发生的交易费用,借记"投资收益"科目,按已到付息期但尚未领取的利息或已宣告但尚未发放的现金股利,借记"应收利息"或"应收股利"科目,按实际支付的金额,贷记"存放中央银行款项"等科目。

(2)交易性金融资产持有期间被投资单位宣告发放的现金股利,或在资产负债表日按分期付息、一次还本债券投资的票面利率计算的利息,借记"应收股利"或"应收利息"科目,贷记"投资收益"科目。

(3)资产负债表日,交易性金融资产的公允价值高于其账面余额的差额,借记"交易性金融资产——公允价值变动"科目,贷记"公允价值变动损益"科目;公允价值低于其账面余额的差额做相反的会计分录。

(4)出售交易性金融资产,应按实际收到的金额,借记"存放中央银行款项"等科目,按该金融资产的账面余额,贷记"交易性金融资产——成本",按照差额借记或贷记"交易性金融资产——公允价值变动"科目,按其差额,贷记或借记"投资收益"科目。同时,将原计入该金融资产的公允价值变动转出,借记或贷记"公允价值变动损益"科目,贷记或借记"投资收益"科目。

四、交易性金融资产核算示例

[例10-1]　XYZ银行20×8年2月20日于二级市场购入同业机构发行的债券面值10 000万元,交易价格10 050万元,票面利率6%,其中含已到期尚未发放利息50万元(分期付息债券),交易手续费1万元,持有做交易用途,分类为交易性金融资产(假定不考虑所得税差异影响)。

(1)投资日XYZ银行的会计处理如下(单位万元,下同):

借:交易性金融资产——债券(成本)　　　　　　　　　10 000
　　投资收益　　　　　　　　　　　　　　　　　　　　　1
　　应收利息　　　　　　　　　　　　　　　　　　　　　50
　　贷:存放中央银行款项　　　　　　　　　　　　　　10 051

(2) XYZ 银行 20×8 年 3 月 1 日收到所购入债券中已到期的利息。XYZ 银行的会计处理如下：

  借：存放中央银行款项   50
    贷：应收利息   50

(3) XYZ 银行所购入的债券 20×8 年 3 月 31 日公允价值为 10 010 万元。第一季度报表中资产负债表日 XYZ 银行的会计处理如下：

  借：交易性金融资产——公允价值变动 10
    贷：公允价值变动损益   10

如果购买后交易性金融资产的公允价值下跌，则做相反的处理。同时确认 3 月份债券利息 50(10 000×6%/12)万元，会计处理如下：

  借：应收利息   50
    贷：投资收益   50

(4) XYZ 银行收到 3 月份利息处理同(2)。

(5) XYZ 银行 20×8 年 4 月 5 日出售所购入债券中已到期的利息，出售所得 10 015 万元。XYZ 银行的会计处理如下：

  借：存放中央银行款项   10 015
    贷：交易性金融资产——成本   10 000
      交易性金融资产——公允价值变动 10
      投资收益   5

同时需要将原来计入公允价值变动的累计余额转出到投资收益科目，XYZ 银行会计处理如下：

  借：公允价值变动损益   10
    贷：投资收益   10

第四节 公允价值计量变动计入其他综合收益类金融资产核算

一、公允价值计量变动计入其他综合收益类(可供出售类)金融资产的初始计量

商业银行取得金融资产分类为可供出售类金融资产，应当按照公允价值

计量。相关交易费用应当直接计入取得成本。分别股权类和债券类投资,计入其他权益工具投资和其他债权投资。

商业银行取得交易性金融资产所支付价款中包含的分期付息债券应计利息或已宣告但尚未发放的债券利息或现金股利等,单独确认为应收项目,计入应收股利或者应收利息。在随后期间收到这部分股利或利息时,再冲减应收项目金额。

二、可供出售类金融资产的后续计量

以可供出售类金融资产持有期间被投资单位宣告发放的现金股利,或在资产负债表日按分期付息、一次还本债券投资的票面利率计算的利息,计入当期损益。

资产负债表日,其他债权投资应当以公允价值计量,且其公允价值变动计入其他综合收益。

三、可供出售类金融资产的核算账户设置

(一) 科目设置

1. 其他权益工具投资

商业银行设置"其他权益工具投资"科目,核算商业银行持有的可供出售股权类金融资产的公允价值。本科目按可供出售股权类金融资产的类别和品种,分别按"成本""公允价值变动"等进行明细核算。本科目期末借方余额,反映商业银行可供出售股权类金融资产的公允价值。

2. 其他债权投资

商业银行设置"其他债权投资"科目,核算商业银行持有的可供出售债权类金融资产的公允价值。本科目按其他债权投资的类别和品种,分别按"成本""应计利息"(到期还本付息债券)、"利息调整"(债权溢价和折价)、"公允价值变动"等进行明细核算。本科目期末借方余额,反映商业银行可供出售债权类金融资产的公允价值。

3. 其他综合收益

可供出售类金融资产期末公允价值的变动计入"其他综合收益"科目。

(二) 主要账务处理

(1) 商业银行取得可供出售类股权,应按其公允价值与交易费用之和,借记"其他权益工具——成本"科目,按支付的价款中包含的已宣告但尚未发放的现金股利,借记"应收股利"科目,按实际支付的金额,贷记"存放中央银行款项"等科目。

商业银行取得的可供出售类债券投资的,应按债券的面值,借记"其他债权投资——成本"科目,按支付的价款中包含的已到付息期但尚未领取的利息,借记"应收利息"科目(分期付息债券)或者"其他债权投资——应计利息"科目(到期付息债券),按实际支付的金额,贷记"存放中央银行款项"等科目,按差额,借记或贷记"其他债权投资——利息调整"科目。

(2)资产负债表日,可供出售类债券为分期付息、一次还本债券投资的,应按票面利率计算确定的应收未收利息,借记"应收利息"科目,按可供出售债券的摊余成本和实际利率计算确定的利息收入,贷记"投资收益"科目,按其差额,借记或贷记"其他债权投资——利息调整"科目。

可供出售债券为一次还本付息债券投资的,应按票面利率计算确定的应收未收利息,借记"其他债权投资——应计利息"科目,按可供出售类债券的摊余成本和额实际利率计算确定的利息收入,贷记"投资收益"科目,按其差额,借记或贷记"其他债权投资——利息调整"科目。

(3)资产负债表日,可供出售类金融资产的公允价值高于其账面余额的差额,借记"其他权益工具投资——公允价值变动"科目(股权类)或者"其他债权投资——公允价值变动"科目(债权类),贷记"其他综合收益"科目;公允价值低于其账面余额的差额做相反的会计分录。

(4)出售可供出售股权类金融资产,应按实际收到的金额,借记"存放中央银行款项"等科目,按其账面余额,贷记"其他权益工具投资——成本",按照差额借记或贷记"其他权益工具投资——公允价值变动"科目,按应从其他综合收益中转出的公允价值累计变动额,借记或贷记"其他综合收益"科目,按其差额,贷记或借记"期初未分配利润"科目(股权类投资划分为可供出售类金融资产,累计公允价值变动不得通过损益转出)。

(5)出售可供出售债权类金融资产,应按实际收到的金额,借记"存放中央银行款项"等科目,按其账面余额,贷记"其他债权投资——成本",按照借记或贷记"其他债权投资——公允价值变动、利息调整、应计利息"科目,按应从所有者权益中转出的公允价值累计变动额,借记或贷记"其他综合收益"科目,按其差额,贷记或借记"投资收益"科目。

四、可供出售类金融资产核算示例

[例10-2] 可供出售债权类投资

XYZ银行20×8年3月1日从同业机构购入发行的债券面值10 000万元,交易价格10 000万元,票面利率6%,分类为其他债权投资(假定不考虑所得税差异影响)。

(1) 投资日 XYZ 银行的会计处理如下(单位万元,下同):

借：其他债权投资——债券(面值)   10 000
    贷：存放中银行款项   10 000

(2) XYZ 银行所购入的债券 20×8 年 3 月 31 日公允价值为 10 010 万元。第一季度报表中资产负债表日 XYZ 银行的会计处理如下：

借：其他债权投资——公允价值变动   10
    贷：其他综合收益   10

同时确认 3 月份债券利息 50(10 000×6%/12)万元,会计处理如下：

借：应收利息   50
    贷：投资收益   50

(3) XYZ 银行收到 3 月份利息 50 万元,会计处理如下：

借：存放中央银行款项   50
    贷：应收利息   50

(4) XYZ 银行 20×8 年 4 月 5 日出售所购入债券中已到期的利息,出售所得 10 015 万元。XYZ 银行的会计处理如下：

借：存放中央银行款项   10 015
    贷：其他债权投资——债券(面值)   10 000
        其他债权投资——公允价值变动   10
        投资收益   5

同时需要将原来计入公允价值变动的累计余额转出到投资收益科目，XYZ 银行会计处理如下：

借：其他综合收益   10
    贷：投资收益   10

[例 10-3] 可供出售股权类投资

XYZ 银行 20×8 年 3 月 1 日从同业机构购入含手续费交易价格 10 001 万元,分类为其他权益工具投资(假定不考虑所得税差异影响)。

(1) 投资日 XYZ 银行的会计处理如下(单位万元,下同)：

借：其他权益工具投资——基金(成本)   10 001
    贷：存放中央银行款项   10 001

（2）XYZ 银行所购入的基金 20×8 年 3 月 31 日公允价值为 10 010 万元。第一季度报表中资产负债表日 XYZ 银行的会计处理如下：

借：其他权益工具投资——基金（公允价值变动）　　　　10
　　贷：其他综合收益　　　　　　　　　　　　　　　　　10

（3）XYZ 银行 20×8 年 4 月 5 日出售所购入基金，出售所得 10 015 万元。XYZ 银行的会计处理如下：

借：存放中央银行款项　　　　　　　　　　　　　　　10 015
　　贷：其他权益工具投资——基金（成本）　　　　　　　10 001
　　　　其他权益工具投资——基金（公允价值变动）　　　　10
　　　　投资收益　　　　　　　　　　　　　　　　　　　4

同时需要将原来计入公允价值变动的累计余额转出到期初未分配利润科目，XYZ 银行会计处理如下：

借：其他综合收益　　　　　　　　　　　　　　　　　10
　　贷：期初未分配利润　　　　　　　　　　　　　　　　10

第五节　摊余成本计量的金融资产核算

一、摊余成本计量的金融资产的初始计量

商业银行取得金融资产分类为摊余成本计量的金融资产，主要是债券类投资，管理的商业模式是收取合同约定的现金流。

摊余成本计量的投资应当按照取得时的公允价值和相关交易费用之和作为初始确认金额；支付的价款中包含的已宣告发放但尚未领取的债券利息，应当单独确认为应收利息。

二、摊余成本计量的金融资产的后续计量

摊余成本计量的投资在持有期间应当按照实际利率确认利息收入，计入债权投资的账面价值。实际利率应当在取得债权投资时确认，在随后期间保持不变。资产负债表日，债权投资应当按摊余成本计量。处置债权投资时，应将所取得的对价的公允价值与该投资账面价值之间的差额确认为

投资收益。

三、债权投资的核算

（一）账户设置

商业银行应设置"债权投资"科目，核算银行债权投资的摊余成本。本科目可按债权投资的类别和品种，分别按"成本""利息调整""应计利息"等进行明细核算。本科目期末借方余额，反映商业银行债权投资的摊余成本。

商业银行设置"债权投资减值准备"科目，核算债权投资的减值准备。本科目可按债权投资类别和品种进行明细核算。本科目期末贷方余额，反映已计提但尚未转销的债权投资减值准备。

（二）主要账务处理

1. 取得债权投资

银行购入债券，可以分为按债券面值购入、溢价购入和折价购入。溢价或折价购入是由于债券的名义利率（或票面利率）与实际利率（或市场利率）不同而引起的。

当债券票面利率高于市场利率，表明债券发行单位实际支付的利息将高于按市场利率计算的利息，发行单位则在发行时按照高于债券票面价值的价格发行，即溢价发行，对购买单位而言则为溢价购入。溢价发行对投资者而言，是为以后多得利息而事先付出的代价；对于发行单位而言，是为以后多付利息而事先得到的补偿。

如果债券的票面利率低于市场利率，表明发行单位今后实际支付的利息低于按照市利率计算的利息，则发行单位按照低于票面价值的价格发行，即折价发行，对于购买单位而言，是折价购入。折价发行对投资者而言，是为今后少得利息而事先得到的补偿；对发行单位而言，是为今后少付利息而事先付出的代价。

银行取得的债权投资，应按该投资的面值，借记"债权投资"科目（成本），按支付的价款中包含的已到付息期但尚未领取的利息，借记"应收利息"科目，按实际支付的金额，贷记"存放中央银行款项"等科目，按其差额，借记或贷记"债权投资"科目（利息调整）。

2. 债权投资计息并摊销溢折价

溢价或折价购入的债券，其溢价或折价应在债券购入后至到期前的期间内于确认相关债券利息收入时摊销，调整各期的投资收益。当期按债券面值和适用利率计算的应计利息扣除当期摊销的溢价,或当期按债券面值和适用利率计算的应计利息与摊销的折价的合计,确认为当期投资收益。摊销方法可以采用实际利率法。

在资产负债表日,债权投资为分期付息、一次还本债券投资的,应按票面利率计算确定的应收未收利息,借记"应收利息"科目,按债权投资摊余成本和实际利率计算确定的利息收入,贷记"投资收益"科目,按其差额,借记或贷记"债权投资"科目(利息调整)。债权投资为一次还本付息债券投资的,应于资产负债表日按票面利率计算确定的应收未收利息,借记"债权投资"科目(应计利息),按债权投资摊余成本和实际利率计算确定的利息收入,贷记"投资收益"科目,按其差额,借记或贷记"债权投资"科目(利息调整)。

3. 债权投资发生减值

资产负债表日,债权投资发生减值的,按应减记的金额,借记"资产减值损失"科目,贷记"债权投资减值准备"科目。已计提减值准备的债权投资价值以后又得以恢复,应在原已计提的减值准备金额内,按恢复增加的金额,借记"债权投资减值准备"科目,贷记"资产减值损失"科目。

4. 将债权投资重分类为其他债权投资

将债权投资重分类为其他债权投资的,应在重分类日按其公允价值,借记"其他债权投资"科目,按其账面余额,贷记"债权投资"科目(成本、利息调整、应计利息),按其差额,贷记或借记"资本公积——其他资本公积"科目。已计提减值准备的,还应同时结转减值准备。

5. 出售债权投资

出售债权投资,应按实际收到的金额,借记"存放中央银行款项"等科目,按其账面余额,贷记"债权投资"科目(成本、利息调整、应计利息),按其差额,贷记或借记"投资收益"科目。已计提减值准备的,还应同时结转减值准备。

四、债权投资核算示例

[例 10-4] 可供出售债权类投资

20×9 年 1 月 1 日,甲银行支付价款 1 000 000 元(含交易费用)从上海证券交易所购入 A 公司同日发行的 5 年期公司债券 12 500 份,债券票面价值总额为 1 250 000 元,票面年利率为 4.72%,于年末支付本年度债券利息(即每年利息为 59 000 元),本金在债券到期时一次性偿还。合同约定:A 公司在遇到特定情况时可以将债券赎回,且不需要为提前赎回支付额外款项。甲银行在购买该债券时,预计 A 公司不会提前赎回。甲银行有意图也有能力将该债券持有至到期,划分为债权投资。

假定不考虑所得税、减值损失等因素。

计算该债券的实际利率 r:$59\,000\times(1+r)^{-1}+59\,000\times(1+r)^{-2}+59\,000\times(1+r)^{-3}+59\,000\times(1+r)^{-4}+(59\,000+1\,250\,000)\times(1+r)^{-5}=1\,000\,000$

采用插值法,计算 r=10%。

表 10-1　债券投资溢价(折价)实际利率摊销表　　　　　　　　　　　单位:元

日　期	现金流入(a)	实际利息收入 (b)=期初(d)×10%	已收回的本金 (c)=(a)-(b)	摊余成本余额 (d)=期初(d)-(c)
20×9 年 1 月 1 日				1 000 000
20×9 年 12 月 31 日	59 000	100 000	-41 000	1 041 000
2×10 年 12 月 31 日	59 000	104 100	-45 100	1 086 100
2×11 年 12 月 31 日	59 000	108 610	-49 610	1 135 710
2×12 年 12 月 31 日	59 000	113 571	-54 571	1 190 281
2×13 年 12 月 31 日	59 000	118 719*	-59 719	1 250 000
小　计	295 000	545 000	-250 000	1 250 000
2×13 年 12 月 31 日	1 250 000	—	1 250 000	0
合　计	1 545 000	545 000	1 000 000	—

注:* 尾数调整:1 250 000+59 000-1 190 281=118 719(元)。

根据表 10-1 中的数据,甲银行的有关账务处理如下:

(1) 20×9 年 1 月 1 日,购入 A 公司债券:

借:债权投资——A 公司债券——成本　　　　　　　　　　1 250 000
　　贷:存放中央银行款项　　　　　　　　　　　　　　　1 000 000
　　　　债权投资——A 公司债券——利息调整　　　　　　　250 000

(2) 20×9 年 12 月 31 日,确认 A 公司债券实际利息收入、收到债券利息:

借:应收利息——A 公司　　　　　　　　　　　　　　　　59 000
　　债权投资——A 公司债券——利息调整　　　　　　　　41 000
　　贷:投资收益——A 公司债券　　　　　　　　　　　　100 000
借:存放中央银行款项　　　　　　　　　　　　　　　　　59 000
　　贷:应收利息——A 公司　　　　　　　　　　　　　　59 000

(3) 2×10 年 12 月 31 日,确认 A 公司债券实际利息收入、收到债券利息:

借：应收利息——A 公司 59 000
　　债权投资——A 公司债券——利息调整 45 100
　　　贷：投资收益——A 公司债券 104 100
借：存放中央银行款项 59 000
　　贷：应收利息——A 公司 59 000

（4）2×11 年 12 月 31 日，确认 A 公司债券实际利息收入、收到债券利息：

借：应收利息——A 公司 59 000
　　债权投资——A 公司债券——利息调整 49 610
　　　贷：投资收益——A 公司债券 108 610
借：存放中央银行款项 59 000
　　贷：应收利息——A 公司 59 000

（5）2×12 年 12 月 31 日，确认 A 公司债券实际利息收入、收到债券利息：

借：应收利息——A 公司 59 000
　　债权投资——A 公司债券——利息调整 54 571
　　　贷：投资收益——A 公司债券 113 571
借：存放中央银行款项 59 000
　　贷：应收利息——A 公司 59 000

（6）2×13 年 12 月 31 日，确认 A 公司债券实际利息收入、收到债券利息和本金：

借：应收利息——A 公司 59 000
　　债权投资——A 公司债券——利息调整 59 719
　　　贷：投资收益——A 公司债券 118 719
借：存放中央银行款项 59 000
　　贷：应收利息——A 公司 59 000
借：存放中央银行款项 1 250 000
　　贷：债权投资——A 公司债券——成本 1 250 000

假定甲银行购买的 A 公司债券不是分次付息，而是到期一次还本付息，且利息不是以复利计算。此时，甲银行所购买 A 公司债券的实际利率 r 计算如下：

$(59\,000 \times 5 + 125\,000) \times (1+r)^{-5} = 1\,000\,000$

由此计算得出 $r \approx 9.05\%$

据此，调整表 10-1 中相关数据后如表 10-2 所示：

表 10-2 债券投资溢价(折价)实际利率摊销表   单位:元

日　期	现金流入(a)	实际利息收入 (b)=期初(d)×10%	已收回的本金 (c)=(a)-(b)	摊余成本余额 (d)=期初(d)-(c)
20×9 年 1 月 1 日				1 000 000
20×9 年 12 月 31 日	0	90 500	-90 500	1 090 500
2×10 年 12 月 31 日	0	98 690.25	-98 690.25	1 189 190.25
2×11 年 12 月 31 日	0	107 621.72	-107 621.72	1 296 811.97
2×12 年 12 月 31 日	0	117 361.48	-117 361.48	1 414 173.45
2×13 年 12 月 31 日	259 000	130 826.55*	164 173.45	1 250 000
小　计	295 000	545 000	-250 000	1 250 000
2×13 年 12 月 31 日	1 250 000	—	1 250 000	0
合　计	1 545 000	545 000	1 000 000	—

注:*尾数调整:1 250 000+59 000-1 190 281=118 719(元)。

根据表 10-2 中的数据,甲银行的有关账务处理如下:

(1) 20×9 年 1 月 1 日,购入 A 公司债券:

借:债权投资——A 公司债券——成本　　　　　　　　1 250 000
　　贷:存放中央银行款项　　　　　　　　　　　　　　1 000 000
　　　　债权投资——A 公司债券——利息调整　　　　　　250 000

(2) 20×9 年 12 月 31 日,确认 A 公司债券实际利息收入:

借:债权投资——A 公司债券——应计利息　　　　　　59 000
　　　　　　　　　　　　——利息调整　　　　　　　　31 500
　　贷:投资收益——A 公司债券　　　　　　　　　　　90 500

(3) 2×10 年 12 月 31 日,确认 A 公司债券实际利息收入:

借:债权投资——A 公司债券——应计利息　　　　　　59 000
　　　　　　　　　　　　——利息调整　　　　　　　　39 690.25
　　贷:投资收益——A 公司债券　　　　　　　　　　　98 690.25

(4) 2×11 年 12 月 31 日,确认 A 公司债券实际利息收入:

借:债权投资——A 公司债券——应计利息　　　　　　59 000
　　　　　　　　　　　　——利息调整　　　　　　　　48 621.72
　　贷:投资收益——A 公司债券　　　　　　　　　　　107 621.72

(5) 2×12 年 12 月 31 日,确认 A 公司债券实际利息收入

借:债权投资——A公司债券——应计利息 59 000
　　　　　　　　　　　　——利息调整 58 361.48
　贷:投资收益——A公司债券 117 361.48

(6) 2×13年12月31日,确认A公司债券实际利息收入、收回债券本金和票面利息:

借:债权投资——A公司债券——应计利息 59 000
　　　　　　　　　　　　——利息调整 71 826.55
　贷:投资收益——A公司债券 130 826.55
借:存放中央银行款项 1 545 000
　贷:债权投资——A公司债券——成本 1 250 000
　　　　　　　　　　　　——应计利息 295 000

第六节 金融工具减值

一、金融工具减值范围

银行应当按照我国《企业会计准则第22号——金融工具的确认和计量》的规定,以预期信用损失为基础,对下列项目进行减值会计处理并确认损失准备:

(1) 以摊余成本计量的金融资产(债权投资)。

(2) 以公允价值计量且其变动计入其他综合收益的金融资产(其他债权投资)。

(3) 租赁应收款。

(4) 合同资产。合同资产是指《企业会计准则第14号——收入》定义的合同资产。

(5) 企业发行的分类为以公允价值计量且其变动计入当期损益的金融负债(交易性金融负债)以外的贷款承诺和财务担保合同。

损失准备,是指针对按照本准则第十七条计量的金融资产、租赁应收款和合同资产的预期信用损失计提的准备,按照本准则第十八条计量的金融资产的累计减值金额以及针对贷款承诺和财务担保合同的预期信用损失计提的准备。

二、预期信用损失确认和计量

1. 预期信用损失的含义

预期信用损失,是指以发生违约的风险为权重的金融工具信用损失的加权平均值。

信用损失,是指企业按照原实际利率折现的、根据合同应收的所有合同现金流量与预期收取的所有现金流量之间的差额,即全部现金短缺的现值。其中,对于企业购买或源生的已发生信用减值的金融资产,应按照该金融资产经信用调整的实际利率折现。由于预期信用损失考虑付款的金额和时间分布,因此即使企业预计可以全额收款但收款时间晚于合同规定的到期期限,也会产生信用损失。

在估计现金流量时,企业应当考虑金融工具在整个预计存续期的所有合同条款(如提前还款、展期、看涨期权或其他类似期权等)。企业所考虑的现金流量应当包括出售所持担保品获得的现金流量,以及属于合同条款组成部分的其他信用增级所产生的现金流量。企业通常能够可靠估计金融工具的预计存续期。在极少数情况下,金融工具预计存续期无法可靠估计的,企业在计算确定预期信用损失时,应当基于该金融工具的剩余合同期间。

2. 预期信用损失的计量

企业应当在每个资产负债表日评估相关金融工具的信用风险自初始确认后是否已显著增加,并按照下列情形分别计量其损失准备、确认预期信用损失及其变动:

(1)如果该金融工具的信用风险自初始确认后已显著增加,企业应当按照相当于该金融工具整个存续期内预期信用损失的金额计量其损失准备。无论企业评估信用损失的基础是单项金融工具还是金融工具组合,由此形成的损失准备的增加或转回金额,应当作为减值损失或利得计入当期损益。

(2)如果该金融工具的信用风险自初始确认后并未显著增加,企业应当按照相当于该金融工具未来 12 个月内预期信用损失的金额计量其损失准备,无论企业评估信用损失的基础是单项金融工具还是金融工具组合,由此形成的损失准备的增加或转回金额,应当作为减值损失或利得计入当期损益。

未来 12 个月内预期信用损失,是指因资产负债表日后 12 个月内(若金融工具的预计存续期少于 12 个月,则为预计存续期)可能发生的金融工具违约事件而导致的预期信用损失,是整个存续期预期信用损失的一部分。

企业在进行相关评估时,应当考虑所有合理且有依据的信息,包括前瞻性信息。为确保自金融工具初始确认后信用风险显著增加即确认整个存续期预期信用损失,企业在一些情况下应当以组合为基础考虑评估信用风险是否显著增加。整个存续期预期信用损失,是指因金融工具整个预计存续期内所有可能发生的违约事件而导致的预期信用损失。

三、预期信用损失的核算

1. 债权投资减值损失的计量

(1) 债权投资以摊余成本进行后续计量,其发生减值时,应当将该金融资产的账面价值与预计未来现金流量现值之间的差额,确认为减值损失,计入当期损益。

以摊余成本计量的金融资产的预计未来现金流量现值,应当按照该金融资产的原实际利率折现确定,并考虑相关担保物的价值(取得和出售该担保物发生的费用应当予以扣除)。原实际利率是初始确认该金融资产时计算确定的实际利率。债权投资,在计算未来现金流量现值时可采用合同规定的现行实际利率作为折现率。即使合同条款因债务人或金融资产发行方发生财务困难而重新商定或修改,在确认减值损失时,仍用条款修改前所计算的该金融资产的原实际利率计算。

(2) 对于存在大量性质类似且以摊余成本进行后续计量金融资产的银行,在考虑金融资产减值测试时,应当先将单项金额重大的金融资产区分开来,单独进行减值测试。如有客观证据表明其已发生减值,应当确认减值损失,计入当期损益。对单项金额不重大的金融资产,可以单独进行减值测试,或包括在具有类似信用风险特征的金融资产组合中进行减值测试。实务中,银行可以根据具体情况确定单项金额重大的标准。该项标准一经确定,不得随意变更。

单独测试未发现减值的金融资产(包括单项金额重大和不重大的金融资产),应当包括在具有类似信用风险特征的金融资产组合中再进行减值测试。已单项确认减值损失的金融资产,不要包括在具有类似信用风险特征的金融资产组合中进行减值测试。

银行对金融资产采用组合方式进行减值测试时,应当注意以下方面:

① 应当将具有类似信用风险特征的金融资产组合在一起,例如可按资产类型、行业分布、区域分布、担保物类型、逾期状态等进行组合。

② 对于已包括在某金融资产组合中的某项特定资产,一旦有客观证据表明其发生了减值,则应当将其从该组合中分出来,单独确认减值损失。

③ 在对某金融资产组合的未来现金流量进行预计时,应当以与其具有类似信用风险特征组合的历史损失率为基础。如商业银行缺乏这方面的数据或经验不足,则应当尽量采用具有可比性的其他资产组合的经验数据,并作必要调整。商业银行应当对预计资产组合未来现金流量的方法和假设进行定期检查,以最大限度地消除损失预计数和实际发生数之间的差异。

(3) 对债权投资等以摊余成本计量的金融资产确认减值损失后,如有客观证据表明该金融资产价值已恢复,且客观上与确认该损失后发生的事项有关(如债务人的信用评级已提高等),应在原确认的减值损失范围内按已恢复的金额予以转回,计入当期损益。但是,该转回后的账面价值不应当超过假定不计提减值准备情况下该金融资产在转回日的摊余成本。

(4) 外币金融资产发生减值的,预计未来现金流量现值应先按外币确定,在计量减值时再按资产负债表日即期汇率折算为以记账本位币反映的金额。该项金额小于相关外币金融资产以记账本位币反映的账面价值的部分,确认为减值损失,计入当期损益。

(5) 债权投资等金融资产确认减值损失后,利息收入应当按照减值损失时对未来现金流量进行折现采用的折现率作为利率计算确认。

(6) 债权投资减值的账务处理。确定债权投资发生减值的,按应减记的金额,借记"资产减值损失"科目,贷记"债权投资减值准备"科目。

对于已确认减值损失的债权投资,如有客观证据表明该金融资产价值已恢复,且客观上与确认该损失后发生的事项有关的,应在原确认的减值损失范围内按已恢复的金额,借记"债权投资减值准备"等科目,贷记"资产减值损失"等科目。

[例 10-5] 20×9 年 1 月 1 日,甲银行支付价款 1 000 000 元(含交易费用)从上海证券交易所购入 A 公司同日发行的 5 年期公司债券 12 500 份,债券票面价值总额为 1 250 000 元,票面年利率为 4.72%,于年末支付本年度债券利息(即每年利息为 59 000 元),本金在债券到期时一次性偿还。合同约定:A 公司在遇到特定情况时可以将债券赎回,且不需要为提前赎回支付额外款项。甲银行在购买该债券时,预计 A 公司不会提前赎回。甲银行有意图也有能力将该债券持有至到期,划分为债权投资。有关资料如下:

(1) 2×10 年 12 月 31 日,有客观证据表明 A 公司发生了严重财务困难,甲银行据此认定对 A 公司的债券投资发生了减值,并预期 2×11 年 12 月 31 日将收到利息 59 000 元,2×12 年 12 月 31 日将收到利息 59 000 元,但 2×13 年 12 月 31 日将仅收到本金 800 000 元。

（2）2×11年12月31日，收到A公司支付的债券利息59 000元。

（3）2×12年12月31日，收到A公司支付的债券利息59 000元，并且有客观证据表明A公司财务状况显著改善，A公司的偿债能力有所恢复，估计2×13年12月31日将收到利息59 000元，本金1 000 000元。

（4）2×13年12月31日，收到A公司支付的债券利息59 000元和偿还的本金1 000 000元。

假定不考虑所得税因素。

计算该债券的实际利率r：$59\,000\times(1+r)^{-1}+59\,000\times(1+r)^{-2}+59\,000\times(1+r)^{-3}+59\,000\times(1+r)^{-4}+(59\,000+125\,000)\times(1+r)^{-5}=1\,000\,000$

采用插值法，计算得出r=10%。

表10-3 债券投资溢价（折价）实际利率摊销表   单位：元

日期	现金流入(a)	实际利息收入 (b)=期初(d)×10%	已收回的本金 (c)=(a)-(b)	摊余成本余额 (d)=期初(d)-(c)
20×9年1月1日				1 000 000
20×9年12月31日	59 000	100 000	-41 000	1 041 000
2×10年12月31日	59 000	104 100	-45 100	1 086 100
减值损失			382 651.47	703 448.53
2×11年12月31日	59 000	108 610 *70 344.85*	-49 610 *-11 344.85*	1 135 710 *714 793.38*
2×12年12月31日	59 000	113 571 *71 479.34*	-54 571 *-12 479.34*	1 190 281 *727 272.72*
减值恢复			-382 651.47	1 109 924.19
2×13年12月31日	59 000	118 719* *-50 924.19***	-59 719 *109 924.19*	1 250 000 *1 000 000*
小计	295 000 *295 000*	545 000 *295 000*	-250 000 *0*	1 250 000 *1 000 000*
2×13年12月31日	1 250 000 *1 000 000*	—	1 250 000 *1 000 000*	0 *0*
合计	1 545 000 *1 295 000*	545 000 *295 000*	1 000 000 *1 000 000*	— —

注：* 尾数调整：1 250 000+59 000-1 190 281=118 719(元)。

　　** 尾数调整：1 000 000+59 000-1 109 924.19=-50 924.19(元)。

表中斜体数据表示计提减值准备后及恢复减值后应存在的数字。

根据表10-3中的数据，甲银行有关账务处理如下：

（1）20×9年1月1日，购入A公司债券：

借：债权投资——A公司债券——成本　　　　　　　　　　1 250 000
　　贷：存放中央银行款项　　　　　　　　　　　　　　　1 000 000
　　　　债权投资——A公司债券——利息调整　　　　　　　250 000

（2）20×9年12月31日，确认A公司债券实际利息收入、收到债券利息：

借：应收利息——A公司　　　　　　　　　　　　　　　　59 000
　　债权投资——A公司债券——利息调整　　　　　　　　　41 000
　　贷：投资收益——A公司债券　　　　　　　　　　　　　100 000
借：存放中央银行款项　　　　　　　　　　　　　　　　　59 000
　　贷：应收利息——A公司　　　　　　　　　　　　　　　59 000

（3）2×10年12月31日，确认A公司债券实际利息收入、收到债券利息：

借：应收利息——A公司　　　　　　　　　　　　　　　　59 000
　　债权投资——A公司债券——利息调整　　　　　　　　　45 100
　　贷：投资收益——A公司债券　　　　　　　　　　　　　104 100
借：存放中央银行款项　　　　　　　　　　　　　　　　　59 000
　　贷：应收利息——A公司　　　　　　　　　　　　　　　59 000

根据金融工具确认和计量准则规定，2×10年12月31日甲银行对A公司债券应确认的减值损失按该日确认减值损失前的摊余成本与未来现金流量现值之间的差额确定。

根据表10-3可知：

① 2×10年12月31日未确认减值损失前，甲银行对A公司债券投资的摊余成本为1 086 100元。

② 2×10年12月31日，甲银行预计从对A公司债券投资将收到现金流量的现值计算如下：$59\,000\times(1+10\%)^{-1}+59\,000\times(1+10\%)^{-2}+800\,000\times(1+10\%)^{-3}=53\,636.36+48\,760.33+601\,051.84=703\,448.53$（元）。

③ 2×10年12月31日，甲银行应对A公司债券投资确认的减值损失＝1 086 100－703 448.53＝382 651.47（元）。

④ 2×10年12月31日，确认A公司债券投资的减值损失：

借：资产减值损失——债权投资——A公司债券　　　　　　382 651.47
　　贷：债权投资减值准备——A公司债券　　　　　　　　　382 651.47

（4）2×11年12月31日，确认A公司债券实际利息收入、收到债券利息：

借：应收利息——A公司 59 000
　　债权投资——A公司债券——利息调整 11 344.85
　　贷：投资收益——A公司债券 70 344.85

2×11年12月31日，应确认A公司债券实际利息收入 = 703 448.53 × 10% = 70 344.85(元)。

借：存放中央银行款项 59 000
　　贷：应收利息——A公司 59 000

(5) 2×12年12月31日，确认A公司债券实际利息收入、收到债券利息：

借：应收利息——A公司 59 000
　　债权投资——A公司债券——利息调整 12 479.34
　　贷：投资收益——A公司债券 71 479.34
借：存放中央银行款项 59 000
　　贷：应收利息——A公司 59 000

根据金融工具确认和计量准则规定，2×12年12月31日甲银行对A公司债券转回减值损失后的账面价值不应当超过假定不计提减值准备情况下该金融资产在转回日的摊余成本。

根据表10-3可知：

① 2×12年12月31日假定不计提减值准备情况下A公司债券投资的摊余成本为1 190 281元。

② 2×12年12月31日，甲银行可对A公司债券投资转回的减值准备金额 = 382 651.47(元) < 1 190 281 - 727 272.72 = 463 008.28(元)。

③ 2×12年12月31日，确认A公司债券投资减值损失的转回：

借：债权投资减值准备——A公司债券 382 651.47
　　贷：资产减值损失——债权投资——A公司债券 382 651.47

(6) 2×13年12月31日，确认A公司债券实际利息收入、收到债券利息和本金：

借：应收利息——A公司 59 000
　　投资收益——A公司债券 50 924.19
　　贷：债权投资——A公司债券——利息调整 109 924.19
借：存放中央银行款项 59 000
　　贷：应收利息——A公司 59 000

借：存放中央银行款项　　　　　　　　　　1 000 000
　　投资收益——A公司债券　　　　　　　　 250 000
　　贷：债权投资——A公司债券——成本　　　　　1 250 000

2. 其他债权投资减值损失的计量

（1）其他债权投资发生减值时，即使该金融资产没有终止确认，原直接计入所有者权益中的因公允价值下降形成的累计损失，应当予以转出，计入当期损益。该转出的累计损失，等于其他债权投资的初始取得成本扣除已收回本金和已摊余金额、当前公允价值和原已计入损益的减值损失后的余额。

在活跃市场中没有报价且其公允价值不能可靠计量的权益工具投资，发生减值时，应当将该权益工具投资或衍生金融资产的账面价值，与按照类似金融资产当时市场收益率对未来现金流量折现确定的现值之间的差额，确认为减值损失，计入当期损益。与该权益工具挂钩并须通过交付该权益工具结算的衍生金融资产发生减值的，也应当采用类似的方法确认减值损失。

（2）对于已确认减值损失的可供出售债务工具，在随后的会计期间公允价值已上升且客观上与确认原减值损失后发生的事项有关的，应在原确认的减值损失范围内按已恢复的金额予以转回，计入当期损益。

（3）可供出售权益工具投资发生的减值损失，不得通过损益转回（即通过资本公积转回）。但是，在活跃市场中没有报价且其公允价值不能可靠计量的权益工具投资，或与该权益工具挂钩并须通过交付该权益工具结算的衍生金融资产发生的减值损失，不得转回。

（4）其他债权投资减值的账务处理。确定其他债权投资发生减值的，按应减记的金额，借记"资产减值损失"科目，按应从所有者权益中转出原计入资本公积的累计损失金额，贷记"资本公积——其他资本公积"科目，按其差额，贷记"其他债权投资——减值准备"科目。

对于已确认减值损失的其他债权投资，在随后会计期间内公允价值已上升且客观上与确认原减值损失后事项有关的，应在原确认的减值损失范围内按已恢复的金额，借记"其他债权投资——减值准备"等科目，贷记"资产减值损失"科目；但其他债权投资为股票等权益工具投资（不含在活跃市场中没有报价且其公允价值不能可靠计量的权益工具投资）的，借记"其他债权投资——减值准备"等科目，贷记"资本公积——其他资本公积"科目。

［例10-6］　20×9年1月1日，甲银行支付价款1 000 000元（含交易费用）从上海证券交易所购入A公司同日发行的5年期公司债券12 500份，债券票面价值总额为1 250 000元。票面年利率为4.72%，于年末支付本年度债券

利息(即每年利息为59 000元),本金在债券到期时一次性偿还。甲银行没有意图将该债券持有至到期,划分为其他债权投资。

其他资料如下:

(1) 20×9年12月31日,A公司债券的公允价值为900 000元(不含利息),A公司仍可支付债券当年的利息。

(2) 2×10年,由于产品缺乏竞争力、内部管理松懈,A公司财务状况恶化,但仍可支付债券当年的利息;2×10年12月31日,A公司债券的公允价值为750 000元(不含利息)。甲银行预计如果A公司不采取有效措施,该债券的公允价值会持续下跌。

(3) 2×11年12月31日,A公司债券的公允价值下跌为700 000元(不含利息),A公司仍可支付债券当年的利息。

(4) 2×12年,A公司通过加强管理、技术创新和产品结构调整,财务状况有了显著改善,2×12年12月31日,A公司债券的公允价值上升为1 200 000元(不含利息),A公司仍可支付债券当年的利息。

(5) 2×13年1月20日,通过上海证券交易所出售了A公司债券12 500份,取得价款1 260 000元。

假定不考虑所得税等因素。

计算该债券的实际利率r: $59\,000 \times (1+r)^{-1} + 59\,000 \times (1+r)^{-2} + 59\,000 \times (1+r)^{-3} + 59\,000 \times (1+r)^{-4} + (59\,000 + 125\,000) \times (1+r)^{-5} = 1\,000\,000$。

采用插值法,计算得出r=10%。

表10-4 债券投资溢价(折价)实际利率摊销表　　　　　　　　单位:元

日期	现金流入(a)	实际利息收入 (b)=期初(d)×10%	已收回的本金 (c)=(a)-(b)	摊余成本余额 (d)=期初(d)-(c)
20×9年1月1日				1 000 000
20×9年12月31日	59 000	100 000	-41 000	1 041 000
2×10年12月31日	59 000	104 100	-45 100	1 086 100
减值损失			250 000	836 100
2×11年12月31日	59 000	108 610 *83 610*	-49 610 *-24 610*	1 135 710 *860 710*
减值损失			50 000	810 710
2×12年12月31日	59 000	113 571 *81 071*	-54 571 *-22 071*	1 190 281 *832 781*
减值损失转回			-300 000	1 132 781
2×13年12月31日	59 000	118 719**	-59 719	1 250 000

（续表）

日　期	现金流入(a)	实际利息收入 (b)=期初(d)×10%	已收回的本金 (c)=(a)-(b)	摊余成本余额 (d)=期初(d)-(c)
小　计	295 000	545 000	-250 000	1 250 000
2×13年12月31日	1 250 000	—	1 250 000	0
合　计	1 545 000	545 000	1 000 000	—
2×13年1月20日	1 260 000	127 219*	1 132 781	0

注：* 尾数调整：1 260 000-1 132 781=127 219(元)。
** 尾数调整：1 250 000+59 000-1 109 281=118 719(元)。
表中斜体数据表示计提减值准备后及恢复减值后应存在的数字。

根据表10-4中的数据，甲银行的有关账务处理如下：

（1）20×9年1月1日，购入A公司债券：

借：其他债权投资——A公司债券——成本　　　　　　1 250 000
　　贷：存放中央银行款项　　　　　　　　　　　　　　1 000 000
　　　　其他债权投资——A公司债券——利息调整　　　　250 000

（2）20×9年12月31日，确认A公司债券实际利息收入、公允价值变动，收到债券利息：

借：应收利息——A公司　　　　　　　　　　　　　　　59 000
　　其他债权投资——A公司债券——利息调整　　　　　　41 000
　　贷：投资收益——A公司债券　　　　　　　　　　　　100 000
借：存放中央银行款项　　　　　　　　　　　　　　　　59 000
　　贷：应收利息——A公司　　　　　　　　　　　　　　59 000
借：其他综合收益——其他债权投资公允价值变动——A公司债券　100 000
　　贷：其他债权投资——公允价值变动——A公司债券　　100 000

（3）2×10年12月31日，确认A公司债券实际利息收入、资产减值损失，收到债券利息：

借：应收利息——A公司　　　　　　　　　　　　　　　59 000
　　其他债权投资——A公司债券——利息调整　　　　　　45 100
　　贷：投资收益——A公司债券　　　　　　　　　　　　104 100
借：存放中央银行款项　　　　　　　　　　　　　　　　59 000
　　贷：应收利息——A公司　　　　　　　　　　　　　　59 000
借：其他综合收益——其他债权投资减值——A公司债券　　250 000
　　贷：其他债权投资——A公司债券——减值准备　　　　150 000
　　　　其他债权投资——公允价值变动——A公司债券　　100 000

由于A公司债券的公允价值预计会持续下跌,甲银行应对其确认减值损失=900 000-750 000+100 000=250 000(元)。

(4) 2×11年12月31日,确认A公司债券实际利息收入、资产减值损失,收到债券利息:

借:应收利息——A公司 59 000
　　其他债权投资——A公司债券——利息调整 24 610
　　贷:投资收益——A公司债券 83 610
借:存放中央银行款项 59 000
　　贷:应收利息——A公司 59 000
借:其他综合收益——其他债权投资减值——A公司债券 50 000
　　贷:其他债权投资——减值准备——A公司债券 50 000

(5) 2×12年12月31日,确认A公司债券实际利息收入、减值损失转回、公允价值变动,收到债券利息:

借:应收利息——A公司 59 000
　　其他债权投资——A公司债券——利息调整 22 071
　　贷:投资收益——A公司债券 81 071
借:存放中央银行款项 59 000
　　贷:应收利息——A公司 59 000
借:其他债权投资——减值准备——A公司债券 200 000
　　　　　　　　　　——公允价值变动 100 000
　　贷:其他综合收益——其他债权投资减值——A公司债券 300 000

确认原减值损失的转回=250 000+50 000=300 000(元)

借:其他债权投资——公允价值变动——A公司债券 200 000
　　贷:其他综合收益——公允价值变动——A公司债券 200 000

公允价值变动=1 200 000-(700 000+300 000)=200 000(元)

(6) 2×13年1月20日,确认出售A公司债券实现的损益:

借:存放中央银行款项 1 260 000
　　其他债权投资——A公司债券——利息调整 117 219
　　投资收益——A公司债券 72 781
　　贷:其他债权投资——A公司债券——成本 1 250 000
　　　　　　　　　　　　　　——公允价值变动 200 000

A 公司债券的成本 = 1 250 000(元)

A 公司债券的利息调整余额 = -250 000+41 000+45 100+24 610+22 071 = -117 219(元)

A 公司债券公允价值变动余额 = -100 000+100 000+200 000 = 200 000(元)

A 公司债券减值准备余额 = -150 000-50 000+200 000 = 0(元)

同时，

借：其他债权投资——公允价值变动——A 公司债券　　　　200 000
　　贷：投资收益——A 公司债券　　　　　　　　　　　　　200 000

应从所有者权益中转出的公允价值累计变动额 = 100 000 - 100 000 + 200 000 = 200 000(元)。

复习思考题

1. 商业银行持有的金融资产按照计量属性可以分为哪几类？
2. 商业银行的金融负债按照计量属性可以分为哪几类？
3. 什么是预期信用损失？如何估计预期信用损失？

第十一章 损益和所有者权益的核算

学习目标
- 掌握收入确认的原则和核算方法
- 掌握成本费用的确认原则和核算方法
- 掌握利润组成和利润分配的核算
- 掌握所有者权益的核算

第一节 收入核算

商业银行作为经营货币和货币资本的企业,通过开展业务取得收入,在抵减了相关的成本和费用以后的差额形成了当期的损益,即当期的经营成果。正确地核算经营成果的前提是准确地核算商业银行的收入。

一、收入概述

(一) 收入的定义

收入是指企业在日常活动中形成的、会导致所有者权益增加的、与所有者投入资本无关的经济利益的总流入。收入必须是商业银行日常活动中所取得的,不包括为第三方或者客户代收的款项。日常活动是商业银行为完成经营目标而从事的所有活动,如贷款业务、拆借业务、结算业务和外汇买卖业务等。

日常业务以外的活动所取得的收益通常称为利得,利得是商业银行偶然发生的交易或事项的结果,如无形资产的转让和固定资产的处置等;利得属于不需要经过经营过程而取得的收益或不曾预期的收益,比如政府的补贴、收取的违约金等;利得在利润表中通常以净额反映,与主营业务收入相比利得的可持续性较差。

（二）收入的内容

商业银行的业务具有一定的特殊性,经营取得的收入包括利息收入、金融企业往来收入、手续费及佣金收入、汇兑收益和其他业务收入。

（三）收入的特点

商业银行的收入具有以下特点：

（1）收入表现为经济利益的流入,可以是资产的增加,比如应收利息的增加;也可以是负债的减少,或者两者兼而有之。根据会计基本等式收入会使所有者权益增加,但是并非所有使所有者权益增加的事项都是收入,企业与所有者之间的交易带来的经济资源的流入不属于收入,比如所有者增加投资。

（2）收入只包括本行经济利益的流入,不包括代收的款项,因为代收的款项一方面使资产增加同时使负债增加,并不增加所有者权益。

（3）收入必须能够以货币计量。只有能够以货币计量才会作为收入的确认、计量、记录和报告提供准确的依据,便于与为取得收入而发生的费用进行合理的配比,从而确定当期的经营成果。

二、收入确认的条件

收入在客户取得相关商品或者服务的控制权,同时满足以下不同类型收入的其他确认条件时,按预期有权收取的对价金额予以确认。

三、收入确认和核算

（一）利息收入

利息收入反映商业银行对分类为以摊余成本计量的金融资产和分类为以公允价值计量且其变动计入其他综合收益的金融资产按照实际利率法计算的利息收入。主要包括贷款利息收入和票据贴现利息收入。

商业银行发放的贷款,应按期计提利息并确认利息收入。发放贷款到期（含展期,下同）90天及以上尚未收回的,其应计利息停止计入当期利息收入,转做表外核算;已计提的贷款应收利息在贷款本金到期90天后仍未收回的,或者应收利息逾期90天后仍未收回的冲减已经计入损益的利息收入,转做表外核算。

1. 结息日按规定计收利息或实际收到利息的核算

应根据利息结算清单或其他付款凭证编制会计分录如下：

借：单位活期存款——××单位户
　　　　贷：利息收入——××利息收入户

2. 会计期末结算利息的核算

根据权责发生制的原则，在每个会计期末对于已经发生但尚未收取的利息要定期结算，列入当期损益。会计分录为：

　　借：应收利息——××单位户
　　　　贷：利息收入——××利息收入户

实际收到利息时冲减已经计提的应收利息。会计分录为：

　　借：单位活期存款——××单位户（或库存现金）
　　　　贷：应收利息——××单位户

3. 应收利息超过规定的期限转入表外的核算

贷款本金或利息逾期超过90天的相应的应收利息应转做表外，不再计入当期损益。对于已经计入损益的应收利息应冲减利息收入，转做表外核算。会计分录为：

　　借：利息收入——××利息收入户
　　　　贷：应收利息——××单位户

登记相应的表外科目。

（二）金融企业往来收入

金融企业往来收入是商业银行在经营过程中，与中央银行、其他商业银行和非银行金融机构之间，以及与同系统其他行处之间由于存入款项、资金拆借和资金账务往来而发生的利息收入、存贷款利差收入和下级行处上缴的管理费收入。以上收入通过"金融企业往来收入"科目核算。

1. 存放央行款项利息收入

存放在中央银行的各项存款取得的利息收入，根据有关凭证编制借贷方记账凭证办理转账，会计分录为：

　　借：存放中央银行款项
　　　　贷：金融机构往来收入——存放中央银行款项利息收入

2. 存放同业款项利息收入

存放同业款项利息收入，根据有关凭证编制借贷方记账凭证办理转账，会计分录为：

借：存放同业款项
　　贷：金融机构往来收入——存放同业款项利息收入

3. 拆放同业款项利息收入

拆放同业系统和其他金融机构的资金取得利息收入，根据利息通知或划款凭证编制借贷方记账凭证办理转账，会计分录为：

借：同业有关科目
　　贷：金融机构往来收入——拆放同业款项利息收入

（三）手续费及佣金收入

手续费及佣金收入是商业银行在为客户办理各项业务时所收取的手续费，包括支付结算手续费、结汇手续费、委托贷款业务手续费和其他代理业务的手续费。以上手续费收入通过"手续费及佣金收入"科目核算。

1. 支付结算手续费

商业银行办理转账结算业务，需按照《支付结算业务收费表》规定的范围和标准向客户收取手续费。手续费采取当时收取和定期汇总计收两种方式。会计分录为：

借：单位活期存款——××单位（或库存现金）
　　贷：手续费及佣金收入

2. 结汇手续费

商业银行在办理贸易和非贸易项目外汇结算中，根据具体的业务要向客户收取手续费，商业银行收取此项手续费通常与具体业务一并收取。会计分录为：

借：单位活期存款——××单位
　　贷：外汇买卖（人民币）
借：外汇买卖（外币）
　　贷：存放国外同业（外币）
　　　　手续费及佣金收入——结汇手续费

3. 委托贷款手续费

委托贷款手续费是商业银行受委托方委托，按委托方指定的对象和条件发放贷款后按一定比例收取的手续费。商业银行收到委托贷款利息分成而得的手续费，计入手续费收入。会计分录为：

借：代收委托贷款利息
　　贷：手续费及佣金收入

（四）汇兑收益

汇兑收益科目应根据外汇买卖的币种设置明细账进行核算。发生汇兑收益时会计分录为：

借：外汇买卖
　　贷：汇兑收益

（五）其他业务收入

商业银行除了贷款、存款、投资、汇兑、证券买卖、租赁、金融企业往来等业务以外的其他收入，比如咨询顾问业务收入、代保管箱业务收入、贷款金融衍生金融工具业务收入都属于其他业务收入。

（六）投资收益

商业银行持有股权取得的收益或损失、在持有债券期间取得的利息收入或应计利息都计入投资收益。具体内容见金融资产及投资一章。

（七）营业外收入

商业银行发生的与经营活动没有直接关系的各项收入，比如罚款收入、固定资产盘盈、固定资产清理净收益、处置无形资产净收益、处置抵债资产溢价收益，以及确实无法支付的应付款项，如出纳长款、错账、久悬未取款等，属于银行的营业外收入。

第二节　成本和费用核算

商业银行开展业务必然会发生相应的成本和费用支出，准确地组织成本和费用的核算，将收入与费用进行适当的配比既是对外进行报告的需要，也是商业银行加强内部成本控制的要求。

一、成本费用概述

成本是企业为提供劳务而发生的各种耗费，不包括为客户垫付的各种款项。费用是企业为销售商品、提供劳务等日常活动所发生经济利益的流出。成本和费用是两个并行的概念，成本是对象化了的费用，是指一定业务所发生的耗费，而费用是与一定的会计期间相联系的，无法与特定的对象相联系。银行的营业成本是指银行在业务经营过程中与业务经营有关的支出，包括利息支出、金融企业往来支出、手续费及佣金支出、汇兑损失等。业务及管理费用是银行在业务经营和管理工作中发生的各项费用，主要包括固定资产折旧、业务宣传费、业务招待费、电子设备运转费、安全保卫费、企业财产保险费、邮电费、劳动保护费、低值易耗品摊销费、职工工资与福利费、职工教育经费、工会经费、差旅费、水电费、租赁费、修理费、房产税、车船使用税、土地使用税、印花税、会议费、诉讼费、广告费、董事会费用、公证费、咨询费、审计费用、研究开发费用、劳动保险费等。

费用具有以下两个基本特征：

（1）费用将最终减少企业的资源，本质上是经济资源的流出，与资产流入所形成的收入相反。

（2）费用最终会减少企业的所有者权益，与收入会增加所有者权益相反。但是并非所有的减少所有者权益的项目都属于费用，比如利润分配和对外捐赠，作为费用的只能是由于开展正常经营活动为取得收入而发生的耗费使所有者权益减少。

由于费用具有以上两个基本特征，因此必须使收入与费用合理配比，准确地确定企业的经营成果。

二、成本费用的确认

（一）费用确认的基本原则

费用本质上是经济资源的耗费，但并非所有的经济资源的耗费都可以作为费用。因为费用的发生都是为了取得收入，因此费用的确认应当与收入的确认相联系，费用的确认必须坚持以下基本原则。

1. 划分收益性支出与资本性支出原则

商业银行的成本核算，应当严格区分本期成本与下期成本的界限、成本支出与营业外支出的界限、收益性支出与资本性支出的界限。如果某项支出的效益及于几个会计年度，则该项支出应该予以资本化，不能作为当期的费用；相反如果某项支出的效益仅及于本会计年度，则应作为本期的费用。正确地划分资本性支出与收益性支出，可以保证正确地计量资产的价值和计算各期的劳务成本和期间费用。

2. 权责发生制原则

金融企业会计制度规定，凡是当期已经发生或应当负担的费用，无论款项是否支付，都应当作为当期的费用；凡是不属于当期的费用，即使款项当期款项已经支付也不能作为当期的费用。权责发生制原则界定了确认费用的时点。

3. 配比原则

商业银行应当注重费用支出与经济效益的配比,实行费用支出的归口、分级管理和预算控制,确定必要的费用支出范围、标准和报销审批程序。按照配比原则,凡是为了当期取得收入而发生的费用,都应当确认为当期的费用;相反,不以取得收入为目的的支出都不能作为费用。当收入已经实现,某些业务已经发生,则应当在确认收入的同时确认相关的成本和费用。如果收入要到未来才能够实现,则与之相关的费用要递延分配于未来实际受益期间。因此要根据与收入的相关程度,确定哪些资产的耗费或负债的增加应当从本期收入中抵减。如果耗费不能产生一定的收入,则应当作为损失处理或营业外支出而不能作为费用。

商业银行应当强化费用支出约束,对业务宣传费、业务招待费、差旅费、会议费、通信费、维修费、出国经费、董事会经费等实行重点监控。商业银行的业务宣传费、委托代办手续费、业务招待费一律按规定据实列支,不得预提。

只有根据以上原则才能准确地划分本期营业成本、营业费用和下期营业成本和营业费用,不得任意预提和摊销费用来调节利润。

(二)成本核算应注意的问题

对于业务成本的核算必须注意以下几点:

(1)必须严格按照财务制度的规定如实反映成本支出,不得随意摊提费用和擅自提高开支标准,扩大开支范围,以便正确地计算本期损益,保证经营成果的真实性。

(2)划清成本界限,正确计算成本。在成本核算中必须划清以下界限:一是本期成本与下期成本的界限,不得提前或者延后列支;二是划清成本支出与营业外支出的界限,不属于成本开支范围的不得列入成本,属于成本开支范围的也不得作为营业外支出。

(3)金融企业的成本核算,应当以季(月)、年为计算期。同一计算期内,核算成本和营业收入的起止日期、计算范围和口径应当一致。

除国家规定的专用账户外,商业银行每一独立核算单位分币种只能设立一个费用存款专户,除税金及附加、折旧、资产摊销、准备金和坏账损失以外的各项费用,应当从费用专户中开支。

三、成本核算

(一)利息支出

利息支出是商业银行以负债方式筹集资金所发生的利息费用。负债筹资的方式包括吸收存款、发行金融债券、办理票据的转贴现和再贴现,对这些债务都需要支付利息。利息支出是商业银行营业成本中最重要的项目之一。以上利息支出都在"利息支出"科目下核算,可以根据不同的利息支出种类设置明细账。

1. 存款利息

单位存款利息一般采用定期结息的方式于结息日转入存款人的活期存款账户,会计分录为:

借:利息支出——××利息支出户
　　贷:单位活期存款——××单位

单位定期存款利息是在到期时一次还本付息,但按照权责发生制的原则要在会计期末对已经发生尚未支付的利息进行计提,期末计提利息时分录为:

借:利息支出——××利息支出户
　　贷:应付利息——××单位

存款到期时转入相关账户:

借:应付利息——××单位
　　贷:单位活期存款——××单位

储蓄存款利息支出按照同样的方法核算,转入活期储蓄存款或者定期储蓄存款账户。

2. 债券利息

商业银行发行的金融债券应根据不同的计息和利息的支付方式定期提取利息计入当期的损益。提取利息的分录为:

借:利息支出(非资本化部分)
　　在建工程(资本化部分)
　　贷:应付利息——××单位(分期付息债券)
　　或　应付债券——应计利息(到期付息债券)

(二) 金融企业往来支出

金融企业往来支出是商业银行在经营过程中,与中央银行、其他商业银行和非银行金融机构之间,以及与同系统其他行处之间由于存入款项、资金拆借和资金账务往来而发生的利息支出,包括借入中央银行款项的利息支出、同业拆入、同业存放款项、系统内存放款项的利息支出。以上支出都通过"金融企业往来支出"科目核算,同时按照不同的支出项目设置明细账核算。

发生金融企业往来支出时,按照业务发生的凭证,会计分录如下:

借:金融企业往来支出——××支出户
　　贷:存放中央银行款项(存放同业款项、辖内往来)

(三)手续费及佣金支出

商业银行根据经营情况支付必要的佣金、手续费等支出,应当签订合同,明确支出标准和执行责任。除对个人代理人外,不得以现金支付手续费。

手续费及佣金支出是指银行委托其他单位代办业务而支付的手续费,如代办储蓄存款手续费、代办其他业务手续费。"手续费及佣金支出"科目按照手续费的种类设置明细账。手续费可以转账支付,也可以用现金支付,支付手续费时分录如下:

借:手续费支出——××支出户
　　贷:库存现金(存放中央银行款项、存放同业款项、辖内往来)

四、业务及管理费用核算

业务及管理费用包括不同的项目,根据重要性原则对主要项目的核算做简单的阐述。

(一)固定资产折旧和无形资产的摊销

固定资产折旧费是银行根据不同种类的固定资产的特点所确定的折旧率所定期提取的折旧。会计分录如下:

借:业务及管理费——折旧费
　　贷:累计折旧

有证据表明固定资产发生减值需要提取减值准备,会计分录如下:

借:资产减值损失——固定资产减值准备
　　贷:固定资产减值准备

固定资产减值准备一经提取不得转回。

有限寿命的无形资产需要在一定的期限内摊销,原理同固定资产的折旧,当期所摊销的无形资产的成本的会计分录如下:

借:业务及管理费——无形资产摊销
　　贷:累计摊销

寿命不确定或者无限寿命的无形资产不需要摊销,只需要定期进行减值测试,如果发生减值则需要提取减值准备,提取的减值准备计入当期损益。

无形资产提取减值准备的会计处理如下：

借：资产减值损失——无形资产减值准备
　　贷：无形资产减值准备

无形资产减值准备一经提取不得转回。

（二）业务宣传费

业务宣传费是银行在开展业务宣传活动中所支付的费用,所发生的业务宣传费根据相应的凭证会计分录如下：

借：业务及管理费——业务宣传费
　　贷：银行存款或现金

（三）职工工资和相关费用的核算

商业银行根据有关法律、法规和政策的规定,为职工缴纳的基本医疗保险、基本养老保险、失业保险和工伤保险等社会保险费用,应当据实列入成本（费用）。

参加基本医疗保险、基本养老保险且按时足额缴费的商业银行,具有持续盈利能力和支付能力的,可以根据有关法律、法规的规定,为职工建立补充医疗保险和补充养老保险（企业年金）制度,相关费用应当按照国家有关规定列支。

职工工资是指在职职工工资、奖金、津贴和补贴。职工工资通过"应付职工薪酬"科目核算,每月月初按照规定的开支渠道,将本月应发放的工资按照不同的开支项目进行分配,编制"工资分配表",根据工资分配表编制记账凭证办理转账。会计分录如下：

借：业务及管理费——职工工资
　　在建工程
　　贷：应付职工薪酬

同时需要按照工资总额的2%和8%拨交工会经费和提取职工教育经费,会计分录如下：

借：业务及管理费——工会经费
　　　　　　　　　——职工教育经费
　　贷：应付职工薪酬——工会经费
　　　　　　　　　　——职工教育经费

(四) 税金

在业务及管理费用中列支的税金包括房产税、车船使用税、土地使用税和印花税,期末计算前三项税金时,会计分录如下:

借:业务及管理费——税金
　　贷:应交税费——应交房产税
　　　　应交税费——应交车船使用税
　　　　应交税费——应交土地使用税

银行在发生印花税应税行为后应以自行贴足印花税票的方式纳税,因此不需要与税务机关结算,无须通过应交税金科目,而是直接通过银行存款科目核算,会计分录如下:

借:业务及管理费——印花税
　　贷:银行存款

(五) 汇兑损失

汇兑损失是指银行在进行外汇买卖和外币兑换时因汇率变动而发生的损失。汇兑损失科目应该按照外汇买卖的币种进行明细核算。发生汇兑损失时,会计分录如下:

借:汇兑损失
　　贷:外汇买卖

金融企业发生的资产损失,包括信贷资产损失、坏账损失、投资损失、固定资产及在建工程损失等,应当及时核实,查清责任,追偿损失,并按照国家有关规定进行处理。

第三节 利润的核算

利润反映了商业银行的最终经营成果,所有的会计信息使用者对利润的信息都比较关注。准确地核算利润也是进行利润分配的前提。

一、利润及其组成

利润是企业在一定会计期间的经营成果,商业银行应分步计算利润。
(1) 营业利润,是营业收入减去营业支出后的净额。其中营业收入包括利息净收入、佣金及手续费净收入、投资收益、汇兑收益、公允价值变动收益和其他业务收入。利息净收入等于利息收入减去利息支出,佣金及手续费净收入等于佣金及手续费收入减去佣金及手续费支出。

营业支出包括税金及附加、业务及管理费、资产减值损失、其他业务成本。

(2) 利润总额,是营业利润加上营业外收入,减去营业外支出后的金额。

营业外收支是企业发生的与其正常经营业务活动无直接关系的各项收入和支出,商业银行营业外收入包括固定资产盘盈、无形资产处置的净收入、罚款净收入等。商业银行营业外支出包括固定资产处置净损失、处置无形资产净损失、对外捐赠支出、债务重组损失、处置抵债资产的净损失等。营业外收入和支出应当分别核算,在利润表中分别反映。

(3) 所得税,是商业银行按照《企业会计准则第18号——所得税》的规定确认的应当计入当期损益的所得税费用。

(4) 净利润,又称为税后利润,扣除资产损失后的利润总额减去所得税费用后的余额。

分步计算利润,以上各项目的关系用公式表示如下:

$$营业利润 = 营业收入 - 营业支出$$

$$利润总额 = 营业利润 + 营业外收入 - 营业外支出$$

$$净利润 = 利润总额 - 所得税$$

净利润集中反映当期的经营成果,是衡量企业经营管理的重要综合指标,经过上述计算如果结果为正数则为盈利,相反为亏损。

二、利润组成部分核算

(一) 税金及附加

银行按照经营所取得的营业额的大小缴纳增值税,增值税的计税收入的范围、税率和纳税时间按照税法的规定办理。在缴纳增值税的基础上,商业银行还应缴纳城市维护建设税和教育费附加,城市维护建设税和教育费附加以当期应缴纳增值税额为计税依据。其中城市维护建设税应纳税额 = 应交增值税 × 适用税率,根据纳税人所在地是市区、县城或者镇使用税率分别是7%、5%,纳税人不在市区、县城或者镇的适用税率是1%。教育费附加 = 应交增值税 × 征收比率,现行的教育费附加的征收比率是3%。

为了核算税金及附加,商业银行应设置"税金及附加"科目,该科目是损益类科目,借方登记发生的税金及附加,贷方登记结转本年利润的数额,结转后

本科目无余额。发生税金及附加时,会计分录如下:

借:税金及附加
　　贷:应交税费——应交增值税(或城市维护建设税)
　　　　应交税费——应交教育费附加

交纳时会计分录如下:

借:应交税费——应交增值税(或城市维护建设税)
　　应交税费——应交教育费附加
　　贷:存放中央银行款项

期末结转利润时,应将"税金及附加"科目的余额转入"本年利润"科目。会计分录如下:

借:本年利润
　　贷:税金及附加

（二）投资收益

投资收益包括商业银行进行投资获得的利润、股利和利息收入。

（三）营业外收支

营业外收支是商业银行发生的与其经营业务无直接关系的各项收入和支出,应分别设置"营业外收入"和"营业外支出"科目进行核算,两个科目属于损益类科目,应按照内容分别设置明细科目,期末转入"本年利润"科目。

1. 营业外收入

营业外收入是与商业银行经营无直接关系的各项收入,具体包括固定资产盘盈、处置固定资产净收益、出纳长款收入、处置抵债资产净收益、罚款收入等。

（1）固定资产盘盈和出售净收益。发现固定资产盘盈时,按照重置完全价值和估计折旧报经批准以后列为营业外收入。会计分录如下:

借:待处理财产损溢
　　贷:营业外收入——固定资产盘盈

出售固定资产净收益是指因固定资产不需用或不使用时将其出售所得到的净收益,即出售所得价款减去固定资产账面净值和清理费用和税金后的差额。当银行发生固定资产出售净收益时,将净收益金额从"固定资产清理"科目转入"营业外收入",分录如下:

借:固定资产清理
　　贷:营业外收入——固定资产出售净收益

(2) 出纳长款收入。出纳发生长款时,应及时查明退原主,如果当天无法查明,经会计主管批准,填制现金收入传票,会计分录如下:

借:库存现金
　　贷:其他应付款——待处理出纳长款

经过查找,但是无法退还的,经过一定的批准手续,列为营业外收入,会计分录如下:

借:其他应付款——待处理出纳长款
　　贷:营业外收入——出纳长款收入

(3) 罚没、罚款收入。罚没、罚款收入是商业银行因有关方面违反合同和结算规定而向其收取的罚款收入。商业银行在收取罚款时的会计分录如下:

借:库存现金或单位活期存款
　　贷:营业外收入——罚款收入

(4) 无法支付的应付款项。商业银行在办理业务的过程中偶然发生无法支付的应付款项时,经过批准后转为营业外收入,会计分录如下:

借:有关科目
　　贷:营业外收入——无法支付的应付款项

2. 营业外支出

营业外支出是商业银行发生的与经营业务无关的支出,包括固定资产盘亏、处置固定资产净损失、处置无形资产净损失、处置抵债资产损失、债务重组损失、罚款支出、非常损失和捐赠支出等。

(1) 固定资产盘亏、损毁、报废和出售净损失。固定资产盘亏首先要通过"待处理财产损溢"科目核算,发生固定资产盘亏时,按照原价扣除累计折旧后的余额入账,经过批准后列为营业外支出。会计分录如下:

借:营业外支出——固定资产盘亏
　　贷:待处理财产损溢——待处理固定资产损溢

固定资产损毁净损失是按照原价扣除累计折旧后、过失人的赔偿和保险公司赔偿后的差额;固定资产报废损失是固定资产的清理收入减去清理费用和账面净值后的差额;固定资产出售净损失是固定资产出售收入减去清理费用和账面净值后的差额。发生固定资产的清理、报废和损毁净损失后,"固定资产清理"科目为借方余额,结转固定资产清理损失时,会计分录如下:

借：营业外支出——固定资产清理损失
　　贷：固定资产清理

（2）出纳短款。在出纳工作中发生短款，应组织力量查找原因，在当天未能查明原因和找回时，经过一定的审批手续，填制现金付出传票，做出账务处理。会计分录如下：

借：其他应收款——待处理出纳短款
　　贷：库存现金

经查确属责任事故又无法找回时，按照规定的审批权限，转为损失，会计分录如下：

借：营业外支出——出纳短款
　　贷：其他应收款——待处理出纳短款

（3）非常损失。非常损失是指非正常的出乎意料的灾害造成的各项资产净损失，即被毁坏的各项资产的净值扣除保险赔偿和废料残值的差额。损失发生后，经过批准应将扣除废料残值和保险赔偿后的余额作为营业外支出。会计分录如下：

借：营业外支出——非常损失
　　贷：待处理财产损溢——待处理流动资产损溢

（4）捐赠支出。商业银行发生的公益性救济性捐赠应作为当期的营业外支出，会计分录如下：

借：营业外支出——捐赠支出
　　贷：库存现金或银行存款等

（5）违约和赔偿支出。违约和赔偿支出是商业银行因未履行经济合同而向对方支付的赔偿金、违约金、罚息等惩罚性支出。发生违约和赔偿支出时，会计分录如下：

借：营业外支出——违约赔偿金
　　贷：银行存款等

（四）资产减值损失

1. 减值准备的计提和转回

商业银行应当在资产负债表日计算金融工具（或金融工具组合）预期信用损失。如果该预期信用损失大于该工具（或组合）当前减值准备的账面金额，企业应当将其差额确认为减值损失,借记"信用减值损失"科目,根据金融工具的种类,贷记"贷款损失准备""债权投资减值准备""坏账准备""合同资产减值准备""租赁应收款减值准备""预计负债"(用于贷款承诺及财务担保合同)或"其他综合收益"(用于以公允价值计量且其变动计入其他综合收益的债权类资产,企业可以设置二级科目"其他综合收益——信用减值准备"核算此类工具的减值准备)等科目(上述贷记科目,以下统称"贷款损失准备"等科目);如果资产负债表日计算的预期信用损失小于该工具(或组合)当前减值准备的账面金额(例如,从按照整个存续期预期信用损失计量损失准备转为按照未来12个月预期信用损失计量损失准备时,可能出现这一情况),则应当将差额确认为减值利得,做相反的会计分录。具体会计核算见相关章节。

2. 已发生信用损失金融资产的核销

企业实际发生信用损失,认定相关金融资产无法收回,经批准予以核销的,应当根据批准的核销金额,借记"贷款损失准备"等科目,贷记相应的资产科目,如"贷款""应收账款""合同资产"等。若核销金额大于已计提的损失准备,还应按其差额借记"信用减值损失"科目。

(五)所得税费用

金融企业发生年度亏损的,可以用下一年度的税前利润弥补;下一年度的税前利润不足以弥补的,可以逐年延续弥补;延续弥补期超过法定税前弥补期限的,可以用缴纳所得税后的利润弥补。

所得税费用是应计入当期损益的所得税,它是根据当期的会计利润总额按照税法的规定予以调整以后,按适用税率计算得出的,通过"所得税"科目进行核算。该科目的借方登记当期的所得税费用,期末转入"本年利润"科目。

由于税法和会计制度、准则对收入和费用的确认标准不同,会计利润和应纳税所得之间会存在差异,两者之间的差异可以分为两类:暂时性差异和永久性差异,对于暂时性差异有两种不同的会计处理方法,应付税款法和纳税影响会计法。应付税款法不确认暂时性差异对当期所得税费用的影响,直接按照当期的应纳税额作为当期的所得税费用。在此方法下所得税费用等于当期的应纳税额,根据当期计算的应纳税额的会计分录如下:

借:所得税
　　贷:应交税费——应交所得税

应付税款法具有简单易行的特点,但是不符合收入与费用配比的原则。因此产生了纳税影响会计法。纳税影响会计法确认暂时性差异对所得税费用的影响金额,按照当期的应纳税额和暂时性差异对所得税影响的合计确认为当期的所得税费用。在纳税影响会计法下暂时性差异对当期所得税的影响金额被递延到以后各期。企业采用纳税影响会计法,所得税被视为企业取得收益时发生的一项费用,并随同有关的收入和费用计入同一会计期间,以达到收入和费用配比的目的。暂时性差异对所得税的影响金额反映在利润表中的所得税费用和资产负债表中的递延税款余额中。

新会计准则要求采用纳税影响会计法核算所得税费用,规定只能采用纳税影响会计法下的资产负债表债务法进行核算。

在确认当期的所得税费用、递延税款和应交税金后,会计分录如下:

借:所得税
　　递延所得税资产(或者递延所得税负债,计入贷方)
　　贷:应交税费——应交所得税

转回以前各期所确认的递延税款的资产时,会计分录如下:

借:所得税
　　贷:递延所得税资产

转回递延所得税负债时,会计分录如下:

借:递延所得税负债
　　贷:所得税

(六)期末利润的结转

在会计期期末,将各项收入和费用转入"本年利润"科目,如果该科目的期末余额在贷方表示盈利,在借方则表示亏损。

期末结转收入类科目时,会计分录如下:

借:利息收入
　　手续费及佣金收入
　　金融企业往来收入
　　其他业务收入
　　汇兑收益
　　投资收益
　　营业外收入
　　贷:本年利润

期末结转成本和费用类科目时,会计分录如下:

借：本年利润
　　贷：利息支出
　　　　手续费及佣金支出
　　　　金融企业往来支出
　　　　其他业务支出
　　　　汇兑损益
　　　　投资损失
　　　　营业外支出
　　　　业务及管理费用
　　　　营业税金及附加
　　　　所得税

期末将本年利润科目的余额转入"利润分配——未分配利润"科目。如果"本年利润"科目的余额在贷方则会计分录如下：

借：本年利润
　　贷：利润分配——未分配利润

如果是借方余额则结转的会计分录相反。

第四节　所有者权益核算

所有者权益又称为净资本，体现了商业银行的经营实力，也是对债权人利益的保障程度的一个重要指标。同时银行监管机构对于商业银行的资本充足监管也需要以真实的所有者权益信息为基础。

一、实收资本

实收资本是投资者按照商业银行的章程、合同或者协议的约定实际投入商业银行的资本。银行根据法律法规的规定投资者可以采用货币资金、实物资产和无形资产投入商业银行。

（一）商业银行实收资本数额的一般规定

为了保证商业银行的稳健运行，防范金融风险，人民银行规定了设立商业银行的最低资本要求。

（二）实收资本的核算

为了准确地反映投资者投入资本的情况，应设立"实收资本"或"股本"科目进行核算,前者适用于非股份制银行,后者适用于股份制银行。该账户属于权益类账户,用于核算商业银行实际收到投资者投入的资本。由于我国对减少资本有严格的限制,该账户的借方一般不做记录,只在银行回购股份、减少注册资本和合并时通过"库存股"科目登记减少数。贷方登记所有者投入的资金,需按照投资者进行明细核算。

1. 以货币资金投资的核算

当投资者以货币资金投入商业银行时,按照实际收到的货币资金记入货币资金科目,按照投资者实际享有的权益记入实收资本,实际投入货币资金超过应享有的权益的份额的差额记入资本公积科目。会计分录如下:

借:库存现金
　　银行存款(或存放中央银行款项)
　　贷:实收资本(股本)
　　　　资本公积

2. 以实物投资的核算

商业银行收到投资者投入的实物资产,以评估确认的价值或合同协议约定的价值入账。会计分录如下:

借:固定资产
　　贷:实收资本(股本)

3. 无形资产投资

投资者以无形资产投资时,银行按照以评估确认的价值或合同协议约定的价值入账。会计分录如下:

借:无形资产
　　贷:实收资本(股本)

4. 以外币投资

投资者以外币投资,按照实际收到款项当日的汇率记入银行存款和实收资本(股本)。会计分录如下:

借:银行存款——外币户
　　贷:实收资本(股本)

股份制银行的股本应该按照核定的股本总额范围内由股东出资认购,按照实际收到的资金记入银行存款,按照股份面值记入股本科目,两者之间的差额记入"资本公积——股本溢价"科目。

除投资者投入外,实收资本增加的途径有两个:(1)将资本公积转为资本,会计处理为借记"资本公积",贷记"实收资本"或"股本";(2)将盈余公积转为资本,会计处理为借记"盈余公积",贷记"实收资本"或"股本"。

二、资本公积

资本公积是由投资者投入但是不能构成实收资本,或从其他来源取得,由全体所有者享有的资金。资本公积和实收资本虽然都属于所有者权益,但又有所不同。实收资本是投资者对企业的投资,通过投资来谋求回报;而资本公积有特定的来源,由所有投资者共同享有,某些来源形成的资本公积不需要由原投资者投入。资本公积的主要内容包括:资本溢价和股本溢价、接受非现金资产捐赠、外币资本折算差额、关联交易差价、股权投资准备和可供出售金融资产的公允价值变动。

(一)接受捐赠

接受捐赠是银行从外部无偿取得的资产,捐赠人并不谋求回报,也不对企业承担任何义务,但增加了银行的所有者权益。接受捐赠的非现金资产扣除未来应交的所得税后的余额记入"资本公积——接受非现金资产捐赠"科目;接受的现金资产捐赠,直接记入"资本公积——接受现金资产捐赠"科目。

(1)接受现金资产捐赠的会计分录如下:

借:库存现金
　　存放中央银行款项
　　　贷:资本公积——接受现金资产捐赠

(2)接受非现金资产捐赠的会计分录如下:

借:固定资产(或无形资产)
　　贷:递延税款——递延所得税
　　　　资本公积——接受非现金资产捐赠

(二)资本或股本溢价

投资者投入资金大于所享有权益的差额和股票发行所得款项大于所发行的股票面值的差额记入"资本公积——资本或股本溢价"。会计分录如下:

借:相关资产科目
　　贷:实收资本或股本
　　　　资本公积——资本或股本溢价

（三）法定资产重估增值

法定资产重估增值是商业银行按照规定对其财产价值进行重估时重估的价值高于原账面价值的差额。按照我国会计制度的规定，银行的各项财产应按照历史成本记账，但在以下情况下可以进行价值重估：一是国有资产变动时，二是进行股份制改造时，三是国家开展清产核资时。

银行法定财产重估增值的会计分录如下：

借：固定资产（或无形资产）
　　贷：资本公积——法定资产重估增值

三、盈余公积

盈余公积是为了保证企业的持续经营，维护债权人利益而提取的留存收益，包括法定盈余公积、任意盈余公积。

法定盈余公积是商业银行根据规定的标准从税后利润中提取的积累基金；任意盈余公积是商业银行在规定的标准之外经过股东大会或类似权力机构批准从税后利润中提取盈余公积，主要用于弥补亏损或转增资本。

商业银行的盈余公积由总行统一提取，提取时的会计分录如下：

借：利润分配——提取盈余公积
　　贷：盈余公积——法定盈余公积
　　　　　　　——任意盈余公积

总行提取盈余公积以后，可以用于弥补亏损或者转增资本。弥补亏损的会计分录与提取时相反。

四、利润分配的核算

利润分配是将商业银行所实现的税后利润，按照有关法规和投资协议所确认的比例，由商业银行的股东大会或类似权力机构决定当期利润分配方案。在董事会或者类似权力机构向股东大会或类似权力机构提出利润分配方案后，由股东大会或类似权力机构批准通过后实施。在股东大会或类似权力机构召开会议前应按照董事会或类似权力机构提请表决的分配方案列入报告年度的利润分配表，如果最终通过的方案与提请表决的分配方案不一致，其差额应调整报告年度会计报表有关项目的年初数。

（一）利润分配的顺序和原则

商业银行本年实现净利润（减弥补亏损，下同），应当按照提取法定盈余公积金、提取一般准备、向投资者分配利润的顺序进行分配。

（1）法定盈余公积金按照本年实现净利润的10%提取,法定盈余公积金累计达到注册资本的50%时,可不再提取。

（2）商业银行还应当于每年年终根据承担风险和损失的资产余额的一定比例提取一般准备,用于弥补尚未识别的可能性损失。

（3）以前年度未分配的利润,并入本年实现净利润向投资者分配。按照《金融企业财务规则》的规定,商业银行应当按照以下顺序向投资者分配利润：

① 支付优先股股利；

② 提取任意盈余公积金；

③ 支付普通股股利；

④ 转作资本(股本)。

资本充足率、偿付能力充足率、净资本负债率未达到有关法律、行政法规规定标准的,不得向投资者分配利润。

任意盈余公积金按照公司章程或者股东(大)会决议提取和使用。

经股东(大)会决议,金融企业可以用法定盈余公积金和任意盈余公积金弥补亏损或者转增资本。法定盈余公积金转为资本时,所留存的该项公积金不得少于转增前金融企业注册资本的25%。

（二）利润分配的核算

商业银行在期末将"本年利润"账户的余额转入"利润分配——未分配利润"账户,按照规定的顺序分配利润。

1. 提取盈余公积

银行从税后利润中提取盈余公积时的会计分录如下：

借：利润分配——提取法定盈余公积
　　　　　——提取任意盈余公积
　　贷：盈余公积——法定盈余公积
　　　　　　　——任意盈余公积

2. 提取一般准备

商业银行提取的一般准备作为利润分配处理,同时一般准备记入所有者权益。会计分录如下：

借：利润分配——提取一般风险准备
　　贷：一般风险准备

3. 向投资者分配利润

商业银行按照董事会或其他权力机构制定的利润分配方案向投资者分配利润时的会计分录如下：

借：利润分配——应付利润（或应付股利）
　　贷：应付利润（或应付股利）

最后将当期的利润分配转入未分配利润科目，会计分录如下：

借：利润分配——未分配利润
　　贷：利润分配——提取法定盈余公积
　　　　　　　　——提取任意盈余公积
　　　　　　　　——提取盈余公积
　　　　　　　　——提取一般风险准备
　　　　　　　　——应付利润（或应付股利）

如果未分配利润科目有贷方余额即为当期的未分配利润，留待以后年度进行利润分配。

复习思考题

1. 简述商业银行收入确认的基本原则。
2. 简述商业银行成本费用的核算原则。
3. 简述商业银行利润分配的顺序。

第十二章

年度决算

学习目标

- 了解年度决算的意义及要求
- 掌握年度决算的准备工作内容
- 掌握年度决算日的工作内容

第一节 年度决算概述

根据会计制度的规定,每年从1月1日起至12月31日止为一个会计年度。凡是独立会计核算单位,以每年12月31日为年度决算日,进行年度决算。无论是否节假日,均不得提前或拖后。不作为独立核算单位的附属机构,应通过并账或并表方式,由其管辖机构合并办理年度决算。

一、年度决算的意义

银行年度决算是对全年会计核算资料进行归纳、整理、核实,办理结账,轧计损益,编制年度财务会计报告,集中反映全行年度业务活动和财务状况的一项综合性工作。

认真、准确、及时做好年度决算工作,对于银行提高经营管理水平,向管理当局、投资者、债权人等社会公众提供正确、完整、真实的财务会计信息,充分发挥银行的职能作用,具有重要的意义。

(一) 全面总结和检查会计核算工作,提高会计工作质量

银行会计部门在办理年度决算过程中,要对一年来的资金、财产、账务、损

益,进行全面的核实和整理。在核实、整理的基础上,编制数字真实和内容完整的年度决算报表。因此,通过年度决算,既可以检查平时会计核算的真实性、完整性、准确性,又可以总结会计工作的经验教训,以利于肯定成绩、找出差距,针对存在的问题加以改进,提高会计工作的质量。

（二）综合反映全年各项业务和财务活动完成情况

银行的年度决算,主要是根据日常会计核算资料,加工整理成具有内在联系的年度综合指标体系,编制内容完整、数字正确、反映真实的年度决算报表,为领导和银行管理者提供可靠的数据。通过对年度决算报表的分析,可以考核资金运用效益和各项经济指标的完成情况。

（三）为宏观经济决策提供准确、及时的经济信息

银行是国民经济的综合部门,是全国信贷、结算、现金出纳、货币发行和外汇收支的中心。银行会计日常记录的各项业务活动的资料,是国民经济各部门、各单位经济活动的综合反映。通过年度决算将一年来登记的账簿资料,加以核实和整理,利用报表形式汇总起来,就能更加集中、更加系统地反映出整个国民经济资金活动情况,从中了解国民经济中农、轻、重以及商品流通部门的发展,据以掌握资金的投向和规模,为宏观经济决策提供准确、及时的经济信息。

二、年度决算的要求

年度决算是金融机构一项全局性的工作,是会计工作的全面总结,涉及面广、政策性强、工作量大、质量要求高。因此,办理年度决算必须按照下列基本要求：

（一）坚持统一领导、各部门密切配合的原则

金融机构的年度决算是一项综合性工作,涉及各个职能部门,必须要密切配合,提供方便。要成立年度决算领导小组,由主要领导负责,以会计部门为主,各职能部门密切配合,协调进行,保证年度决算有条不紊地进行。

（二）坚持会计资料的真实性、准确性和可靠性

会计核算的数字、资料必须真实、准确地反映金融业务和财务活动,绝不能篡改会计数据、伪造会计资料,搞虚假的会计平衡。

（三）坚持财务会计报告的完整性、统一性和及时性

财务会计报告是会计信息的主要载体,是年度决算的文字和数字说明,必须按照会计制度的规定进行披露、编报、汇总和报送。必须坚持完整性,不能任意取舍,不能漏填、漏报；必须坚持统一性,上下级保持一致性,按统一的种

类、格式、内容编报、汇总。必须坚持及时性原则,按规定的时间编制完成,及时报送,不能延误和拖后,以免影响整个金融机构的年度决算。

三、年度决算的步骤

银行年度决算工作过程,大体可分为三个步骤或阶段:
(1) 决算前准备工作;
(2) 决算日的具体决算工作;
(3) 编报决算报表和决算说明书。

第二节 年度决算的准备工作

银行年度决算时间紧、任务重。为了保证年度决算工作的顺利进行,决算的准备工作一般应在每年第四季度初就要着手进行。一般地,总行颁发办理当年决算的通知,提出当年决算中应注意的事项和相应的处理原则和要求;如遇当年会计或财务制度发生变更的情况,则要提出详细的处理方法,以便各基层行统一口径,贯彻执行。各管辖分行应根据总行通知精神,结合辖内具体情况,提出年度决算的具体要求,组织和监督各行处准确及时办理年度决算。各行处则根据上级行通知精神,具体做好年度决算工作。

银行年度决算准备工作主要有以下五个方面。

一、清理资金

各银行年度决算前,会计部门要与其他业务部门密切配合,对各种资金进行清理。

(一) 清理业务资金

银行的业务资金主要包括存款、贷款、短期投资、借入资金、拆出资金等,对这些业务资金都应该全面进行核对,该收回的积极收回,该归还的及时归还,该清户的及时销户,该转期的抓紧办理转期。对于暂时没有结果的要说明情况,按规定程序办理。

(二) 清理结算资金

各银行由于办理商品交易、劳务供应、资金划拨引起的结算资金,根据使用票据和结算方式的不同,进行全面清理。该划分的款项要及时划出,应收回的积极催回,没有解付的要多方联系积极解付,如经多方查找确实无法解付并超过期限的,应办理退汇。

(三) 清理内部资金

内部资金是指银行内部暂时过渡性资金。主要是指其他应付款、其他应收款、待摊费用、呆账准备金、坏账准备金、投资风险准备金等。对这些资金要逐项进行清理,该收回的收回,该上缴的上缴,该摊销的摊销,该报损的报损,该转收益的转收益,该核销的核销,使内部资金和过渡性款项减小到最低限度。经过清理暂时无法解决的,要注明原因,以备日后查考和清理。

二、清点财产物资

在决算前对库存现金、金银、外币、有价单证和物品等,均须对照账面记载,认真进行盘点核实。如发现有多缺溢耗,要查明原因,按照有关规定处理。此外,要检查库房管理制度的执行情况,安全措施和落实情况,若有问题,必须纠正。

(一) 清点库存实物

对库存现金、金银、外币、有价单证和空白重要凭证等,均须对照账面记载,认真进行盘点核实。如发现有多缺溢耗,要查明原因,按照有关规定处理。

(二) 清理固定资产及低值易耗品

对房屋、器具、设备等固定资产以及各种低值易耗品,应根据有关账卡记录进行盘点。凡未入账的应登记入账,已入账设卡的要逐一核对清楚,若发现多缺情况,应按规定进行处理,以保证账、卡、实物完全相符。

三、核对和调整账务

(一) 检查会计科目运用情况

会计科目是各项业务分类的依据,只有正确运用,才能通过会计记录,正确并真实地反映银行全年的业务活动和财务收支状况。因此,在年度决算前应根据会计科目的变动情况,检查会计科目的归属和运用情况,对发现使用不当的应及时调整科目,以便真实反映各项业务和财务活动情况。

(二) 全面核对内外账务

年度决算前,要对银行内部所有的账、簿、卡、据进行一次全面检查和核对。检查和核对的内容包括:各科目总账与分户账的金额是否相符,金银、外币等账面记载与库存实物是否相符,库存现金账面结存数与实际库存现金是否相符,银行内部账务与客户账是否相符等。若有不符或因会计政策变更、会计差错,要按照规定进行更正,达到账账、账款、账据、账实、账表、内外账户相符。

（三）核对往来账项

金融机构之间往来项目较多，对系统内联行往来、金融企业之间跨系统往来、金融机构与中央银行往来等都要认真清理和核对。如有差错及时更正，保证金融机构往来之间相互平衡。

四、核实损益

（一）核实业务收支

对各项利息收入和支出、金融机构往来收入和支出、营业外收入和支出等账户要进行复查。重点应复查利息收支的计算，包括复查计息的范围、利率使用、利息计算是否正确，如发现差错，应及时纠正。

（二）检查各项费用开支

对各项业务费用，应按照开支范围和费用标准进行复查。对超过范围和标准开支的，应查明情况，若发现差错或问题，应及时进行更正。

五、试算平衡

各行在上述几项准备工作基本落实或完成的基础上，应根据总账科目11月末的各项数字编制试算平衡表，以检查和验算各科目余额是否正确。对试算中发现的问题，应及时查明原因，尽快解决，为年度决算报表的编制奠定可靠的基础。

第三节 年度决算日的工作

我国银行每年的12月31日为年度决算日，无论是否属假日，均应办理年度决算。年度决算工作量大、时间紧、任务重，除要处理好当天的业务，轧平当天的账务外，还应根据情况做好调整当日账务、结算全年损益、办理新旧账户的结转、编制决算报表等工作。决算日当天，全行工作都要围绕年度决算进行。

一、处理当日账务、全面核对账务

决算日这天，金融机构照常营业，这一天发生的全部账务应于当日全部入账。应收应付利息、应交税金，按权责发生制要求的收入、费用全部列账，各种往来款项全部结清,不得跨年。全日账务处理完毕后,对全年账务进行一次全面核对,做到账账相符。

二、检查各项库存

决算日营业终了,应对库存现金、金银、外币、有价单证、有价实物进行一次全面核对,保证账款、账实相符。

三、计算外汇买卖损益

决算日,应将各种外币买卖账户余额,一律按决算日外汇牌价折成人民币,并与原币外汇买卖账户的人民币余额进行比较,其差额则为本年度外汇买卖的损益,应列入有关损益账户。

四、结转本年损益

决算日营业终了,应将各损益类科目各账户最后余额,分别结转到本年利润账户。若本年利润科目的余额在贷方,则为纯益(净利润),若本年利润科目的余额在借方,则为纯损(净亏损)。

五、办理新旧账簿的结转

各独立会计单位在结转全年损益后,应办理新旧账簿的结转,结束旧账、建立新账,保证新年度业务活动的正常进行。

（一）总账的结转

总账每年更换一次,年终结转时,新账页的日期应写新年度的1月1日,"摘要"栏加盖"上年结转"戳记,旧账余额过入新账的"上年余额"栏即可。

（二）明细账的结转

银行的明细账可根据下年度是否可以继续使用而采取不同的结转办法。对于下年度继续使用的明细账,如对外营业客户的明细账,应在旧账页的最后一行余额下加盖"结转下年"戳记,将最后余额过入新账页,新账页日期应写明新年度1月1日,摘要栏则加盖"上年结转"戳记。对于余额已结清的账户,则在账页上加盖"结清"戳记。

（三）登记簿的结转

银行的各种表外科目和其他登记簿,年终也可根据其是否可继续使用而采取不同的处理方式。若登记簿可继续使用,则不需要结转,下年度继续使用;若是按年设立的登记簿,则需要结转,其方法可比照明细账的结转。

复习思考题

1. 什么是年度决算,有哪些基本要求?
2. 年度决算准备工作的内容包括哪些?
3. 年度决算日的工作内容是什么?

第十三章 商业银行财务报表与财务分析

学习目标
- 了解商业银行财务报表的结构
- 掌握财务报表的编制方法
- 掌握财务报表分析的基本方法

第一节 财务会计报告概述

商业银行需要按照规定定期对外报告经营成果、财务状况和现金流量信息,为外部信息的使用者提供决策所需要的信息。商业银行财务报告的核心是财务报表,包括资产负债表、利润表、所有者权益变动表、现金流量表和附注。财务报表是会计核算的最终成果,也是商业银行对外提供信息的主要手段。

一、财务会计报告体系

（一）财务会计报告的含义

财务会计报告是指企业对外提供的反映企业某一特定日期财务状况和某一会计期间经营成果、现金流量的文件。

商业银行必须定期编制财务会计报告,商业银行的财务会计报告是根据日常会计核算资料,按照一定的格式和科学的指标体系,定期编制的总括反映经营成果、财务状况和现金流量状况的文件,是商业银行对外传递信息的主要手段,也是投资者、国家机关和相关人员进行决策的重要信息来源。

（二）财务会计报告体系

财务会计报告按照编制时间可以分为年度、半年度、季度和月度财务会计报告。除年度报告以外，半年度、季度和月度报表统称为中期财务会计报告。年度、半年度财务会计报告应当包括财务报表、财务报表附注、财务情况说明书，而季度和月度报告则相对简单，一般只包括财务报表。我国银行的年度报告必须经过会计师事务所的审计，而中期报告则无此强制性要求。财务情况说明书至少应当对下列情况做出说明：企业生产经营的基本情况；利润实现和分配情况；资金增减和周转情况；对企业财务状况、经营成果和现金流量有重大影响的其他事项。

（三）财务会计报告编制要求

财务会计报告作为对外提供信息的主要工具，为了保证提供信息的真实可靠，商业银行在编制财务会计报告时必须遵循以下要求：

1. 财务会计报告必须真实完整

真实性是一项基本的会计原则，商业银行的财务会计报告必须坚持真实性原则。为了保证财务报表的真实性，在编制财务报表之前，要认真核对账簿、表册和财产物资，保证账账、账实、账表、账据、账款和内外账相符。同时财务会计报告必须完整，不得遗漏对报告使用人决策有重大影响的会计信息。商业银行的财务会计报告包括财务报表、财务报表附注、财务情况说明书，必须按照规定编制，对决策有重大影响的信息，无法用数字反映的必须在财务报表附注中说明。

2. 编制口径必须一致

可比性是会计核算的一项基本原则，为了保证会计信息的可比性，商业银行的会计报告应当按照国家统一的会计准则规定的编制基础、依据、编制原则和方法编制，确保会计信息的可比性。

3. 及时编制财务会计报告

及时性是会计信息有用性的基本要求，再有用的信息如果不能及时提供，也就失去了意义。根据证券监管规定，季度财务报告应当在季度终了 15 天内提供；半年度会计报告应当在年度中期结束后 60 天内提供；而年度财务会计报告应当于年度终了后 4 个月内提供。

二、财务报表的组成

财务报表是商业银行财务会计报告的核心，它通过有固定格式的表格文件向会计信息的使用者提供所需的信息。商业银行必须向外提供的财务报表包括资产负债表、利润表、现金流量表、所有者权益变动表和其他有关附表。

由于商业银行业务的特殊性及其高风险特征,为了使信息使用者更好地了解银行的财务状况和经营情况,商业银行在其财务报告中必须提供详细的信息,目前按照规定商业银行应在报表附注中披露本行的会计政策和会计估计及其变更、重大关联方交易及事项、报表重要项目的明细资料、资本充足状况等。

商业银行应在会计报表附注中说明会计报表中重要项目的明细资料包括:

（1）按存放境内、境外同业披露存放同业款项。

（2）按拆放境内、境外同业披露拆放同业款项。

（3）按信用贷款、保证贷款、抵押贷款、质押贷款分别披露贷款的期初数、期末数。

（4）按贷款风险五级分类的结果披露不良贷款的期初数、期末数。五级分类分为:正常、关注、次级、可疑和损失,其中后三类为不良贷款。

（5）贷款减值准备的期初数、本期计提数、本期转回数、本期核销数、期末数;一般准备、专项准备和特种准备应分别披露。

（6）应收利息余额及变动情况。

（7）按种类披露投资的期初数、期末数。

（8）按境内、境外同业披露同业拆入款项。

（9）应付利息计提方法、余额及变动情况。

（10）银行承兑汇票、对外担保、融资保函、非融资保函、贷款承诺、开出即期信用证、开出远期信用证、金融期货、金融期权等表外项目,包括上述项目的年末余额及其他具体情况。

第二节 资产负债表

资产负债表是反映会计主体在某一特定日期的资产、负债和所有者权益的财务报表,是反映会计主体财务状况的财务报表。

一、资产负债表的性质和作用

资产负债表是按照"资产＝负债+所有者权益"的基本会计等式编制的反映财务状况的报表。资产,是指过去的交易、事项形成并由企业拥有或者控制的资源,该资源预期会给企业带来经济利益。负债,是指过去的交易、事项形成的现时义务,履行该义务预期会导致经济利益流出企业。所有者权益,是指所有者在企业资产中享有的经济利益,其金额为资产减去负债后的余额。

资产负债表可以向会计信息的使用者提供财务状况和偿债能力的信息,主要包括以下信息:银行所掌握的经济资源,银行的负债渠道及构成,银行所有者权益的构成,银行的资金运用和银行的偿债能力。

二、资产负债表的内容及格式

资产负债表的格式按照报表项目的排列方式不同可以分为报告式与账户式两种。

报告式资产负债表又称为垂直式资产负债表,按照"资产-负债=所有者权益"的等式垂直排列,即先列示资产,然后是负债,最后是所有者权益的排列方式。目前上市银行采用的都是报告式资产负债表(表13-1)。

表 13-1　报告式资产负债表

××商业银行资产负债表

编制单位:　　　　　　　　2019 年 12 月 31 日　　　　　　　　单位:万元

资　产	合并报表		母公司	
	期末余额	期初余额	期末余额	期初余额
资产:				
现金及存放中央银行款项	787 776	703 657	787 524	703 245
存放同业款项	15 662	15 637	13 435	14 182
贵金属				
拆出资金	123 125	190 869	91 210	155 272
交易性金融资产	42 520	21 156	40 773	19 388
衍生金融资产	11 690	10 539	11 105	10 364
买入返售金融资产	73 636	39 218	72 730	39 218
应收利息	1 116 034	1 106 163	1 116 034	1 106 163
发放贷款和垫款	3 696 433	3 533 978	3 602 966	3 454 432
其他权益工具	448 420	50 460	435 901	492 706
债权投资	1 384 261	1 228 937	1 392 657	1 236 211
长期股权投资	121	127	7 805	7 810
固定资产	81 104	84 180	80 845	83 911
在建工程	2 718	2 563	2 718	2 563
递延所得税资产	1 349	1 699	1 346	1 699
其他资产	95 957	567 928	90 351	63 941

(续表)

资产	合并报表		母公司	
	期末余额	期初余额	期末余额	期初余额
资产总计	7 880 806	7 506 651	7 747 400	7 391 105
负债和股东权益				
负债:				
向中央银行借款	4 601			
同业及其他金融机构存放款项	535 501	367 494	535 776	368 098
拆入资金	45 842	32 824	27 484	30 475
交易性金融负债				
衍生金融负债	3 000	2 613	2 332	2 382
卖出回购金融资产款	24 984	48 610	25 411	49 119
吸收存款	6 560 019	6 351 423	6 462 700	6 251 403
应付职工薪酬	7 603	7 073	7 496	6 921
应交税费	29 220	22 004	28 886	21 788
应付利息				
应付债券	43 847	44 405	35 000	35 000
递延所得税负债	2 556	3 083	2 431	2 961
其他负债	138 281	159 855	136 532	157 545
负债合计	7 395 454	7 039 384	7 264 048	6 925 692
股东权益:				
股本	334 019	334 019	334 019	334 019
资本公积	109 233	109 701	107 653	108 050
减:库存股				
其他综合收益				
盈余公积	5 466	5 464	5 461	5 461
一般风险准备	12 733	12 719	12 719	12 719
未分配利润	24 405	5 715	23 636	5 276
外币报表折算差额	-504	-351	-136	-112
股东权益合计	485 352	467 267	483 352	465 413
负债和股东权益总计	7 880 806	7 506 651	7 747 400	7 391 105

  账户式资产负债表又称为水平式资产负债表,按照"资产=负债+所有者权益"等式分左右双方排列,左边列示资产,右边列示负债和所有者权益。
  在资产负债表上,资产应当按照其流动性分类分项列示,包括流动资产、固定资产、无形资产及其他资产。银行的各项资产有特殊性的,按照其性质分

类分项列示。

在资产负债表上,负债应当按照其流动性分类分项列示,包括流动负债、长期负债等。银行的各项负债有特殊性的,按照其性质分类分项列示。

在资产负债表上,所有者权益应当按照实收资本(或者股本)、资本公积、盈余公积、未分配利润等项目分项列示。

三、资产负债表的编制

本表"期初余额"栏内各项数字,应根据上年末资产负债表"期末余额"栏内所列数字填列。如果本年度资产负债表规定的各个项目的名称和内容同上年度不相一致,应对上年年末资产负债表各项目的名称和数字按照本年度的规定进行调整,填入本表"期初余额"栏内。

本表各项目的内容和期末数填列方法如下:

(1)"现金及存放中央银行款项"项目,反映商业银行库存现金和存放在中央银行的往来款项和各项准备金存款,本项目根据"现金""银行存款""存放中央银行准备金"和"存放中央银行财政性存款"科目的期末余额合计填列。

(2)"存放同业款项"项目,反映商业银行与同业之间资金往来业务而存放于境内、境外银行和非银行金融机构的资金。本项目应根据"存放同业款项"科目的期末余额和"法定存款准备金"的借方余额填列。

(3)"贵金属"项目,反映商业银行在国家允许的范围内买入的黄金、白银等贵重金属。本项目应根据"贵金属"科目的期末余额填列,反映的是"贵金属"成本或者市价(成本与市价孰低法计价)。

(4)"拆出资金"项目,反映商业银行与其他商业银行之间进行的资金拆借减去"贷款损失准备"所属明细科目后的余额,反映银行拆借给境内外其他金融机构的款项。本项目根据"拆放同业""拆放金融性公司"和"同业透支"等科目的期末余额填列。

(5)"交易性金融资产"项目,根据银行的"交易性金融资产"科目的余额填列,反映银行为短期获利目的而持有的债券投资、股票投资、基金投资等交易性金融资产的公允价值。

(6)"衍生金融资产"项目,根据衍生工具、套期工具、被套期项目中属于衍生金融资产的部分,应根据"衍生工具""套期工具""被套期项目"等科目的借方余额计算填列,如果衍生金融工具科目的余额在贷方则填入"衍生金融负债"项目。

(7)"买入返售金融资产"项目,根据"买入返售金融资产"科目的期末余额填列。反映商业银行与交易对手签订返售协议先买入再按照固定价格返售的票据、证券和贷款等金融资产的摊余成本，如果提取了坏账准备，还应该减去"坏账准备"科目所属相关明细科目的期末余额。

（8）"应收利息"项目，根据"应收利息"科目的余额填列，反映商业银行所持有的交易金融资产、持有至到期投资、可供出售金融资产、发放贷款、存入中央银行款项、拆出资金、买入返售金融资产应收取而尚未收到的利息，根据应收利息科目的余额填列。

（9）"发放贷款和垫款"项目，反映商业银行发放的各类贷款和信用证、银行承兑汇票业务而垫付的款项减去"贷款损失准备"所属明细科目后的余额，本项目应根据"贴现""短期贷款""单位短期透支""国际贸易融资""短期个人消费贷款""银行卡透支""垫款""中长期贷款""中长期房地产贷款""个人住房贷款""中长期个人消费贷款""质押贷款""应收进出口押汇""贷款损失准备""开出信用证""逾期贷款"等科目余额计算填列。

（10）"其他权益工具投资"项目，反映资产负债表日企业指定为以公允价值计量且其变动计入其他综合收益的非交易性权益工具投资的期末账面价值。该项目应根据"其他权益工具投资"科目的期末余额填列。

（11）"债权投资"项目，反映资产负债表日企业以摊余成本计量的长期债权投资的期末账面价值。该项目应根据"债权投资"科目的相关明细科目期末余额，减去"债权投资减值准备"科目中相关减值准备的期末余额后的金额分析填列。自资产负债表日起一年内到期的长期债权投资的期末账面价值，在"一年内到期的非流动资产"项目反映。企业购入的以摊余成本计量的一年内到期的债权投资的期末账面价值，在"其他流动资产"项目反映。

（12）"其他债权投资"项目，反映资产负债表日企业分类为以公允价值计量且其变动计入其他综合收益的长期债权投资的期末账面价值。该项目应根据"其他债权投资"科目的相关明细科目的期末余额分析填列。自资产负债表日起一年内到期的长期债权投资的期末账面价值，在"一年内到期的非流动资产"项目反映。企业购入的以公允价值计量且其变动计入其他综合收益的一年内到期的债权投资的期末账面价值，在"其他流动资产"项目反映。

（13）"长期股权投资"项目，反映商业银行持有的按照成本法和权益法核算的长期股权投资，应根据"长期股权投资"科目的余额减去"长期股权投资减值准备"科目的余额计算填列。

（14）"固定资产"项目，根据"固定资产"账户的余额减去"累计折旧"账户余额后填列，反映商业银行所有自用的各种固定资产，包括使用的、未使用的固定资产的净值。如果固定资产发生减值,还要减去"固定资产减值准备"的余额。

(15)"在建工程"项目反映尚未完工的在建工程,本项目根据"在建工程"科目余额减去"在建工程减值准备","在建工程"账户的期末余额反映商业银行期末各项未完工程的实际支出和尚未使用的工程物资的实际成本。

(16)"使用权资产"项目,反映资产负债表日承租人的使用权资产的期末账面价值。该项目应根据"使用权资产"科目的期末余额,减去"使用权资产累计折旧"和"使用权资产减值准备"科目的期末余额后的金额填列。

(17)"无形资产"项目,反映商业银行各项无形资产的原价扣除摊销后的净额。本项目应根据"无形资产"科目的期末余额减去"无形资产减值准备"科目的余额计算填列。

(18)"递延所得税资产"项目,反映商业银行按照资产负债表债务法确认的可抵扣暂时性差异产生的所得税资产,根据"递延所得税资产"科目的余额填列。

(19)"其他资产"项目,反映商业银行除以上资产以外的存出保证金、应收股利、其他应收款等资产减去相应的减值准备,本项目应根据有关科目的期末余额填列。

(20)"一年内到期的非流动资产"项目,通常反映预计自资产负债表日起一年内变现的非流动资产。对于按照相关会计准则采用折旧(或摊销、折耗)方法进行后续计量的固定资产、使用权资产、无形资产和长期待摊费用等非流动资产,折旧(或摊销、折耗)年限(或期限)只剩一年或不足一年的,或预计在一年内(含一年)进行折旧(或摊销、折耗)的部分,不得归类为流动资产,仍在各该非流动资产项目中填列,不转入"一年内到期的非流动资产"项目。

(21)"合同成本"项目,按照《企业会计准则第 14 号——收入》(财会〔2017〕22 号)的相关规定确认为资产的合同取得成本,应当根据"合同取得成本"科目的明细科目初始确认时摊销期限是否超过一年或一个正常营业周期,在"其他流动资产"或"其他非流动资产"项目中填列,已计提减值准备的,还应减去"合同取得成本减值准备"科目中相关的期末余额后的金额填列。按照《企业会计准则第 14 号——收入》(财会〔2017〕22 号)的相关规定确认为资产的合同履约成本,应当根据"合同履约成本"科目的明细科目初始确认时摊销期限是否超过一年或一个正常营业周期,在"存货"或"其他非流动资产"项目中填列,已计提减值准备的,还应减去"合同履约成本减值准备"科目中相关的期末余额后的金额填列。

(22)"向中央银行借款"项目,反映商业银行尚未归还的中央银行借款余额,根据"向中央银行借款"科目的余额填列。

(23)"同业及其他金融机构存放款项"项目,反映商业银行吸收的同业和其他金融机构的存款的余额,直接根据"同业存放款项""法定存款准备金"的贷方余额和"联行存放款项"等科目余额填列。

(24)"拆入资金"项目,反映商业银行为了弥补头寸的不足而从境内外金融机构拆入的资金余额,本项目应根据"同业拆入"和"金融性公司拆入"或"拆入资金"科目的期末余额填列。

(25)"交易性金融负债"项目,反映商业银行承担的交易性金融负债的公允价值,直接根据"交易性金融负债"科目的余额填列。

(26)"衍生金融负债"项目,根据"衍生金融工具"科目的贷方余额填列,如果衍生金融工具科目的余额在借方则填入"衍生金融资产"项目。

(27)"卖出回购金融资产款"项目,反映商业银行与其他企业按合同或协议,卖给企业一批金融资产,到一定日期后,再买回该批资产。卖出金融资产时收到的款项在本项目反映。本项目应根据"卖出回购金融资产款"科目的期末余额填列。

(28)"吸收存款"项目,反映商业银行吸收的各类存款的余额,包括吸收的单位存款、居民储蓄存款和财政性存款,期末根据"单位活期存款""单位定期存款""活期储蓄存款""银行卡存款""定期储蓄存款"和"财政性存款"有关明细科目的期末余额计算填列。

(29)"应付职工薪酬"项目,反映商业银行应支付给职工的各种薪酬,包括工资、福利、补贴、解除劳动关系的补偿和以现金结算的股份支付,根据"应付职工薪酬"科目的余额填列。

(30)"应交税费"项目,反映商业银行根据税法的规定计算应缴纳的各种税费,包括增值税、所得税、土地增值税、城市维护建设税、房产税、土地使用税、教育费附加和车船使用税等。本项目应根据"应交税费"科目余额填列。

(31)"应付利息"项目,反映商业银行按照合同约定应支付的利息,包括吸收存款、分期付息到期还本的长期借款和金融债券的利息,直接根据应付利息科目余额填列。

(32)"应付债券"项目,反映商业银行发行在外的债券余额,包括长期债券和短期债券,根据"应付债券"以及商业银行除去弥补资本不足而发行的"长期次级债券"科目余额直接填列。

(33)"租赁负债"项目,反映资产负债表日承租人企业尚未支付的租赁付款额的期末账面价值。该项目应根据"租赁负债"科目的期末余额填列。自资产负债表日起一年内到期应予以清偿的租赁负债的期末账面价值，在"一年内到期的非流动负债"项目反映。

（34）"长期应付款"项目，反映资产负债表日企业除长期借款和应付债券以外的其他各种长期应付款项的期末账面价值。该项目应根据"长期应付款"科目的期末余额，减去相关的"未确认融资费用"科目的期末余额后的金额，以及"专项应付款"科目的期末余额填列。

（35）"递延所得税负债"项目，反映商业银行确认的应纳税暂时性差异产生的所得税负债，根据"递延所得税负债"科目余额填列。

（36）"其他负债"项目，根据"本票"、"外汇买卖"（轧差后贷方余额）、"应解汇款"、"汇出汇款"等科目的余额计算填列。

（37）"合同资产"和"合同负债"项目。企业应按照《企业会计准则第14号——收入》（财会〔2017〕22号）的相关规定根据本企业履行履约义务与客户付款之间的关系在资产负债表中列示合同资产或合同负债。"合同资产"项目、"合同负债"项目，应分别根据"合同资产"科目、"合同负债"科目的相关明细科目的期末余额分析填列，同一合同下的合同资产和合同负债应当以净额列示，其中净额为借方余额的，应当根据其流动性在"合同资产"或"其他非流动资产"项目中填列，已计提减值准备的，还应减去"合同资产减值准备"科目中相关的期末余额后的金额填列；其中净额为贷方余额的，应当根据其流动性在"合同负债"或"其他非流动负债"项目中填列。由于同一合同下的合同资产和合同负债应当以净额列示，企业也可以设置"合同结算"科目（或其他类似科目），以核算同一合同下属于在某一时段内履行履约义务涉及与客户结算对价的合同资产或合同负债，并在此科目下设置"合同结算——价款结算"科目反映定期与客户进行结算的金额，设置"合同结算——收入结转"科目反映按履约进度结转的收入金额。资产负债表日，"合同结算"科目的期末余额在借方的，根据其流动性在"合同资产"或"其他非流动资产"项目中填列；期末余额在贷方的，根据其流动性在"合同负债"或"其他非流动负债"项目中填列。

（38）"股本"项目，反映商业银行实际收到的资本总额。本项目应根据"股本"科目及各明细科目的期末余额分析填列。

（39）"资本公积"项目和"盈余公积"项目，分别反映商业银行的资本公积和盈余公积的期末余额。本项目根据"资本公积"科目和"盈余公积"科目的期末余额填列。

（40）"库存股"项目，反映商业银行为减少注册资本、激励高级管理人员和与其他企业合并而回购尚未注销的本公司股份，根据"库存股"科目的借方余额填列。

(41)"一般风险准备"项目,反映商业银行根据金融监管规定提取的一般准备金的余额,其作用是为了弥补尚未识别的风险,根据"贷款损失准备——一般风险准备"账户的余额分析填列。

(42)"其他综合收益"综合收益,是指企业在某一期间除与所有者以其所有者身份进行的交易之外的其他交易或事项所引起的所有者权益变动。

(43)"未分配利润"项目,反映商业银行盈利尚未分配的部分。本项目根据"本年利润"科目和"利润分配"科目的余额计算填列。未弥补的亏损应在本项目内用"-"号表示。

第三节 利润表和所有者权益变动表

利润表是反映会计主体在某一时期经营结果的财务报表,即会计主体经营成果的财务报表。所有者权益变动表是反映会计主体当期所有者权益变动及其影响因素的财务报表。

一、利润表的内容及格式

利润表(表13-2)通过将本期的收入与相应的成本与费用配比来核算当期的经营成果,我国企业会计制度规定利润表的结构为多步式利润表,主要分为以下几个部分:第一部分是反映主要经营业务的构成情况,包括:利息净收入、手续费净收入、投资收益、公允价值变动损益、汇兑收益和其他业务收入;第二部分是营业支出,反映商业银行开展业务的成本和费用支出,包括税金及附加、业务及管理费、资产减值损失和其他业务成本;第三部分是营业外收支;第四部分是利润总额和净利润。

表13-2 利润表

××商业银行利润表

编制单位: 2019年 单位:万元

项目	合并数		母公司	
	本期金额	上期金额	本期金额	上期金额
一、营业收入	54 520		53 618	
利息净收入	48 102		47 602	

(续表)

项 目	合并数		母公司	
	本期金额	上期金额	本期金额	上期金额
利息收入	78 476		76 877	
利息支出	30 374		29 275	
手续费及佣金净收入	6 470		6 154	
手续费及佣金收入	6 993		6 641	
手续费及佣金支出	523		487	
投资收益(损失以"-"号填列)	455		377	
其中:对联营企业和合营企业的投资收益	2		2	
公允价值变动收益(损失以"-"号填列)	74		107	
汇兑收益(损失以"-"号填列)	-707		-730	
其他业务收入	126		108	
二、营业支出	26 737		26 373	
税金及附加	3 078		3 040	
业务及管理费	16 295		15 977	
信用减值损失	7 355		7 356	
其他资产减值损失				
其他业务成本	9			
三、营业利润(亏损以"-"号填列)	27 783		27 245	
加:营业外收入	355		293	
减:营业外支出	185		183	
其中:非流动资产处置损失	4		3	
四、利润总额(亏损总额以"-"号填列)	27 953		27 355	
减:所得税费用	9 061		8 995	
五、净利润(净亏损以"-"号填列)	18 892		18 360	
六、其他综合收益的税后净额				
(一)不能重分类进损益的其他综合收益				
1. 重新计量设定受益计划变动额				
2. 权益法下不能转损益的其他综合收益				
3. 其他权益工具投资公允价值变动				
4. 企业自身信用风险公允价值变动				
(二)能重分类进损益的其他综合收益				
1. 权益法下能转损益的其他综合收益				
2. 其他债权投资公允价值变动				
3. 金融资产重分类计入其他综合收益的金额				

项 目	合并数		母公司	
	本期金额	上期金额	本期金额	上期金额
4. 其他债权投资信用损失准备				
5. 现金流量套期储备				
6. 外币财务报表折算差额				
七、每股收益：				
（一）基本每股收益	0			
（二）稀释每股收益	0			

二、利润表的编制

编制本表是为了向外部的使用者提供商业银行经营成果的信息，利润表同时也是商业银行管理者和监管机构考核商业银行利润（亏损）计划的执行结果，分析盈亏增减变化的原因的工具。

本表"本期金额"栏，反映各项目的本期实际发生数。在编报年度报表时，填列上年全年累计实际发生数，并将"本期数"栏改成"本期金额"栏。如果上年度利润表与本年度利润表的项目名称和内容不相一致，应对上年度报表项目的名称和数字按本年度的规定进行调整，填入本表"上期金额"栏。

本表各项目的内容和填列方法如下：

（1）"营业收入"项目，反映商业银行取得经营业务各种收入的总额，本项目根据"利息净收入""手续费及佣金净收入""投资收益""公允价值变动损益""其他业务收入""汇兑收益"等项目加总计算填列。

（2）"利息收入"项目，反映商业银行取得的利息收入，包括发放的各类贷款（银团贷款、贸易融资、贴现和转贴现融出资金、协议透支、信用卡透支、转贷款、垫款等）、与其他金融机构（中央银行、同业等）之间发生资金往来业务、买入返售金融资产和债券投资等实现的利息收入等。本项目应根据"利息收入"、"金融机构往来收入"等科目期末结转利润科目的数额填列。

（3）"利息支出"项目，反映商业银行各项借款和吸收存款的利息支出，包括吸收的各种存款（单位存款、个人存款、信用卡存款、特种存款、转贷款资金等）、与其他金融机构（中央银行、同业等）之间发生资金往来业务、卖出回购金融资产和发行债券等产生的利息支出。本项目根据"利息支出""金融企业往来支出"等科目期末结转利润科目的数额填列。"利息收入"与"利息支出"的差额填入利息净收入项目。

（4）"手续费及佣金收入"项目，反映商业银行办理包括办理结算业务、咨询业务、担保业务、代保管等代理业务以及办理受托贷款及投资业务等取得的手续费及佣金，如结算手续费收入、佣金收入、业务代办手续费收入、基金托管收入、咨询服务收入、担保收入、受托贷款手续费收入、代保管收入、代理买卖证券、代理承销证券、代理兑付证券、代理保管证券、代理保险业务等代理业务以及其他相关服务实现的手续费及佣金收入等。本项目根据"手续费收入"和"佣金收入"科目期末结转利润科目的数额填列。

（5）"手续费及佣金支出"项目，反映商业银行委托其他企业代办业务而支付的手续费、佣金等支出。本项目根据"手续费支出"和"佣金支出"科目期末结转利润科目的数额填列。"手续费及佣金收入"和"手续费及佣金支出"科目的差额填入"手续费及佣金净收入"项目。

（6）"投资收益"项目，反映商业银行对外投资，按合同或协议规定分回的投资利润、股利收入、债券投资的债息收入等。本项目应根据"投资收益"科目期末结转利润科目的数额填列。如为损失则以"-"列示。

（7）"公允价值变动损益"项目反映商业银行所持有交易性金融资产、交易性金融负债，以及采用公允价值模式计量的投资性房地产、衍生工具、套期保值业务等公允价值变动形成的应计入当期损益的利得或损失。商业银行指定为以公允价值计量且其变动计入当期损益的金融资产或金融负债公允价值变动形成的应计入当期损益的利得或损失也在本项目反映。"公允价值变动损益"项目根据公允价值变动损益余额填列。

（8）"汇兑收益"项目，反映商业银行进行外汇买卖或外币兑换等业务而发生的汇兑收益。本项目应根据"汇兑收益"科目期末结转利润科目的数额填列，损失以"-"填列。

（9）"其他业务收入"项目，反映商业银行的其他营业收入，如买入返售证券的差价收入、咨询服务收入、证券销售差价收入、证券发行差价收入等。本项目根据"买入返售证券的差价收入""证券销售差价""证券发行差价收入"科目期末结转利润科目的数额填列。"证券销售差价收入"项目，反映商业银行经营证券买卖业务，买入证券与卖出证券的差价收入。本项目应根据科目期末结转利润科目的数额填列。"证券发行差价收入"项目，反映商业银行代理客户发行证券，承购价与包销价之间的差价收入。本项目应根据期末结转利润科目的数额填列。

（10）"营业支出"项目，反映商业银行各项营业支出的总额。本项目根据"利息支出""商业银行往来支出""手续费支出""营业费用""汇兑损失""其他营业支出""汇兑收益""投资收益"等项目汇总计算填列。

（11）"税金及附加"项目，反映商业银行按规定缴纳应由经营收入负担的各种税金及附加费，包括消费税、城市维护建设税、教育费附加等。本项目应根据"税金及附加"科目期末结转利润科目的数额填列。

（12）"业务及管理费"项目，反映商业银行为经营业务而发生的各种业务费用、管理费用以及其他有关的营业费用。本项目根据"业务及管理费"科目期末结转利润科目的数额填列。

（13）"信用减值损失"和"其他资产减值损失"。信用减值损失反映商业银行在资产负债表日计算金融工具（或金融工具组合）预期信用损失。如果该预期信用损失大于该工具（或组合）当前减值准备的账面金额，企业应当将其差额确认为减值损失。包括：贷款损失、债权投资减值损失、应收账款坏账、合同资产和租赁应收款的减值损失。

其他资产减值损失项目反映商业银行计入损益的资产减值准备，新准则对商业银行抵债物资、在建工程、采用成本计量的投资性房地产、长期股权投资、持有至到期投资、固定资产、无形资产、贷款等资产发生的减值都在本项目反映，而金融企业会计制度则根据不同的资产的减值分别计入不同的项目，目的是便于使用者了解当期资产减值对损益的影响。

（14）"其他营业成本"项目，反映商业银行确认的除营业收入以外的其他经营活动所发生的支出，如卖出回购证券的差价支出等。本项目根据"其他营业成本"科目期末结转利润科目的数额填列。

（15）"营业利润"项目，反映商业银行当期的经营利润，发生经营亏损也在本项目，用"-"号表示。本项目等于（1）至（10）。

（16）"营业外收入"项目，反映商业银行发生的各项营业外收入，主要包括非流动资产处置利得、非货币性资产交换利得、债务重组利得、与收益相关的政府补助、盘盈利得、接受捐赠利得等。

（17）"营业外支出"项目，反映商业银行发生的各项营业外支出，包括非流动资产处置损失、非货币性资产交换损失、债务重组损失、公益性捐赠支出、非常损失、盘亏损失等。"营业外收入"和"营业外支出"两个项目应严格区分营业和非营业的界限，不应将营业收入和支出列入营业外收入和支出。这两个项目根据"营业外收入"和"营业外支出"科目期末结转利润科目的数额填列。营业外收支各明细项目，还应在本表补充资料内详细列示。

（18）"利润总额"项目，反映商业银行当期实现的全部利润（或亏损）总额。如为亏损，则以"-"号在本项目内填列。本项目=（15）+（16）-（17）。

(19)"所得税"项目,反映商业银行按照资产负债表债务法确认的应从当期利润中扣除的所得税费用,根据"所得税"科目填列。

(20)"净利润"项目,反映商业银行的税后利润,本项目=(18)-(19)。

(21)"投资收益"反映商业银行投资业务取得的收益(损失),如为损失,以"-"号填列。根据投资收益科目余额填列。

(22)其他综合收益,是指企业根据其他会计准则规定未在当期损益中确认的各项利得和损失。

其他综合收益项目应当根据其他相关会计准则的规定分为下列两类列报:

第一类是以后会计期间不能重分类进损益的其他综合收益项目,主要包括重新计量设定受益计划净负债或净资产导致的变动、按照权益法核算的在被投资单位以后会计期间不能重分类进损益的其他综合收益中所享有的份额等;

第二类是以后会计期间在满足规定条件时将重分类进损益的其他综合收益项目,主要包括按照权益法核算的在被投资单位以后会计期间在满足规定条件时将重分类进损益的其他综合收益中所享有的份额、可供出售金融资产公允价值变动形成的利得或损失、持有至到期投资重分类为可供出售金融资产形成的利得或损失、现金流量套期工具产生的利得或损失中属于有效套期的部分、外币财务报表折算差额等。

(23)"每股收益"项目,包括"基本每股收益"和"稀释每股收益",上市银行应当按照归属于普通股股东的当期净利润,除以发行在外普通股加权平均数计算基本每股收益。

发行在外普通股加权平均数按下列公式计算:

发行在外普通股加权平均数＝期初发行在外普通股股数＋当期新发行普通股股数
×已发行时间÷报告期时间－当期回购普通股股数
×已回购时间÷报告期时间

已发行时间、报告期时间和已回购时间一般按照天数计算;在不影响计算结果合理性的前提下,也可以采用简化的计算方法。

上市银行存在稀释性潜在普通股的,应当分别调整归属于普通股股东的当期净利润和发行在外普通股的加权平均数,并据以计算稀释每股收益。

稀释性潜在普通股,是指假设当期转换为普通股会减少每股收益的潜在普通股。潜在普通股主要包括:可转换公司债券、认股权证和股份期权等。计算稀

释每股收益,应当根据下列事项对归属于普通股股东的当期净利润进行调整:

① 当期已确认为费用的稀释性潜在普通股的利息;

② 稀释性潜在普通股转换时将产生的收益或费用。

三、所有者权益变动表的编制

（一）所有者权益变动表的内容和结构

所有者权益变动表是综合反映构成所有者权益各组成部分当期增减变动情况的报表,包括会计政策变更和前期会计差错更正对期初余额的影响,当期损益对所有者权益的影响,直接计入权益的利得和损失对所有者权益的影响,所有者当期投入和减少资本的影响以及利润分配对所有者权益的影响,同时反映所有者权益内部结构的变化,具体结构见表13-3。

表 13-3 所有者权益变动表

××商业银行所有者权益变动表

编制单位：　　　　　　　　　　　　　2019 年　　　　　　　　　　　　　单位：万元

项 目	本年金额								上年金额							
	股本	其他权益工具			资本公积	减：库存股	盈余公积	未分配利润	所有者权益合计	股本	其他权益工具			资本公积	减：库存股	盈余公积	未分配利润	所有者权益合计
		优先股	永续债	其他							优先股	永续债	其他					
一、上年年末余额																		
加：会计政策变更																		
前期差错更正																		
二、本年年初余额																		
三、本年增减变动金额（减少以"－"号填列）																		
（一）综合收益总额																		
（二）所有者投入和减少资本																		
1. 所有者投入普通股																		
2. 其他权益工具持有者投入资本																		
3. 股份支付计入所有者权益的金额																		
4. 其他																		
（三）利润分配																		
1. 提取盈余公积																		
2. 对所有者（或股东）的分配																		

(续表)

项　目	本年金额									上年金额								
	股本	其他权益工具			资本公积	减：库存股	盈余公积	未分配利润	所有者权益合计	股本	其他权益工具			资本公积	减：库存股	盈余公积	未分配利润	所有者权益合计
		优先股	永续债	其他							优先股	永续债	其他					
3. 提取一般风险准备																		
4. 其他																		
（四）所有者权益内部结转																		
1. 资本公积转增资本（或股本）																		
2. 盈余公积转增资本（或股本）																		
3. 盈余公积弥补亏损																		
4. 设定受益计划变动额结转留存收益																		
5. 其他综合收益结转留存收益																		
6. 其他																		
四、本年年末余额																		

（二）编制方法

（1）本表"上年末余额"项目，反映商业银行上年资产负债表中股本（实收资本）、资本公积、盈余公积、未分配利润的年末余额。

"会计政策变更"和"前期会计差错更正"项目，分别反映商业银行采用追溯调整法处理的会计政策变更的累积影响金额和采用追溯调整法处理的会计差错更正的累积影响金额。为了反映会计政策变更和会计差错更正的影响，商业银行应当在上期期末所有者权益余额的基础上进行调整得到本期期初的所有者权益，根据"盈余公积""利润分配""以前年度损益调整"等科目的发生额分析填列。

（2）"本年增减变动额"项目的内容包括：

①"综合收益总额"项目，反映商业银行当年实现的净利润（或亏损）金额加上其他综合收益。

②"所有者投入和减少资本"项目反映所有者当年投入和（或）减少的资本，其中：

"所有者投入普通股"项目反映所有者投资所形成的股本和股本溢价并对应填在"股本"（或者"实收资本"）和"资本公积"栏。

"其他权益工具持有者投入资本"反映商业银行发行的被分类为权益的永续债、优先股等工具所筹集资金,分别计入其他权益工具栏目中对应的优先股、永续债和其他企业工具栏。

"股份支付计入所有者权益的金额"反映商业银行处于等待期内的权益结算的股份支付当年计入资本公积的金额,对应填在"资本公积"栏。

③"利润分配"项目下的各项目反映商业银行当期对股东(投资者)分配的股利(利润)和按照规定提取的盈余公积金额,并对应填在"未分配利润"和"盈余公积"栏。其中:

"提取盈余公积"项目,反映企业提取的盈余公积。对应填在"盈余公积"栏。

"对股东(所有者)的分配"项目,反映企业应付给股东(所有者)的利润,对应填在"未分配利润"栏。

"提取的一般风险准备"项目反映企业当期提取的一般风险准备金。对应填在"一般风险准备"栏。

④"所有者权益内部结转"下各项目反映不影响当年所有者权益总额的所有者权益内部各项目之间的相互结转,包括资本公积转增资本(股本)、盈余公积转增资本(股本)、盈余公积弥补亏损等,其中:

"资本公积转增资本(股本)"项目,反映企业用资本公积转增资本(股本)的金额。

"盈余公积转增资本(股本)"项目,反映企业用盈余公积转增资本(股本)的金额。

"盈余公积弥补亏损"项目,反映企业用盈余公积弥补亏损的金额。

第四节 现金流量表

会计信息的使用者除了要了解商业银行的财务状况和经营成果以外,还需要了解银行的现金充足状况的信息,因此需要编制商业银行的现金流量表提供现金流量信息。

一、现金流量表的含义

流动性对于商业银行来说是最重要的风险衡量指标。现金流量表是反映商业银行在一定的会计期间内的经营活动、投资活动和筹资活动所产生的现金流入和流出情况的报表。由于利润表是建立在权责发生制基础上,因而不能反映银行的现金流量状况,而现金流量表是严格建立在收付实现制基础上来反映现金和现金等价物的变动情况,可以为投资者预测商业银行未来现金流量提供必要的信息。

现金是指库存现金和随时能够用于支付的存款,现金等价物指持有期限短、流动性强,易于转换为已知金额的现金和价值变动较小的投资。对于商业银行来说现金和现金等价物一般包括现金和银行存款、存放境内外同业的活期和三个月内到期的款项、存放中央银行的备付金。

二、现金流量表的内容及格式

现金流量表要求按照不同的业务分别反映现金的流入、流出和净流量。一般分为经营业务、投资业务和筹资业务三大类业务来反映每一类业务的现金流量。

现金流量表的正表要求用直接法编制,同时要求在附表中用间接法来反映现金的变动,具体格式见表13-4。

表13-4 现金流量表
××商业银行现金流量表

编制单位: 2019年 单位:万元

项 目	合并数		母公司	
	本期金额	上期金额(略)	本期金额	上期金额(略)
一、经营活动产生的现金流量:				
客户存款和同业存放款项净增加额	376 603		378 975	
向中央银行借款净增加额				
向其他金融机构拆入资金净增加额				
收取利息、手续费及佣金的现金	75 154		73 060	
收到其他与经营活动有关的现金	8 637		8 156	
经营活动现金流入小计	460 394		460 191	
客户贷款及垫款净增加额	200 213		210 334	
存放中央银行和同业款项净增加额	71 771		69 411	
支付手续费及佣金的现金	28 737		27 456	
支付给职工以及为职工支付的现金	9 544		9 346	
支付的各项税费	4 938		4 786	
支付其他与经营活动有关的现金	39 022		37 020	
经营活动现金流出小计	354 225		358 353	
经营活动产生的现金流量净额	106 169		101 838	

(续表)

项　目	合并数 本期金额	合并数 上期金额（略）	母公司 本期金额	母公司 上期金额（略）
二、投资活动产生的现金流量：				
收回投资收到的现金	211 052		203 119	
取得投资收益收到的现金	128		127	
收到其他与投资活动有关的现金				
投资活动现金流入小计	211 180		203 246	
投资支付的现金	579 424		571 354	
购建固定资产、无形资产和其他长期资产支付的现金	767		664	
支付其他与投资活动有关的现金				
投资活动现金流出小计	580 191		572 018	
投资活动产生的现金流量净额	-369 011		-368 772	
三、筹资活动产生的现金流量：				
吸收投资收到的现金				
发行债券收到的现金				
收到其他与筹资活动有关的现金				
筹资活动现金流入小计	0		0	
偿还债务支付的现金				
分配股利、利润或偿付利息支付的现金	176		144	
支付其他与筹资活动有关的现金				
筹资活动现金流出小计	176		144	
筹资活动产生的现金流量净额	-176		-144	
四、汇率变动对现金及现金等价物的影响	-789		-351	
五、现金及现金等价物净增加额	-263 807		-267 429	
加：期初现金及现金等价物余额	506 794		476 170	
六、期末现金及现金等价物余额	242 987		208 741	
1. 将净利润调节为经营活动现金流量：				
净利润	18 892		18 360	
加：资产减值准备	7 355		7 356	
固定资产折旧	2 121		2 109	
无形资产摊销	335		321	
长期待摊费用摊销				

(续表)

项 目	合并数		母公司	
	本期金额	上期金额(略)	本期金额	上期金额(略)
处置固定资产、无形资产和其他长期资产的损失(收益以"-"号填列)	89		-28	
固定资产报废损失(收益以"-"号填列)	41			
公允价值变动损失(收益以"-"号填列)	74		-107	
财务费用(收益以"-"号填列)			299	
投资损失(收益以"-"号填列)	149		-115	
递延所得税资产减少(增加以"-"号填列)	-167		167	
递延所得税负债增加(减少以"-"号填列)				
经营性应收项目的减少(增加以"-"号填列)	-297 928		-191 632	
经营性应付项目的增加(减少以"-"号填列)	375 529		265 423	
已减值贷款利息冲转	-321		-315	
经营活动产生的现金流量净额	106 169		101 838	
2. 不涉及现金收支的重大投资和筹资活动:				
债务转为资本				
一年内到期的可转换公司债券				
融资租入固定资产				
3. 现金及现金等价物净变动情况:				
现金的期末余额	37 409		37 166	
减:现金的期初余额	31 446		31 213	
加:现金等价物的期末余额	205 578		171 575	
减:现金等价物的期初余额	475 348		444 957	
现金及现金等价物净增加额	-263 807		-267 429	

三、现金流量表的编制

合并现金流量表以合并资产负债表、合并损益表及其他有关现金流入、现金流出的资料为基础编制。

（一）经营活动产生的现金流量

（1）"客户存款和同业存放款项净增加额"项目，反映商业银行本期吸收的境内外金融机构以及非同业存放以外的各种存款的增加额，本项目可以根据"吸收存款""同业存放""其他金融机构存放"等科目的记录分析填列。商业银行也可以根据实际情况将本项目分解成更为详细的项目反映。

（2）"向中央银行借款净增加额"项目，反映商业银行本期向中央银行借入款项的净增加额，根据"向中央银行借款"科目记录分析填列。

（3）"向其他金融机构拆入资金净增加额"项目，反映商业银行向境内外金融机构拆入款项所取得现金减去拆借给境内外金融机构款项而支付的现金后的增加额，本项目根据"拆入资金"和"拆出资金"科目的记录分析填列。

（4）"收取利息、手续费及佣金的现金"项目，反映商业银行本期收到的利息、手续费及佣金减去支付的利息、手续费及佣金的净额，本项目可以根据"利息收入、手续费及佣金收入""应收利息"等科目的记录分析填列。

（5）"收到其他与经营活动有关的现金"项目，反映商业银行收到的其他与经营活动有关的现金。

以上各项(1)至(5)合计填列入经营活动现金流入小计项目。

（6）"客户贷款及垫款净增加额"项目，反映商业银行本期发放的各种贷款、办理商业票据贴现、转贴现融入及融出资金等业务的净增加额，本项目可以根据"贷款""贴现"科目的记录分析填列。

（7）"存放中央银行和同业款项净增加额"项目，反映商业银行本期存放于中央银行及境内外金融机构的款项净增加额，本项目根据"存放中央银行款项"、"存放同业"等科目的记录分析填列。

（8）"支付手续费及佣金的现金"项目，反映商业银行支付的利息、手续费及佣金，本项目可以根据"手续费及佣金支出"等科目的记录分析填列。

（9）"支付给职工以及为职工支付的现金"项目，反映商业银行为职工支付的各种费用，包括工资、养老金、医疗保险、失业保险以及工伤保险、解除劳动关系的补偿及其他福利费，本项目根据"现金""银行存款""应付职工薪酬"等科目的记录分析填列。

（10）"支付的各项税费"项目，反映商业银行按照规定支付的各种税费，包括本期发生本期支付的税费、本期支付以前各期发生的税费和预交的税费，包括营业税、印花税、房产税、土地增值税、所得税和教育费附加等。本项目根据"银行存款""应付税费"等科目的记录分析填列。

（11）"支付其他与经营活动有关的现金"项目，反映商业银行支付的其他与经营活动有关的现金。

以上各项(6)至(11)合计填列入经营活动现金流出小计项目。经营活动现金流入小计与经营活动现金流出小计相减后得到经营活动的现金流量净额。

（二）投资活动产生的现金流量

(1)"收回投资收到的现金"项目，反映商业银行出售、转让或者到期收回除现金等价物以外的"持有至到期投资""投资性房地产""固定资产""处置子公司及其他营业单位收到的现金"净额。银行也可以根据实际情况将本项目细分。本项目可以根据"持有至到期投资""投资性房地产""固定资产""长期股权投资""库存现金""银行存款"等科目记录分析填列。

(2)"取得投资收益收到的现金"项目，反映商业银行因股权投资而分得的股利、从子公司、联营企业或者合营企业分得利润而得到现金股利以及债券性投资的利息。本项目应根据"应收股利""应收利息""投资收益""现金""银行存款"等科目记录分析填列。

(3)"投资支付的现金"项目，反映商业银行因对外投资而支付的现金，根据"长期股权投资""持有至到期投资""库存现金""银行存款"等科目记录分析填列。

(4)"购建固定资产、无形资产和其他长期资产支付的现金"项目，反映商业银行购买建造固定资产、取得无形资产和其他长期资产而支付的现金及税款，根据"固定资产""在建工程""无形资产""库存现金""银行存款"等科目记录分析填列。

（三）筹资活动产生的现金流量

(1)"吸收投资收到的现金"项目，反映商业银行因发行股票方式筹集资金实际收到的款项净额，其中发行过程中由银行直接支付的审计费用、咨询费等直接费用在收到的款项中扣除。根据"实收资本（或股本）""资本公积""无形资产""库存现金""银行存款"等科目记录分析填列。

(2)"发行债券收到的现金"项目，反映商业银行因发行债券方式筹集资金实际收到的款项净额，其中发行过程中由银行直接支付的审计费用、咨询费等直接费用在收到的款项中扣除。根据"应付债券""库存现金""银行存款"等科目记录分析填列。

(3)"偿还债务支付的现金"项目，反映商业银行偿还长期债务本金而支付的现金，根据"应付债券""库存现金""银行存款"等科目记录分析填列。

(4)"分配股利、利润或偿付利息支付的现金"项目，反映商业银行因分配股利、利润或偿付债券利息支付的现金,根据"应付债券""应付股利""库存现金""银行存款"等科目记录分析填列。

第五节　商业银行财务分析

商业银行的财务报表是根据会计准则编制并对外公布的一般目的报表,对于会计信息的不同使用者需要通过一定的方法分析得出对自己决策有用的信息。

一、商业银行的风险分析

商业银行是高风险的企业,商业银行面临的风险主要有政策风险、利率风险、汇率风险、流动性风险、操作风险等。其中流动性风险对于银行来说是最为关注的风险,因为商业银行随时都面临着存款人提取存款的波动性的威胁。

(一) 存贷款比例指标分析

存贷款比例是反映商业银行流动性风险的传统指标。主要计算公式为:

(1) 本外币合并指标:

$$存贷款比例 = 各项贷款期末余额 / 各项存款期末余额 \times 100\%$$

(2) 外汇指标:

$$存贷款比例 = 外汇各项贷款期末余额 / 外汇各项存款期末余额 \times 100\%$$

该比例很大程度上反映了存款资金被贷款资金占用的程度。存贷款比例越高,说明商业银行的流动性越低,其风险程度越大。一般来讲,商业银行在初级阶段存贷款比例较低,随着经营管理水平的不断提高,该比例也不断上升。同时该比例也随商业银行规模的扩大而不断增加。此外,各商业银行不同的经营方针在一定程度上也决定了该比例的大小,如强调进取的商业银行与稳健经营的商业银行相比,该比例就较高,因为前者侧重于盈利性而后者更强调安全性。

作为衡量商业银行流动性风险的存贷款比例指标,也存在着一定的缺陷。它并没有反映出由于存贷款在期限、质量和收付方式等方面存在差异而产生的流动性风险程度,因此为更好地反映商业银行的流动性风险程度,往往还需考核其他流动性风险指标。

(二) 中长期贷款比例分析

该指标是存贷款比例指标的分解和补充,衡量银行资产的流动性。其计算公式为:

(1) 人民币指标:

$$中长期贷款比例 = \frac{逾期一年以上(不含一年期)中长期贷款期末余额}{逾期一年以上(不含一年期)中长期存款期末余额} \times 100\%$$

(2) 外汇指标:

$$中长期贷款比例 = \frac{逾期一年以上(不含一年期)外汇中长期贷款期末余额}{外汇贷款期末余额} \times 100\%$$

在商业银行的资产负债管理中,要求商业银行恰当安排资产期限和种类以确保支付,合理搭配资产和负债期限以提高变现能力、减少支付准备、提高资产收益率。而中长期存贷款比例指标即反映了商业银行的中长期资产负债结构的匹配程度。

(三) 资产流动性分析

流动资产比例指标是在侧重资产管理方针下,商业银行衡量流动性风险程度的重要指标之一。该比例越高,表明商业银行的流动性风险越小,但同时也意味着其盈利能力的降低。其计算公式为:

(1) 本外币合并指标:

$$资产流动性比率 = 流动性资产期末余额 / 流动性负债期末余额$$

(2) 外币指标:

$$资产流动性比率 = 外汇各项流动性资产期末余额 / 外汇各项流动性负债期末余额$$

流动性资产是指1个月内(含1个月)可变现的资产,包括:库存现金、在人民银行存款、存放同业款、国库券、1个月内到期的同业净拆出款、1个月内到期的贷款、1个月内到期的银行承兑汇票、其他经中国人民银行核准的证券。流动性负债是指1个月内(含1个月)到期的存款和同业净拆入款。

(四) 拆借资金比例分析

拆入、拆出资金是指因资金周转需要,商业银行与其他银行和金融机构之间借入、借出的资金头寸。其计算公式为:

$$拆入资金比例 = 拆入资金期末余额 / 各项存款期末余额 \times 100\%$$

$$拆出资金比例 = 拆出资金期末余额 / 各项存款期末余额 \times 100\%$$

拆借资金比例是衡量商业银行流动性风险及其程度的指标之一。流动风险管理是商业银行最重要、必不可少的日常工作。研究表明,缺乏流动性常常是商业银行陷入财务困境的最早信号之一。商业银行流动性风险管理的目标可以简单概括为:在收益水平一定的条件下,确保商业银行资产负债结构的匹配,最终减少流动性的风险。而商业银行处理流动性风险的主要方法和措施有三种:资产的流动性管理战略、负债的流动性管理战略以及资产负债的流动性管理战略。一般来讲,资产的流动性管理战略由于依赖储备的流动性而具有较高的成本,负债的流动性管理战略由于依赖借入的流动性而具有较大的风险,而资产负债的流动性管理战略则采取了总量平衡、结构均衡的管理方式。

拆借资金属于负债流动性管理战略中的一种。它主要用于弥补商业银行经营过程中因某种突发因素或特殊因素所造成的临时流动性不足。拆借资金与各项存款的关系非常密切,无论拆出或拆入资金都要考虑资金的承受能力。拆出资金需要考虑即期的资金能力;拆入资金要考虑预期是否有足够的资金来源。同时由于货币市场利率的频繁波动,增加了影响商业银行收益和盈利目标的不稳定因素,因此必须对拆借资金进行控制。

(五)备付金比例指标分析

备付金是商业银行为保证存款支付和资金清算在中央银行保留的一般性存款。备付金比例指标的计算公式为:

(1)人民币指标:

$$\frac{(在人民银行备付金存款+库存现金)期末余额}{各项存款期末余额} \geq 5\%$$

(2)外汇指标:

$$\frac{(外汇存放同业款项+库存现汇)期末余额}{各项外汇存款期末余额} \geq 5\%$$

为保护存款人利益,控制金融风险,各国金融监管当局一般都建立了存款准备金制度,它和资本充足率、市场准入制度等一起构成了维护银行体制的重要预防性监管措施。我国于1984年开始建立了法定存款准备金制度,并制定了相应的法定准备金率。按照规定法定存款准备金不得用于支付和清算。

商业银行的备付金比率应维持在合理的水平。备付金比率高,意味着一部分资金闲置,资金周转效益差;备付金比率低,商业银行的正常支付将难以得到保证,资金的清算、款项的划拨将受到影响。

二、盈利能力分析

商业银行经营的最终目标是获取利润,商业银行盈利能力是财务报表使用者尤其是投资者关心的内容。

(一)衡量盈利能力的指标

(1)资本利润率指标:

$$本期利润总额/加权平均资本总额×100\%$$

该指标反映银行资本盈利能力。上市银行常用的是每股收益。计算方法是:

$$每股收益=利润总额/加权平均股本总额$$

(2)资产利润率指标:

$$本期利润总额/加权平均资产总额×100\%$$

该指标反映商业银行运用资产获利的能力。

(3)营业利润率指标:

$$利润总额/营业收入×100\%$$

该指标说明商业银行一定营业收入的获利能力。

(二)盈利能力分析

(1)盈利能力以及可持续性。银行的盈利能力主要通过相对指标来反映,盈利能力比率必须与同行业其他银行比较才能说明本行的相对盈利能力。或者与以前年度对比来反映盈利能力的变化趋势。

同时,还要分析商业银行的利润来源,如有的银行利润主要来自存贷款利差,而有的银行则更多地来自投资收益,还有的银行中间业务的收入较高等。从中可以发现该银行的业务能力和竞争优势所在,有利于把握该银行的发展潜力。不同的利润来源的可持续性不同,通过分析可以反映盈利的可持续性。

(2)盈利能力必须与商业银行的流动性指标结合进行分析。不同的经营策略反映在流动性和盈利能力的结合。商业银行必须在确保安全性的前提下提高盈利能力,否则盲目追求盈利能力的结果是丧失清偿能力。

三、资本充足率分析

资本充足率是反映商业银行资本充足程度的指标,可以分为核心资本充足率和附属资本充足率。

（一）资本充足率的计算

该指标的计算公式如下：

$$总资本充足率=资本净额/表内、外风险加权资产期末总额\times100\%$$
$$资本净额=核心资本+附属资本-扣减项$$
$$附属资本充足率=附属资本净额/表内、外风险加权资产期末总额\times100\%$$

按照银保监会的资本充足率计算办法的规定，我国商业银行的资本构成包括核心资本和附属资本两大类，其中核心资本包括实收资本、资本公积、盈余公积以及未分配利润；附属资本包括贷款损失准备一般风险准备金、期限5年期以上的长期债券。扣减项主要包括在其他银行和非银行金融机构中的投资、呆账损失尚未冲销部分等。根据上述定义可以计算出商业银行的资本净额。表内、外风险加权资产的计算比较复杂。我国商业银行资产负债表内的资产项目根据风险程度的大小具体划分为六级权数，即0%、10%、20%、50%、70%和100%。按照风险权数计算出的资产称为加权风险资产。

表外资产项目是指不反映在资产负债表上，但有可能随时转换为表内项目的资产。信用转换系数是衡量表外资产转换为表内资产风险程度的指标；按照我国目前的规定，信用转换系数分成四级，即0%、20%、50%和100%。将表外资产项目的本金数额乘以信用转换系数，乘出的数额根据表内同等性质的项目进行加权，从而获得相应的风险权重资产数额。根据上述对资本的定义和资产风险权数以及信用转换系数，就可计算出商业银行的资本充足率。

（二）资本充足率分析

资本充足率指标是衡量商业银行业务经营是否稳健的一个重要指标，它反映了商业银行的资本既能经受坏账损失的风险，又能正常营运、达到盈利水平的能力。一般来讲，只要一家商业银行总的现金流入超过其现金流出，它就具备了清偿能力。由于商业银行的债务利息支付是强制性的，而资本能够通过推迟支付红利而减少强制性的现金流出，因此商业银行资本构成了其他各种风险的最终防线。一家商业银行的资本充足率越高，其能够承受违约资产风险的能力就越大，其资本风险也越小。但从盈利角度看，资本充足率并非越高越好，因为较高的资本充足率，意味着商业银行开展资产业务的资本支持数量相对较少，资金成本也相应提高。

为控制风险，限制商业银行过度利用财务杠杆，各国金融监管当局一般都规定了商业银行必须满足的最低资本充足率的要求。《巴塞尔协议》中规定，商业银行的资本充足率至少应为8%，其中附属资本不得超过50%，即核心资本充足率不得低于4%。

复习思考题

1. 如何分析商业银行的经营风险？
2. 什么是资本充足率？资本充足率分析能够反映什么内容？

图书在版编目(CIP)数据

银行会计/贺瑛,钱红华主编. —5 版. —上海：复旦大学出版社,2021.1
(复旦卓越.会计学系列)
ISBN 978-7-309-15144-2

Ⅰ.①银… Ⅱ.①贺… ②钱… Ⅲ.①银行会计-高等学校-教材 Ⅳ.①F830.42

中国版本图书馆 CIP 数据核字(2020)第 119226 号

银行会计(第五版)
贺 瑛 钱红华 主编
责任编辑/方毅超

复旦大学出版社有限公司出版发行
上海市国权路 579 号　邮编：200433
网址：fupnet@fudanpress.com　http://www.fudanpress.com
门市零售：86-21-65102580　团体订购：86-21-65104505
外埠邮购：86-21-65642846　出版部电话：86-21-65642845
浙江临安曙光印务有限公司

开本 787×960　1/16　印张 21.25　字数 370 千
2021 年 1 月第 5 版第 1 次印刷
印数 1—4 100

ISBN 978-7-309-15144-2/F·2707
定价：49.00 元

如有印装质量问题,请向复旦大学出版社有限公司出版部调换。
版权所有　侵权必究